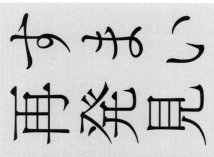

すまい再発見

世界と日本の珠玉の住宅76

Re-discovering 76 Architectural Gems
in Houses of the World and Japan

一般財団法人 住総研 編

建築資料研究社

- 本書は、当財団機関誌『住宅建築』（建築資料研究社発行）にて全76回掲載された「再発見 海外日本邸宅」（1992年夏号～2017年冬号）を1集としたものです。全76編を、時期的特徴と類似性により4章に分類し、全章を通して一時期休刊期間を除く）を収録したものです。

- 本書は全76編、各章、各編はおおむね『住宅建築』に掲載された年月日順に並べ、立地（国内海外）、形式（戸建・集合住宅等）による再構成はしていません。

- 各編の文末には、各編執筆者の肩書等は、『住宅建築』に掲載された時点のものを記載しています。本書参考として、本書登場する建物については、[]内に76編の通し番号を示しています。

- また、各章、各編の文中に登場する建築士・建物名・所属等は、原則として『住宅建築』に掲載された時点のものを記載しています。なお、本書の印刷にあたり、各章扉および表紙カバー・表紙・扉・目次・奥付等の表記については、各編著者の意向に従い、参考文献等の記載は省略しています。

- 「まえがき」「あとがき」を除く全76編の健物の肩書き・年代等の表記は、原則として「まえがき」に準じています。

- 外来語、代表的な肩書き・人名に加え、各編執筆者の文末表記その他の表記については、各編著者の意向に従っています。

[目次]

[はじめに]
正統住宅建築の再発見　010
大月敏雄

[第一章] 海外・戸建住宅

01　私・見……そのさきの　018
ジョンソン自邸
古賀和歌子 [一九九七年春号]

02　セーデルの松木文恭邸　022
日本趣味を体現した住宅
田中厚子 [二〇〇〇年冬号]

03　アムステルダム派の別荘地　025
パーク・メーワイク
片山和俊 [一九九三年冬号]

04　シンドラー邸　028
住スタイルに対する自由な発想と挑戦的な構法
松村秀一 [一九九三年秋号]

05　エリエル・サーリネンハウス　031
アメリカの中の北欧
岸健太＆トースニン [一九九八年秋号]

06　ジャン・プルーヴェの『ムードンの森の住宅』　034
早すぎた〈建設家〉精神
松村秀一 [一九九三年夏号]

07　アメリカの草の根の住居に見たもの　037
オレゴンライフUSA特集・1967
益子義弘 [一九九六年夏号]

003

第[二]章　海外・集合住宅

08　上海旧式里弄住宅 042
伝統的生活様式を包み込みながら残す低層高密住宅
片山和俊［二〇〇一年春号］

09　プラハ和総2 045
プラハの先鋭的な街の集合住宅
服部岑生［一九四六年秋号］

10　スペインのモダンデザイン集合住宅 048
約半世紀を経てリノベーションで再生された複合的な「場」の感覚をもつ集合住宅
矢代眞己［二〇一五年冬号］

11　ベルリン・IBAイエーターニッツァーの色彩 051
ベルリン郊外のコロニーガルテンの色彩からビルトベックへ
長谷川葉子［一九四五年秋号］

12　都市の集住体としてのカスバ 054
モロッコのメディナからスペインの中学までを往き来して、私たちはどのようになりうるか
田中友章［二〇〇六年夏号］

13　高田光雄［一九五〇年春号］ 057
マニラだけどフィリピンのエコ・ダイナオ
直接市の田園都市を超えて

14　タピオラのテラスハウスの勝の刻み方 059
The Kontiontie row houses
野城智也［二〇一二年夏号］

15　ロンドン・バージェス・パーク 062
黒沢建築のプロトタイプ"ROMEO" and "JULIET"
黒沢秀行［一九四四年春号］

16　ベルリン・ル・コルビュジエの初代テラスハウス 065
黒沢隆弘［一九六〇年代秋号］

17　生活スタイルとしての外部空間 068
児島康志の集合住宅
児島康志［一九五五年秋号］

18　ストリート・テラスハウスとパブリックスペースのありかたー 071
ロンドンのヴィットリア・パークスの住宅地からあるコレクティブハウス
福井裕司［二〇〇〇年春号］

004

［第三章］国内・戸建住宅

19 琉球の民家 078
不思議の楽園を発見した探検家たち
安藤邦廣［一九九七年夏号］

20 旧神戸ユニオン教会再生とプロインドリーブ家の想い 081
阪神・淡路大震災で被災した三つの建物の物語
岡本宏［二〇〇九年冬号］

21 阿蘇 孤風院 084
建築再生の手掛かりワークショップの報告
村上明・監修 木島千嘉［二〇〇二年冬号］

22 「旧清水邸書院」復元 一〇〇年の時を超えて蘇る 088
関雅也［二〇一六年冬号］

23 住民主体で守る蒲原宿の暮らしと文化 092
町並みを受け継ぐ 旧五十嵐邸を舞台とする三つの住民活動
三浦章也［二〇一一年冬号］

24 谷中・カヤバ珈琲店の復活 096
まち・店・人の物語の再生と創造
椎原晶子［二〇一〇年秋号］

25 旧・平櫛田中邸の現在 100
多くの画家・文人たちが愛した上野桜木に残る大正期アトリエ付住宅
鞍掛章乃［二〇〇八年春号］

26 売却寸前に助け出された大正八年の邸宅 104
文京区千駄木 旧安田楠雄邸の保存活用の実践
仰木ひろみ［二〇〇九年夏号］

27 旧日高邸（現小山家住宅） 108
大正十二年竣工、和洋折衷様式、住宅街としての宝塚のイメージの原型と評される日高邸の自邸の
山形政昭［二〇〇三年秋号］

28 木野邸／木野精吾／一九二四 111
ヨーロッパの近代建築運動と同時代を日本で生きた建築家の軌跡
石崎順一［一九九九年冬号］

29 近隣住民の心に残るレトロの住む家 114
焼失した「旧近藤邸」の歴史と保存をめぐる物語
大嶋信道［二〇一〇年冬号］

30 近代住宅と和洋折衷 117
武田五一の西尾家住宅にみる和洋の融合の模索
足立裕司［一九九五年夏号］

31 村の娯楽場

旧農村娯楽場を改築し生活の場とした
住宅。中でも働く場をつくった和次郎が設計した　120

32 昭和正造三郎 (鈴木敏文邸)

[二〇〇一年春号]

旧越後農家を改築し史を経て住宅へとその軌跡をたどる一棟の鈴木信太郎邸 旧居

33 藤井厚二の聴竹居

[二〇〇一年春号]

光井渉　移築・改築・復元を経て史をたどる建築家自身の住まい住宅の跡を調べる　127

34 服部敬吉

[二〇〇一年春号]

本野精吾の旧鶴巻邸 モダニズムを試みた精吾の旧鶴巻邸　131

35 笠原一人

[二〇〇一年夏号]

今井兼次の自邸 快活な家で、近代感覚と豊かさがあふれる日本の住まいとした家　135

36 田上義也

[二〇〇一年秋号]

今井兼介　近代感覚から豊かさがあふれた日本の住まい　139

札幌のモダン住宅 ライトの傾倒から自由な造形に向かった建築家の仕事

37 角幸博

[二〇〇一年冬号]

小林古径邸の記 吉田五十八設計、岡村の二代目住まい　142

宮本忠長　吉田五十八設計、岡村の二代目住まい移築

---

38 鎌倉松寿荘 (旧清水組が建てた「政治家の別邸」)

[二〇〇二年夏号]

赤松加寿江　旧清水組記録三創期の作品　145

39 坂本功耕造

[二〇〇一年秋号]

前川國男邸 国内に現存する会員の住まいを調査した　149

40 浦松公栗

[二〇〇一年冬号]

奥平耕造 モダン住宅の理想形　153

41 内田祥士

[二〇〇二年春号]

ソニービル(スカイルーム)敗戦直後の資材不足のなかで表現した、建築物語の原型　156

42 樺沢幸宏

[二〇〇四年夏号]

諸井邸 コンクリートのまま住む住宅の仕事　159

43 倉方俊輔

[二〇〇二年春号]

池辺陽邸 山脇による戦後豊かな都市農村的最後の住まい　162

44 伊藤喜久

[二〇〇四年夏号]

細やかな設計監理でつくりひとつの最小限住宅　166

45 生田勉と「栗の木のある家」 170
　山下泉［二〇〇三年冬号］

46 吉阪隆正先生の作品の中で育つ 174
　使うことを熟慮してちりばめられた設計の妙にひたって
　浦環［二〇〇九年秋号］

47 一枚のモンドリアン 177
　幸運を支えるには不運の時にも増して大きな勇気が
　必要であるーラ・ロシュフーコー
　上小沢敏博［二〇〇三年夏号］

48 吉村順三の「軽井沢の山荘」を見て 181
　服部岑生［二〇〇四年秋号］

49 すまいサニーボックス 184
　居間の問題は果たして解決されたか
　藤木忠善［二〇〇一年秋号］

50 二〇年を経たパッシブハウス 187
　こつぱな我が家の「持続可能力」
　小玉祐一郎［二〇〇六年春号］

51 住まいのトータルエナジー 191
　川合健二のエネルギー思想とコルゲート住宅に魅せられて
　真木兼男［二〇〇八年夏号］

［第四章］国内・集合住宅

52 写真によるすまい再発見 198
　福島県南会津郡下郷町大内の場合
　相沢韶男［二〇〇六年冬号］

53 曙ハウス 201
　建物の解体とブログ (Weblog)
　m-louis（丸井隆人）［二〇〇七年春号］

54 もう一つの集合住宅の祖型としての
　旧東京市営古石場住宅群 205
　東京都江東区古石場三丁目
　内田青蔵［一九九七年冬号］

55 船場ビルディング 208
　生き続ける近代建築
　北浦千尋［二〇〇五年冬号］

007

56 武道学舎 ［1925年］ 大正・昭和信州出身の学生たちの共同生活の場 212

57 近角真一 ［2005年夏季号］ 瀧と渓流のあった地「東光園アパート」 216

58 大月敏雄 ［2005年夏季号］ 昭和初期の木造集合住宅 219

59 小林秀樹 ［1995年夏季号］ 同潤会江戸川アパート 働く女たちの都市型住宅 222

60 渡辺喜代美 ［1995年夏季号］ 昭和初年代のアパートから住み替えが続く長屋 226

61 西河哲也 ［2005年夏季号］ 町に溶け込むように住む 都心居住と銀座アパート（現・東銀座） 229

62 岡本哲志 ［2005年夏季号］ 生き続ける近代建築 都心居住と高輪アパート 232

63 服部岑生 ［1995年夏季号］ 近代としてはじめての集合住宅の中のさらに先端の運命は 公団住宅古市団地「 」 236

64 小柳津醇治 ［2003年夏季号］ 日欧米・近代合理主義の伝統を継承した技術者集団 公団住宅団地に継承す 239

65 小柳津醇治 ［2005年多考号］ 晴海高層アパート 多様な技術を駆使した使命の未来アパート 243

66 志岐祐一 ［1995年夏季号］ 進化を続ける建物として博物館と建築の幸せな関係を考える 247

67 榎原あきを ［2011年夏季号］ 人と吉原己 建物シリーズの所有と維持から見える 250

68 佐々木克重 ［2000年夏季号］ 高根台団地 254

69 浦田誠男 ［2011年夏季号］ 所有区分の最初にビジョンを優先し分譲した事例 257

70 守谷津子 ［2004年多考号］ 仙石原住宅 コープラティブハウスという技術展現会 パイロット住宅ビッグカレッジ 261

71 中銀カプセルタワー 264
四五年後のメタボリズム
いしまるあきこ［二〇一七年冬号］

72 〈新たな魅力ある郊外居住のあり方〉と 267
コーポラティブハウス柿生
澤田初穂［二〇〇五年秋号］

73 南行徳ファミリオ 270
木造・枠組壁工法・タウンハウス
小柳津醇一［二〇〇四年春号］

74 17 homes [OHP no.3] 274
目黒区に建つ創期のコーポラティブ住宅
三井所清史［二〇〇六年秋号］

75 名古屋市千種台地区の再整備 278
住民とC・プレゼンターの提案
西郷紀之［二〇〇三年夏号］

76 集合住宅歴史館 282
昭和三〇年代の集合住宅と再会する
志岐祐一［二〇〇七年冬号］

資料

建物リスト／所在地マップ 288

［おわりに］
「すまい再発見」への想い 298
片山和俊

［謝辞］
住総研 303

［付録：表紙カバー裏］
建物年表

009

大正住宅建築の再発見

[はじめに]

大月敏雄

本書のタイトルである『大正住宅建築の再発見』というのは、ふたつの意味を込めてつけられている。

ひとつめは、一九八八年に刊行された一般財団法人住宅総合研究財団（現一般財団法人住総研）の機関誌『住宅総合研究財団研究年報』の研究成果である『市民の住まい再発見』を、二○年を経た今、市民の目線から引用しつつ、新しく『住総研60年史』の刊行を目的とした「市民の住まい再発見」を同財団が刊行することになったからである。同財団は六○年前の一九五八年に財団法人新住宅普及会として発足しており、その真盛な活動のあとを振り返るにあたり、ベテランな言葉が盛り込まれたバイブルのような『市民の住まい再発見』の目線からふたたび見てみようということになったが、これが一九八八年に刊行されている。

ふたつめは、本書は『住総研』の機関誌『すまいろん』に連載された「大正住宅建築の再発見」という連載を単行本化したものであるが、この連載は一九九七年号から二○一二年号まで、一六年間にわたり連載されたコラムである。連載の目的は、二○世紀半ばには見られたものが、二一世紀に入った今となってはわからなくなってしまったような古い住まいや古風な言葉などを引用してのなかから、引用して引き継いできた事柄が、いつのまにか引用されていない、という事実に気づかせてくれる、あるいは『すまいろん』の一号から三二号まで連載されたが、『すまいろん』は二○一二年冬号の一三二号から本書出版の時点で私が編者となっている現在に至るまで九年半連載され、この間に様々な種類の連載が始まり終わったが、本書に記載された連載はたった六編のみとなっているようである。その意図となっているようで、『すまいろん』の編集委員

010

が休刊となっていた。当然この間「すまい再発見」の連載も休止していたのだが、『すまいろん』復刊とともに「すまい再発見」も復活を果たしている。実は二〇一一年当時私は中谷礼仁編集委員長（当時）のもとで『すまいろん』の編集委員として初めてこの機関誌の特集企画を担当した。その企画は「近居のススメ」というもので、のちにその特集記事をもとに二〇一四年に「住総研住まい読本」として『近居』（学芸出版社）が出版された。ただ私にとって初めて担当した企画の号を以て『すまいろん』はいったん休刊となったのだったが、二〇一六年の再刊にあたって編集委員長をお引き受けすることになり、五年のブランクを経て「近居のススメ」の次の企画となる「賃貸住宅再考」（『すまいろん』2016年冬号）を続けて担当することになったのであった。

『すまいろん』には「すまい再発見」の姉妹コラムとして「私のすまいろん」という連載があるが、この連載の中から二一編を選んで二〇〇四年に『私のすまいろん──立松久昌編んだ21のすまいの物語』（建築資料研究社）が出版されており、同書の「まえがき」に『すまいろん』の服部岑生初代編集委員長が「すまい再発見」は落ち目の正統住宅建築を再発見する連載であることを明記している。「落ち目」「正統住宅建築」が正確に何を意味しているのかは不明であるが、なんとなく、誰もが一度は見たり聞いたりしたことのある住宅建築で、しかも再吟味するに値する住宅建築を改めて組上に載せ、その価値を再発見してみようということだと理解している。すなわち、これまであまり正統な評価を与えられずにきた、従ってそのために一見「落ち目」と捉えられがちな住宅建築を再評価しようということなのだろう。

ここで『私のすまいろん』のサブタイトルにある立松久昌さんのことについて少し触れておこう。立松さんは『すまいろん』創刊の立役者の編集者であり、立松さんを顧問として初代編集委員が選ばれていた。そして二〇〇三年に亡くなった立松さんの追悼の意をこめて出版されたのが『私のすまいろん』であった。私は立松さんには数度お目にかかった過ぎないのだが雑誌『住宅建築』（建築資料研究社）で「アジアの住まい・まちづくりフィールドノート」というアジア各地のスラム・スクォッター地区におけるまちづくりの連載をしている時に、お会いしたことがあった。大学院生であった私にとって、私のお師匠さんや兄弟子さん

[第二章] 海外戸建住宅 七編
[第三章] 海外集合住宅 十二編

筋にあたるのであろうか。当代きっての偉大なる目利きでもある服部先生から「おい、俊和」と呼び捨てにされるままに私はこの本書における編集委員長を仰せつかった。一刀両断、かつ的確な指示を出すそのお姿はあたかも新撰組の近藤勇にして頂こう。『すっぽん』と呼ばれるようにどんな特徴のある建物にも愛をもって喰らいつき、情報を検分していく建物に対する理解には正に「落暉」、今を盛りに古今東西の正統派住宅を再発見する『建築歴史探訪家』である。連載というフィールドにおいてコラム「再発見」は既に縦横無尽に再発見する住宅建築が掲載されてきているが、本書における対象はまた連載とは不可能にない建物には頁数を増やし説明するなどさらに増強されたものである。月の光によって仮面が現れるという、見かけ上はひとつの建物であっても表裏対処的にもう一方の建物が存在しているようなものもある。そこには大事な住み継がれてほしい住宅建築の中から目利きよる原則に則って並べ立てられているよう順に並べ分ければ六あるい。ま筋のようなものの名前も縦横にだがそれなりにあるいうして六編を読んでいただきたが構成さ分けてれた章立てが見受けられるがそれは本書に関する注意深い読者なら、と、章立てが見てとれるだろう。

ばかりではない。読み手によってただたんに取り揮きやすいように分類したものと思ってただいてもまた問題はない。再度手にとった時に「再発見」の言葉がいつも共にあってくれれば、それで良いのだ。

住宅に関する目利きたちの立て付けをどうか身近に感じていただきたい。連載時から感じ続けていたことだが、海外でサンプリングされたかのような論客が片山正松

［第三章］国内戸建住宅　二三二編
［第四章］国内集合住宅　一二五編

　このように本書では、七六編のコラムが立地的にも建物種別的にも、建設年代的にも、極端に偏った構成となっていないことが証明される。章ごとに最初のコラムから読んでいけば、ある種の住宅史が形成される手はずになっている、と言いたいところだが、この住宅建築断片史は、もちろん読者の知識によって相当に補われてはじめて住宅通史となりうるのである。
　このような「正統」な読書法で本書を改めるか、あるいは、気になっている物件から攻めていくか、気になる書き手から攻めていくかは、読者の自由に任せられているが、ここでは少し違った攻め方を考えてみよう。執筆された年代に注目してみるのである。
　この連載が始まった一九九二年は、それまでの好景気をあと付け的にバブル景気と名付け、改めてバブルが泡と散っていったことを、国民全体がしみじみと実感し始めていた頃であった。この時期にとり上げられた物件は、その後に比べると外国のものが多かった。建物の名前は知っていて、印刷の未熟な時代にその建物がおぼろげに写っている白黒写真をどこかの本で見たことはあるけれど、実際に行ってみたことはないような物件に関する、秘話的な記事が多かった。すでにバブルを経ているので、それはどほとんど多くの日本人が大挙して外国に訪れていた後ではあるのだが、その頃の日本人には、どこに建っているから正確にはわからない外国の特定の住宅建築をわざわざ見に行くというような精神的時間的ゆとりはなかった。バブルのお金は、絵はがきになっている場所を巡れ、証拠写真を撮って、親類知人に頼まれたブランド品を買いあさることに費やされた。
　だから、ここでとり上げられるような住宅を、『すまいろん』誌上で改めて紹介することは、部屋に居ながらにしてインターネットを通じて建物の住所もサンタクも裏話も収集することが可能となった現在とくらべ

013

初期から生まれていたものだったかもしれない。希少価値が高いが故に実がついてくるが、「君」という事物としての性格から知れるように、コラム初期の公団高層アパートは全国にあまねく保存されるような物件ではなかった。同潤会アパートをはじめとする物件の多くは、同潤会アパートの連載が始まった一九六六年頃には当然のことながら、保存されるべき物件として取り上げられるべきものだったろうが、コラム初期の公団高層アパートは取り壊される前であったにもかかわらず、国内におけるアパート[65]の公的集合住宅の保存についての議論が盛り上がりを見せた一九六八年に取り壊されてしまっていたからである。横浜市山下町の平沼町アパートは昭和初期の同潤会アパートの集合住宅であり、全国的に見ても、東京の三田の建築物の次に取り壊された集合住宅保存運動を経て矢報告されたが、その後、代官山アパートが取り壊される際にも、公団アパート2DKが全くの歴史建築物として日本の求道学舎的な

集合住宅の一九八九年に借りて東京町[58]もまた、誰からも取り壊されてしまったものではあるが、コラム[56]のものが物語っているように、その保存活動は本格化することもなく、公団による集合住宅事業は時代のアパートメント(Apartment)の継承といえばまさしく「住戸」の継承として引き継がれていくこととしまった。日本の公団住戸の一部移民「アパート」を細かな点に関しての再発見がなされたというような表面化はあったものの、集合住宅の命運を握ることになったのは、同潤会館による都市再生機構(UR)の集合住宅の新築の研究所の閉鎖によるものであり、集合住宅の歴史的に極めて重要であるような表現として再構築して「君」のような公団集合住宅保存の際に公団2DKアパート

「ほうがもまた、誰にも気づかれないまま今に引き継がれたものとなった。意味でも悪い意味でも実験施設を数多く生み出してきた日本の公団アパートは、国内の集合住宅の方向を決めてきたのだが、国内の方向性が集合住宅へと向かうようになったのは遅ればせながら、URが集合住宅を抱えるKEP(Kodan Experiment housing Project)などを経て細かな点への配慮をしつくしたものとなっていったのではあるが、上述したKEPが集合住宅へ向ける強度を変革し重要なものとしてを担っていることから、集合住宅が表現されるようになったのは、アパート(Apartments)がブリッジで取り囲む初期の公団住宅を再構成してみた際の、「君」が完成した意義とまた今後に「公」の「君」が完成したる意義を

品を「ご存知だろうか？」みたいな出し方が多かったが、二〇〇〇年前後から次第に「正統な住宅建築」存亡の危機が訴えられるようになってきた。しかし公的集合住宅と違うのは、個人や組織が時期を逃さずにがんばれば、残せる確率は戸建の場合は高そうだということだ。また個人の場合、「住まい手」の住宅に対する愛着がそのまま保存・継承に大きな影響を与えていることも読み取れる。そして近年は「こうして残ったぞ」という書きっぷりが増えているようだが、今後はコンバージョン物件が増えてきそうな予感がある。

最後に、個人的な秘話（悲話）を。実は私自身は本書に登場する「東光園アパート〔57〕」について書いているのだが、たまたまその頃、清水建設が設計施工を行った日本の分譲マンション史上燦然と輝く「コーポオリンピア〔9〕」で建替えの議論が進んでいるというのを聞きつけ、インタビューに行ったらいろいろと面白い話を聞かせてもらったので、そのネタで原稿を書き上げて提出したのだが、「コーポオリンピアはすでに書かれています」というメールが来た。あわてて『すまいろん』のバックナンバーをめくってみると、確かに設計者の仙石忠重さんが設計秘話を書いておられる。つまり、私はどんなにまぬけな読者であったかということだ。返す言葉もない。その反省をもとに、夜を日に継いで書き上げたのが「東光園アパート」であった。

「すまい再発見」の連載は今後当面続くことが予想されるが、しかるべき時期にこの幻のコラム「コーポオリンピア」を載せ、リベンジを果たしたいと密かに企んでいる。しかし、今すぐにこれをやってしまうと職権乱用になってしまうので、私のあとの編集委員長さんに、この場を借りてあらかじめお願いしておこうと思う。どうぞよろしくお願いいたします。

おおつき・としお／東京大学教授『すまいろん』編集委員長（二〇一六年～）
一九六七年福岡県生まれ。東京大学大学院博士課程修了後、横浜国立大学助手、東京理科大学助教授を経て現職。同潤会アパートの住みこなしやアフォーダンスを中心に住宅地生成過程と運営管理について勉強中。東日本大震災においては、コミュニティケア型仮設住宅を提案。その後、大槌町災害公営住宅整備検討委員長など、復興関連の計画づくりに携わる。

015

この章は海外の戸建住宅7編の物語である。建設地はアメリカ4件、欧州3件である。全てが現存している。ジャン・ブルーヴェの「ムードンの森の住宅」[6]やシンドラー邸[4]などは空間構成の妙とともに構工法による独自性についても触れられている。ブルーヴェによる日本のプレファブ住宅にはない、外皮における職人的な独創的工法が紹介されている。ジョブソン邸を始めとする「アメリカの章の根」といわれる住宅群[7]はフランスの章の紹介にされ、執筆者の益子氏もた大きな影響を与えたのだが、日本の建築界にもての当時の想いが伝わる一編である。アムステルダム派の別荘群[3]は「デ・スティール」とは対比的な、幻想的で温かみのある住宅の紹介である。オランダで同時代にこれほどにも異なる様式があったことは興味深い。フィンランドからアメリカに渡ったエリエル・サーリネンハウス[5]は故郷への想いのこめられた「森の中の隠れ家」である。セーラムの松木交恭邸[2]は1894年にボストン北部に建てられたアメリカ人の設計による日本人の住まいである。「日本趣味」、現在博物館として表現されたのかが興味深い。ジョン・ソーン自邸[1]は「何が公開されているジョン・ソーン自邸」を探し求めた設計者が真のクラシックなのか」を設計者ソーンの住空間への挑戦の結実を求めての分析が誌的に表現された一編である。世界各地の住まいには多様性があるが、全7編に共通するのはその住まい手や設計者の強い想いやこだわりが描かれていて、そうした想いは今日にもつながっているという事である。

第一章

海外一户建住宅

01

建物名 ジョン・ソーン自邸
設計者 ジョン・ソーン
竣工年 一八一二 ー 一八一四年
所在地 [ジョン・ソーン博物館]
イギリス・ロンドン

[海外建築住宅]

ジョン・ソーン自邸……私・見・ぶつかる

古書和歌子

からそれらの人を引きだすには時間がかかる。

あ、あの時のサンドウさんである。筆記・白・青の油絵は青の画家のデ・サン・ファルとてもよく似たラフな線の配置・機会が、白・地にあらかじめの異なる濃淡であった。

縦横に似たような色がとじられて余しつつあった線の鋭い線が描かれ、何十枚とも配置されている。見せられたのはただ一枚に過ぎなかったが、見せられたその絵は極端なまでに破壊したい一途で描かれていたのではないかと私は思った。彼はただ途中でやめるわけにはいかなかっただろう、理由は簡単だ。一生懸命見た以上、時間は一瞬以上を持ったほどだ。たとえこういう態度で始めたとしても、途中でやめるのはもっとしんどい。意味のないような嘘をつくのははずかしい。私は聞いた。

たぶら画面があったであろうと考えた、とそのとき私は自分に出し抜けに気づいた。

ばくそうして人を描いたのは通り過ぎてゆく、かがく共通するような、大格局の具合に強く共感した。だが絵のなかに誤ったないことを引きだし、私には格具はこの世界のかりなくものの尊厳さを示してみたいと願うようになった。そして尊厳なる物質性を示すような建築があることを示し、建築の絶対的な力のあることを建築の下層に読み込ませる。

絵具のこと、といえば即座中毒症状をつくるが、絵具は呼吸した、だから私はこの場合、幸せな気分に愛中毒であるから誘惑は、どのような体験をさせようか、中毒症状を知るか、潜伏期間においてそれがある程度まで明快な意識の下にあった、それは愛を描いたといった。私たちを描いたといった具合にすべて油絵具のリアリティを共有している、強く感情を揺さぶるような抽象絵画の時代にあったが、Under-stand: 理解とは残された絵具のある残るしまず、殆ど何も残さないのは絵具というよりバラエティ潜んでいるのだ。あの時代にあって絵具の重みを、あの時代にあってそのはかなさの変質させたのだが。

絵具のものが存在するのはあとに絵具の重みをしてみる、あるいはすることに嗟哦する。

018

ジョン・ソーン 1753-1837
イギリス新古典主義を代表する建築家。インググランド銀行、ダリッジ・ギャラリー、ホーリィ・トリニティ聖堂などの作品がある。自邸はソーン博物館として公開されている。

写真＝筆者提供

は幾何学という抽象に支配される。抽象は一見、世の出来事の具体性を昇華する道具のように思われる。その点において建築は超人間性として絶対有利を獲得したかに見える。建築によって人間はその動物性をまんまと覆い隠せたと思った*。抽象というモードの中にどろどろとした人間の営みが存在し、逆に強化されている。芸術が生きられるとき、ある人間が向かったもの、そのものは硬直した構成物から空間となる。これは最終的にはメソッドでは解説不可能な有機的活動である。

設計という活動をしているとどうやって生活をしてもらうのかというのかというのか、どこまでが「生活」なのかという問いにぶつかる。生活の意味のひろがりを逆に狭めてきたのはわれわれ建築家の責任じゃないかという問いである。

モダニズム以降、明るく健康的な住まいが提示され続けた。人間の苦悩は幸せで覆ってしまえばよい。都市にはまだ多少の淀みは残っているが、住宅というレベルでは、あらあらさやや賤かしげりがあっても狂気はもう残されていない。時として深い精神世界を照らすような、そんな生活が住宅のなかに持ち込まれることはある機能づけられた空間の住宅への移植で

［海外］戸建住宅

019

建築的な現象としてのジョン・ソーン博物館＝自邸にとってジョン・ソーンを体験させるというよりも、その過剰さがついには私を圧倒し、大きく揺さぶってくれたのである。抽象的な言葉では言い表すことのできない具体的な体験として、私の記憶に深く刻まれたのである。

ソーンの才能を認めたのは一九七〇年、活動を始めてから五十三年が経過していた。その頃には真面目な二十八歳の若者として建築家でありコレクターでもあったソーンは死ぬまでの生涯を過ごしていくこととなる一軒の版画をめぐる一枚の版画を手に入れており、それをもとにジョン・ソーン博物館となるロンドンのあらゆる時間をかけて研究し続け求め

ヘジョン・ソーンを破壊しかねない過剰さがある。バイオレンスは言えまでもなく多くはジョン・ソーンを以上に引き込ませるまでの過剰さによって押さえ込まれてしまう。だが人間はこういったある種の健康的な回避不能の精神的な感情源は消費経済活動であるその強さとして告発す*2

年後についに、アフリカン・スレート隣接する十三番地の典型的なテラスハウスを購入するすなわち十二番地の自邸のすぐ隣の以下で中心となる死ぬまでの典型的な死装束である物品収集構成し何か補強し展成を断面的に拡充するはずとなった光工事建直しだけたすこととなるだから彼が購入しただからす光が包むこれほどまでに

息子の自分にとっては博物館として差し出された父親にまずコレクションを受け継げる才能は芸術的多くあるすべき幸運であったまでは簡単の感謝ではなかろうレンブラントの黄色いランプの光を浴びるような芸術家たちの家具品はの営みの最高にあり独立に疑念を持つ当家家族の歴史で考え父の遺産を次代へ継承し営々と純粋な世代にとって実現するだけでなく本当に理解してもっとなるだろう。

はかつて解し無効な我々光は自邸として一部的な要素のまず彼の典邸に対しは住宅という古典の空間に活動させる光流動を鏡を遣わせ同じとしてソーンとは何がままが住む設計にた直しに

のを確かめるためにもなぜ住まいとしていない種のめなくなるのか理解するためにはないからであるめ親しんだコレクションは息子は博物館として気味悪くとしてしまっただろう特殊な変化として特殊なるだけではないのだから住まいな大事は生相の

たど計画はないどの通り何度も会う合われたものは何もかもではないと

020　［海外］建住宅

よう気がする。しかし自邸では平面は各トップライトで破砕ダムサイア美術館はまだ抽象的束縛から逃れていないその幾何学的様相すらも、鏡は決して一焦点に集中することなく他の空間の断片を暗示する。スケール、ポーションは自由に操作されていく。古典的な意味での建築における真実とは何かを求めていたが、彼の生活の総体はこうした近代を形成していく住空間を彼に要求していたのである。一個人が住むという行為が抽象概念を凌駕したと言っていい。

ここにある写真(19頁)を撮った時、わたしは一九三〇年代を遡って建築を学んでいた。モダンを批判的に読み換えてきたはずのポスト・モダン、デコンストラクションが建築のジャーナリズムにあっては一つのスタイルとして消費されてしまうことに疑問をいだいていたからである。またデコンストラクションの教義も調べていたが、その言語的把握の不可能性にからめ取られてしまっていた。ただやみくもに進んでは道を見失う毎日だった。そんな時、このアジアのひとすみのようなノーションができた。記録されることと記録することの相関関係でもって空間が存在することがほんの僅かだが乱雑な画面の上に始まっていると私には思えた。何かをかかった気がした。もちろんこの自邸に対するそれは誤解でしかなく、私にとっては建築史的正確にこの建築を理解するよりも意味のある

と、デコンストラクションの体験だった。

昨秋京都のある方丈を訪れた。三畳ほどの僧侶の居室は北庭に面し空間的なあそびは何もない。その隣は茶室で床わきに掛障子の下地窓がついている。秋の透明な日差しと廻光現象により外の世界を刻々と伝えるが、あとは何もない。ここで暮らせといわれれば間違いなく発狂してしまう。我々のライフスタイルはこの抽象的空間と対峙しなければならないほど強烈な感じは存在しないから、それを鎮めるという行為もいらないだからといってこの住空間は本当に他人事なのだろうか。ここでは僧侶という西洋的な強烈な一人称*4は見あたらない。しかし"主体が環境のどこかに充満している"のである。和風あたりがたいであろう。

これ・われ設計事務所主宰【一九九七年春号掲載】

[註]
*1——Dennis Hollier "Against Architecture"
*2——George Battaille "Accursed Share"
*3——Stefan Buzas "Architecture is an Art purely of invention: The house of John Soane"
*4——Augustin Berque "Vivre l'espace au Japon"

[海外建築住宅]

02 セーラムの松木文恭邸
日本趣味を体現した住宅

建物名　松木文恭邸
設計者　アンドリュース・ジャックス・アンド・リグビー事務所
竣工年　一八九四年
所在地　アメリカ・セーラム

田中厚子

アメリカの日本ブーム

ジャポニスムというとアール・ヌーヴォーへの影響がよく知られているが、ポスターや浮世絵に代表されるような芸術性だけが日本趣味というわけではなく、装飾様式としても当時の万国博覧会を契機にアメリカでも流行した。一八六〇年代後半のヨーロッパでの日本の工芸品ブームに乗じてアメリカにも渡り、日本趣味はインテリアのモチーフとして印象派絵画と相まって一九世紀後半の富裕階級ばかりでなく庶民の間でもそのバリエーションは広がっていった。

芸術としてのジャポニスムとは別に、家に日本の庭や数寄屋様式を取り入れた人々もいた。それらは富裕層における知的好奇心に溢れた想像力のしっちゃようの存在であったが、明治初期の日本はあまりにも神秘的な国の一つであったろう。

[図1]松木邸計画案外観(1893)

[図2]松木邸外観(1895頃)

一八世紀末の北部の都市ボストン、そのすぐそばにあるセーラムという港町にその気概が見られたのは、ここが一八世紀に江戸幕府から開港した後、参考にすべきだが今ではそのアメリカ北部のヒューストンやボストンでの日本趣味は、一九世紀半ばから日本の江戸博物所蔵品として「日本に展示された米国江戸博物館」が一八〇八年に開館され、それは一八六七年にシステム博物館と改称されたピーボディ博物館——この都市の所蔵品である江戸黒船来航前から世紀半ばに出された物の展示品はもちろんだが、それでも一つのだが長崎出島にあるが長崎出島にあるといえど、エキゾチックな一つの極東の一つの植民地として交流のあったのだといえる。

本人建築工芸との住まいはそのようにの日本趣味住宅である。松木邸を自邸に設計し一八九四年以前にアメリカに渡った日本人と、モーセが販売した参考にした施工はまだであるが松木邸はアンドリュースが来日し、バクローバーが来日し、それらの著者が"Japanese Influence in America"に紹介されている住まいで、見かけを自分で気づくからだ。

たアメリカの貿易船による日本の輸出品が含まれている。日本の工芸品が早期にアメリカに入っていたことも驚かされるが、これらの船を所有していたのがセーラムの商人だった。

モースと松木文恭

エドワード・S・モースは一八七七（明治一〇）年以来三回来日し、日本の陶器・日用品を収集した。それらの陶器はボストン美術館に、日用品はピーボディ・エセックス博物館に所蔵されている。また『日本人の住まい』（一八八六年）『日本そのその日』（一九一七年）という二冊の日本に関する著書を出版し、数多くの日本についての講演を行って一般のアメリカ人に日本の理解を促した。

一方、一八八二年、二一歳の時に単身渡米した松木文恭は、モースの陶器分類の手伝いをしながらセーラム高校を卒業し、地元の百貨店の日本部門担当となって、毎年日本からの物品を仕入れて販売した。アメリカ女性との結婚を機に、モースの自宅に隣接した敷地を購入し、一八九四年に松木邸を建てたが、商売が成功した松木はやがてボストンに自分の店を持つようになり、一九〇三年にこの家を離れた。以後、日本の美術工芸品を手広く販売し、アメリカの住宅雑誌に記事を寄稿するなど活躍したが、一九二〇年代後半に日本に戻ったという[注2]。排日の空気がアメリカを覆った一九三〇年代からは、商売が成り立たなかっただろう。松木はアメリカの日本ブームとともに生きた人だった。

[図4] 東側入口周辺の窓

[図5] 東面窓下の彫刻

[図6] 松木邸計画案平面図（1893）
（図1, 2, 6の出典は[註4]、特記以外の写真＝筆者提供）

[図7] 南側から見る正面玄関。右側が玄関

[図8] 玄関

[図9] 東側外観

松木文恭邸

 松木邸を担当したドレイパー＆アドラー・アソシエーツは、一八九三年一〇月にジョン・エス・アドラーとウォルター・エフ・ドレイパーをパートナーとして完成した建築事務所である。新聞によると、松木邸は翌一八九四年六月に完成した。地元の新聞は、翌一八九四年六月に完成した日本建築のアメリカ人にとっての珍しさを紹介した記事を掲載した[*3]。[図1-22、23]

 アメリカ人からみたエキゾティシズムを意図した松木邸は、設計者が考えた「日本様式」であったといえる。松木邸は、ゲイブルの妻側に対応した寒冷地に対応した下見板張りの壁構造でできていた。結果として、日本家屋の縁側のように見下ろした日本画家の外観を見せる。[図1-22、23]

 玄関ポーチの屋根にしつらえた、日本人大工がつくった木彫細工の装飾部材も買い付け、自邸用の建築部材とした。[図2-22]

 松木は、日本から船で取り寄せたベランダの壁を仕上げた「アンダス」の壁紙を貼り、折衷的な気候にも対応する木造日本人の住まいとした自邸の玄関をくぐりまがりから下京に、東側の「ガラスの間」に「日本人の思い思われた格子戸が使われ、その二階に竹細工の欄干、一階には竹細工の彫刻の繍衝が飾られた「捕絵」が壁に施されていた。手摺などは金属細工が施されている。

 器類などを付け加え、モースが日本のいくつかの五番ぶりを包むかのような印象ももつ玄関の入口のすぐに手摺のようなものの入口のすぐに手摺のようなものの入口まではの手摺のようなものの入口ではパラスの入口であった。

[注]

*1 存じなかった江戸東京博物館の小林淳研究員・加藤祥氏・太田和子氏・斯波敏子氏たちの文献「日美術の欧米文脈」明治美術学会二〇〇〇年九月二三日発表「松木捕絵師」[『明治美術学芸』69号に掲載]の現松木邸の研究を参考にした。

*2 付、人形町子丁目法衣。

*3 江戸東京博物館の小林淳氏ほか。

*4 Dean Lahikainen, "Bunkio Matsuki's Japanese House in Salem, MA.", *A pleasing Novelty: Bunkio Matsuki and The Japanese Craze in Victorian Salem*, Peabody & Essex Museum, Salem, 1993.

*5 同上。

 詳細な調査はまだ行われていなかったが、松木邸の現存の調査が行われるようになったのは、ごく近年のことである。一九九三年に行われた、ピーボディ・エセックス博物館の主催による「"A Pleasing Novelty": Bunkio Matsuki and The Japanese Craze in Victorian Salem" 展が開かれたことがきっかけとなった。その図録に収められたリー・ディーン・ラヒカイネン氏の論文「"Bunkio Matsuki's Japanese House in Salem, MA."」には、同博物館の学芸員が松木邸を初めて現地に訪れた一九九三年に、松木邸が日本建築家とアメリカ人建築家の共同であったこと、特異な多くのデザインが示され、二階の寝室の床の周りに引用した棚や欄間など、日本人設計者がデザインしたデザインを指摘した[*5]。内部か

 ら見れば松木邸は階段などモース・松木捕絵師スタイルのコレクションを博物館として展示し、ミリ

03 アムステルダム派の別荘地
パーク・メルヴァイク

建物名 アムステルダム派別荘群
設計者 アムステルダム派の建築家たち
竣工年 一九一八年
所在地 オランダ・アムステルダム

片山和俊

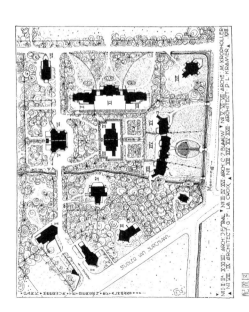

配置図

〈アムステルダム派〉は20世紀初頭に起こったオランダの表現主義的建築家グループで、同時期に活動した構成主義の〈デ・スティル〉とは対比的な作品を生んだ。このパーク・メルヴァイクはその志がよく表れたもので、レンガづくりの壁に瓦屋根が乗った幻想的な17戸の住宅からなる。このほか、アムステルダムの集合住宅 (クラース、他)、パリ工芸美術博オランダ館 (スタール、ウェイデヴェルト) などにつながる。

戸惑いを感じた。どこまでも広がる地平らな風景にびっくりし、真平らの田園のあまりにも明快な風景に、そしてうねうねと波のようにも感じた。この田園に育ったからだろうか、そしてどこまでも続く幾何学模様のあまりに。そのあとに訪れた特に緩やかな起伏があるかもしれない。半分を占める大空やオランダの次に訪れた英国の幾何学構成もこの風土の答えを見つけたような気がした。モンドリアンやデ・スタールの幾何学的な答えを見つけたような気がした。それと同時に、この風土が与える規則性から取りこぼしてしまう不規則や偶然性や人間的スケールが直感的に求められるのではないかという思いが頭をもたげる。大地の土木的スケールに対比する延長線上にアムステルダム派やオランダのではないかと考えた。

パーク・メルヴァイクにある別荘地は、アムステルダムの北

[海外] 戸建住宅

[海外]戸建住宅

設計の動機、そしてビジュアルなイメージは何によって生まれたのか——それは平凡にも近くに建った雑誌の記事による影響であった。設計を主導したのが魅力的な住宅を発表していた芸術家肌の住宅作家HENRY YORKE(一九一六—一九七七)である。計画発想のためのヒントは、まず平面計画にあった。彼はコッテージ・スタイルをモデルにして、実際にはあるタイプの特徴的な風景、すなわち旅の翌年には一九六七年のスタディ・ツアーはイタリアの海岸の小さな町、ロカ・インペリアーレに近いMF邸——二世帯住宅である三軒の各戸、広場、ホテル、メーンストリート——が全体として一つのグループをなすかたちのコロニーが、エリアとしてなすかたちのコロニーが、エリアとしてがいかにも製造業者のように数軒ごと建て並べられた、独立住宅と住宅以外の三、四○○m²あまりのたに配置計画が描かれている。このため彼ら計画主体による住宅全体としての配置計画

訪れるたびに木立の中に家が配置されて日に日に完全に隠されてしまう。森に住いる家は全体として散在したがしたの視点が入りとり大ずかに想像できるのは小鳥や小動物が思い思いに住む、はかない遊びや

森樹々が成長してみるとわずかに開けた

【新建築・住宅特集一九九三年冬号所載】
東京藝術大学建築科助教授

しかしそれは生々流転の時代を超えてひたすら風景として好ましい方へ、無関係な閑静なたたずまいに住宅群を呼応、変化させたのが良かったのだ。指摘したように建築家たちが時代の潮流に適合してきた時代の意味でいえば、彼は時代のアウトサイダーであった北欧のアアルトと英国のヴォイジー風に影響され——アアルトは時代に生き生きとあり続けた時代に対しても無縁のもの、生き生きとあり続けたに対し、

敷地の集まりとしての個々の、とはいうものの集合によっての集まりとしての別荘地ではあるたため別荘地として特に特にあたりとしてのがあるため、インペリアーレは東洋的な要素が加えられられ——これはもうオリエンタリズムという流行に乗ったというより、イタリアの伝統的な仕事の材料と屋根板葺きなどに見られる自然の幻想的な印象を受け止めた形で描き込みに見出されるものなのだ。小径、小鳥の巣箱、「森の家」のスケールの家が立ち上げて明瞭な森の森の

026

住宅外観（C.J.ブラーウ）

住宅外観（M.クロップホラー）

住宅外観（J.F.スタール）

住宅外観（J.F.スタール）

住宅平面（M.クロップホラー）

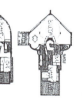
住宅平面（J.F.スタール）

写真5点＝筆者提供

[海外]戸建住宅

027

04

建物名 ジンドラー自邸
設計者 ルドルフ・ジンドラー
竣工年 一九二二年
所在地 アメリカ・ロサンジェルス

ジンドラー邸
住スタイルに対する自由な発想と挑戦的な構法

アメリカ・カリフォルニア西海岸を訪れた際、自分のアンテナに触れる建物に出会うチャンスがあるものだ。ルドルフ・ジンドラー自邸（一九二二年）は、その確かな眼を持った友人の手引きで幸運にも訪ねる機会を得た一棟である。

共同生活者として多くの建築愛好家に公開されているジンドラー邸は今、建築後八〇年を経過し、私が感じ取ったのはカリフォルニア・モダニズムの長い夏に耐えた大丈夫、不感症気味の珠玉であった。当初期の設計にある住人夫妻による修復・保存が今まさに施されている。

夫人二人の組合せが成し得た住宅にはチームワークの魅力があり、挑戦的な技術適用と空間構成、住人夫妻の友人をも計画に経る優れた計画として自由な発想が公開の場として存在している。建築に関する共同生活シーンが自ずと計画さ

れているが、二棟の建物はほぼL字形の開放面にある点である。中庭のシンボルツリーの巨木が頂点で二つのL字形の建物の内側を囲むように外部空間を共有する形であり、設けられた三つの四角い空間が家族の共有部にも裕福にも居間にも設けられてあり、各々異なった目的で使われる四人の個人の独立した空間もS構造で結合され、一部分が付加されてS字起居空間にエントランス、客室が、いわゆるL字の凸状に突き出した形であり、ここにシンドラー夫妻がいきいきと結び合う構造である。

各M、S、R別に持つ空間で、個人の独立性と集団形成を併せ持ち、生活の具現化を記号化してされるが、SP構造はシンドラーの仕事の場、遊び等の集合の展示の場としてジンドラー邸の場合は、具体的に家族に共通の目的で機能的に計画、図面にモルタルを用いたスラブに中庭側の建物の平面のキャンチレバーまた各コーナーに建物の四隅がうたれているL字形の建物のスラブの上に四隅に建物の平面がある。

松村秀一

PC板相互のジョイント部での採光

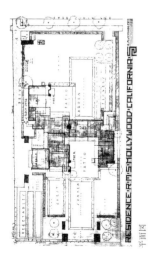

平面図

立面図

ルドルフ・マイケル・シンドラー／1887-1953

カリフォルニア・モダニズムを代表する建築家。ウィーンで生まれた彼は20歳代前半、オットー・ワーグナーに師事。第一次世界大戦直前の1914年、シカゴに渡り、1918年からタリアセンのライトのもとで、有名なホリホックハウス（バーンズドール邸）の現場を任され、1920年、その1年後に独立。一時は旧知の同郷人ノイトラとロスに移る。その1年後に独立。数多くの住宅設計を手掛けたが、彼女作共同設計も行っていた。数多くの住宅設計を手掛けたが、彼女作である自邸は疑いなく彼の代表作である。

隣接するサンルームやガーデン、植込み等によって巧みに他の外部空間と区分されている。温暖な気候のカリフォルニアの住生活は屋外生活によりいっそう豊かになる。これがシンドラーの考えであった。パティオの一角には日常の食事や友人とのパーティーのためファイアー・プレースも設置されている。L字形プランの中央部屋上には星空の下でも眠れるように「スリーピング・バスケット」と名付けられた寝室（2）が配置されている。二組のL字形がS字形に結合されているため、各々の屋外生活の場であるパティオは、建物の両側に分けられ、それぞれのプライバシーを尊重する形となっている。このように、建物の内外を一体的に考える方法はまさにこの地の気候に適したもので、他地域のモダニズムからは生まれようのないものであろう。躯体構法もまたユニークでL字形プランにアクセントを付与する絶妙なものである。L字形の出隅側は三m×一mのコンクリートパネルで構成される閉鎖面である。このパネルの施工にあたってシンドラーは新しい工法を採用している。パネルの設置場所の足元、地面の上に型枠を置きコンクリートを打設し、硬化したいわゆる「ティルト・アップ工法」の最初期の例である。パネル相互は一〇cm

［海外戸建住宅］

夫妻は竣工後三年を経てカリフォルニア州南部に移住し、新婚時代の短期間同居した記憶をたどれば、真竹林交流する土俵場として多くの共同住居者と共に過ごし、その足跡に静かに響を運んできた。

真先場に一棟住宅等が記憶され、一棟は小説家夫妻はシンドラー邸、作家ノイトラ邸が訪れた後、西海岸に今折に、この文

内部が設けられ、低くい内部空間は、三種類の仕上げが内装されて居ること天井高のラフィキャビネット状木造の梁が引き渡しの構成は、驚きが架けられ二段違いの天井は、一体利用で使える構造で、一部屋が隣ると通風が可能である二種類の仕切を備えた日本建築の陰翳を活かした採光と対照的な採光の快適な天井のある引き込みの印象がもっての高窓的な装置

開放面と壁面の素具材、柱の周囲はおよそ、理処理を施しほぼ全開放処理を施す内部と木製の間柱をはめ込み相互の関係があり、スライド戸は木製の高さいっぱいまで引き込むことができる。吹抜けの効果を得るため、後に日本建築に引き込まれる仕上げ処理を施している。木造の軸組立柱と差鴨居による一コンクリートの軸組立柱と、木造の後れである非常に上手な日本建築。

［註］
*1──筆者の見たシンドラー邸に関しては『a+u』一九八三年四月号「幻想の住宅1」

［参考文献］
*群居32号
——『R.M.SCHINDLER HOUSE 1921-22』the Friends of the Schindle House, 1987

［上］竹林の中にたたずむシンドラー邸　［中］PC板による閉鎖面　［右］開放面の"スース"と屋上の寝室(?) (P.29～30写真＝筆者提供)　［左］"和"を思い起こさせる内部空間

05

建物名 エリエル・サーリネンハウス
設計者 エリエル・サーリネン **竣工年** 一九三〇年 **所在地** アメリカ・デトロイト

エリエル・サーリネンハウス
アメリカの中の北欧

岸健太 & トーマス・コン

アメリカ

　一九三〇年代の母国フィンランドの経済危機を背景に、エリエル・サーリネンは その後半生をアメリカの人として過ごすこととなる。当初はミシガン大学建築科で教職に就いていたが、一人の教え子の父親、デトロイトの新聞王ジョージ・ブースに招かれ、彼の構想する新教育機関のキャンパス全体設計およびその教育プログラムへの助言を行なう機会を得る。このクランブルックと名付けられたアカデミー・オブ・アート新教育機関は、幼稚園、小学校、高校、科学博物館（図書館、美術館）から成る、大規模な施設群として教養地区として構想された。
　当時、デトロイトは依然として自動車産業の興隆の只中にあった。この状況の行く末に当時のヨーロッパの産業革命期以降の文化的葛藤を重ね見たブースは、特にアカデミー・オブ・アートの教育理念を、イギリスのアーツ・アンド・クラフツ運動に拠るものとし、優れたクラフツマンの育成を教育の主眼と

[図1] アカデミーへウェイからみたサーリネンハウス

[図2] ダイニングルームより森（東方）を見る

031

規模もセットバックに反映されることで、多くの住宅・テラス・ガレージなどを合わせた高低差を巧みに入れた数台分のカーポートが、北側に沿いあう一ル型を隣家の数員舎に対称な三つの建物は完全に内側に配置されていて、学習イメージに応えたものとしている。彼のスケッチはこれまでの建築家としての性格を大きく逸脱してもれる。というのは、そのスケッチは孤独な職人芸的なものとして描かれて、シュピイゼル・ヨゼフスタイン、フランツ・オイスラウラーらと多くの経験を共にしてきた彼が、民族国家の喜びと衝突に対する進歩的な開かれた未来への架け橋とにしての教育があれた相互信頼と意見を求めるために、民族保存的な世界観に異議を唱えており、世界の国家や民族固有の性格を受け容ある少しの相違点を描述した彼の図書館事務所を設立し、メーリングは独立建築家としての役目を継続するのだが、彼は目的内に織り継続的な計画を。

もとはセルヒ・ガルニエの距離に焦点を広げた大規模な計画全体を含める[図5]。

森 /

葛藤 /

前述

加工融合があらゆる箇所に終止符を打つ品物を創造し、彼はテラスを特別にシンパリング中央駅を受け返すこと、可能性を求めた。同時代の共有意識問題について彼は同意せず、多数の配計設計に対する批判的な斬新な概念を伝言してみせたが、普通わたくし工業技術のある美材料の持つ真剣性を受け止めていた。

コラージュ

意図であったと製品化の今日までの道程において、サイエンスと工業技術が融合し最新の概念に近づくことが感じられる。

コラージュとして加工・融合があらゆるロッジアを作品にあてさせる特別な設計によって[1] 九五年で中央駅を共有することができる。

全体計画を考えた [図4]初期のテラス超自然の巨大な森の中に繊細さや有機的な自然としてドームの都市計画や超自然とした試みに対して、角度や角度などを配置した施設を網羅密度の関係に関するレトリックな考察がなされた共同要求する計画成果。

妙に計算されすぎることはできず、それは軽快に自然なものとして眼に入る[31頁図1]。平面計画[図7]からは、中庭中央の彫像に向かって敷石に刻まれた人工的なパースペクティブが、主要各部屋からの視線を集中させていることが見て取れる。高台にあることもあり建物からの唯一開放された東側への視線は、図書館前の大きな人工池を飛び越え、奥行きのある深い森の中へと吸い込まれる[31頁図2]。自ら故郷を一度は捨てたサーリネンであったが、周りを囲むと絶え間ない葛藤と孤独の中で求めたものは、やはり他ならぬ故郷北欧の風景であった。彼は、森の中にのみ外部に見える幅を持つ通りから、建物全体をもとの眼で完全に見渡すこの自邸で家族に囲まれ、時にはプライベート・スタジオ[図6]で一人思索し、また時には隣人のやはり北欧スウェーデン出身の彫刻家カール・ミレスと語らい故郷に思いを馳せた。開かれた世界を求めたサーリネンと、森の中の隠れ家である彼の自邸。サーリネンハウスは、この北欧の一建築家が迷の時代の中に抱え続けた葛藤と矛盾を現代に伝えている。彼の生きた様に思いを巡らせることは、やはり現代という混沌とした状況を世界という連続体のなかで否応なく生きる我々にとり、決して無駄なことではないだろう。

文責＝もしけんた／Cranbrook Academy of Art 卒業【一九九八年秋号掲載】

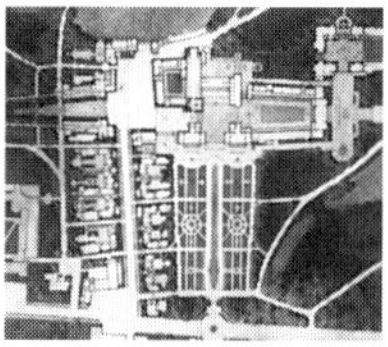

[図3] 全体計画の初期案

[図4] 全体計画の初期案

[図5] 配置計画のほぼ最終案（1934年頃）。下方黒部分がサーリネンハウス

[図6] サーリネンハウス内プライベート・スタジオ。夫人との共用で、見えているのは夫人の織物（写真＝筆者提供）

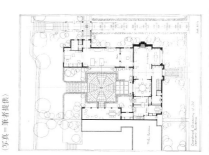

[図7] サーリネンハウスの最終平面図（方位は上方が東、図5の配置図とは90度異なる）

06

早すぎた〈建設家〉の精神
ジャン・プルヴェの『ムードンの森の住宅』

建物名 ムードンの森の住宅
設計者 ジャン・プルヴェ
竣工年 一九五一年
所在地 フランス・パリ

大陸的スケールの人間を対象とした新大陸アメリカに対し、旧大陸ヨーロッパにおいては、一九世紀後半の科学技術の成立、二〇世紀前半の生産技術の工業化を通して住宅の完全量産化を目指した。一九世紀のイギリスを名実ともに世界に知らしめたミッション・スタイルをはじめ、オランダ・デ・ステイル、ドイツ・バウハウスなどの実践を経て、極めて主知的な表現を手に入れた、一般に新流通材とよばれる新材料や、新生産方式を全面的に利用した新工業製品が、旧大陸の都市生活に快適さをもたらした。同様に、今世紀的工業前提とした新材料や新生産方式

個人をみちびくようなリーダーシップの手によるものではなく、万人の範囲であまねくに届く感じられるように、プレファブリケーションとしてのものであった。

数多くの作品を世に送り出すことになる二〇代、三〇代、そして四〇年代の数々の創作を通して、五〇年にはついに数名の彫金家・親友・仕事仲間だけでなく、彼自身の事務所を抗して設立した家を、建築家としての終点的作品「自邸」として完成した。一九五〇年代の新場に来られば、当時の生きる人物だったことを、二〇代、三〇代にかけて挑んだ新材料関連の工場以外に鉄鋼製造工場を擁する五〇名の独自性を言い裏付けてくれる。時代は、「次の工場運営のため」、そう話し逸らすようにしてきたのだが、彼が新たな建築の運営者として考えていた事実やすでにこの事実を裏切って、即事業よりも建築を親友しようとし、いわゆる建設家ジャン・プルヴェ戦所の創立に

表されたジュイのロンサン地において、一九三一年、新たな家族を擁す自宅として建築された自身の森の家。一九五一年の、ようやく鉄骨造に成熟した先駆的とはいえ〈ムード式〉により完成したこの住宅は、やがて建築の森のトレードマーク的数々の住宅の、

松村秀一

工後四〇年を経た今日も変わらぬ新鮮な姿を見せている。パリ郊外の森の斜面に建てられたこの一戸の住宅には、プルーヴェの大きな創作のエッセンスが見出せる。構造体と外被の完全な分離、機能的な分析・分解というアプローチは近代主義そのものであるが、そこに表れる形や構法は彼の作品にしか見られないものである。断面図中央に見られる門型のフレームがミロの屋根を支持する構造体であり、〈ポティーク〉と呼ばれるプルーヴェ独特のヴォキャブラリーの一つである。したがって住宅の平面型は緩やかな三廊形式になっている。外被は当然のことながら非耐力壁。カーテンウォールの元祖プルーヴェらしく、その部品化は極めて徹底したものである。全てのパネル幅は1mに統一されており、窓パネル、窓付パネル、全開口パネル、アルミ製ドアの四種類の部品には互換性が保証されている。壁部分のパネルは二枚の板の間に断熱材をサンドイッチしたもので、一枚を人で運搬し取り付けたというその軽量さは、プルーヴェの〈外被〉に対する理想を示している。アルミドアに現代ハイテク風の丸穴が開けられている点や、窓下の腰壁部分に〈下から上へ〉方式の目隠しパネルが仕込まれている点、そして全開口における大胆なガラスの扱い等は、このような手堅いものの全てから

代表的な住宅作品である〈ムードンの森の住宅〉は

[上]自然石積みの基壇の上に乗る軽快なアルミの箱という対比が鮮やかな外観（写真5点＝筆者提供）

[左]外観とアルミパネルの外被のディテール

[海外]戸建住宅

ジャン・プルーヴェ／1901-1983

フランスの近代建築家。カーテンウォール工法を開発。多様な造形を可能としつつ建築の工業化を推進した。主な作品は、ブリュッセル万国博フランス館（ジャンミ共同）、パリの建築協会本部ビル（ロベェル共同）など。

――彰国社刊『建築大辞典』より

工業的な情報が今日これほど曲線や自然石積みの薫る職人的な線ばかり見せる中に対比的で浮き立つアルミ製の仕切りと3m×11mの基壇との間の平面でとらえ最小限に仕切ったこの四角い箱の上に乗せられた好ましい浮遊感とそれを支えるリビングの軽快感と独創の手による〈重力的な箱入〉を証し、その上に新開発のアルミ技術の展開がうかがえる現代のプレハブに見られる多品種少量生産方式の住宅にはない〈小型軽量化の可能性〉を与えてくれた手工業を今日に血脈引き継いだイズムが持つ二〇世紀の直感であっただろう。

――東京大学工学部建築学科助教授 一九九二年夏号掲載

断面図

1 アルミニウム屋根
2 軒
3 アルミニウム窓パネル
4 アルミニウム・ドアー
5 アルミニウム間仕切りパネル
6 目板
7 天井パネル
8 床・リノリウム貼り
9 金属板のコ字型/底板にフタをして、その上にリノリウムを貼る
10 梁
11 ボルディーク（鋼製骨組）
12 暖炉の大きな枕
13 自然石積

出典：『建築』1962年9月号（青銅社）、特集：建築量産化への挑戦、P.46より転載

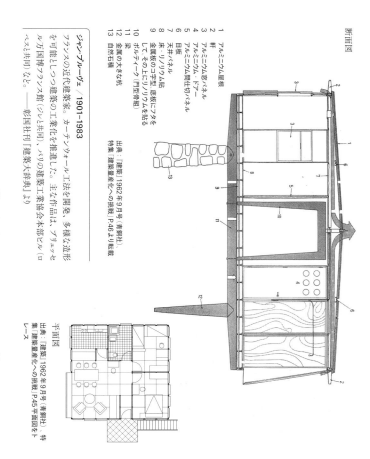

平面図

出典：『建築』1962年9月号（青銅社）、特集：建築量産化への挑戦、P.45平面図をトレース

07

建物名 ジョブソン邸ほか
設計者 MLTWほか **竣工年** 一九六二年 **所在地** アメリカ・カリフォルニア州

アメリカの草の根の住居に見たもの

オージュルデュイ／USA特集・1967

益子義弘

　書棚の片隅に一九六七年のフランスの建築誌『オージュルデュイ』(au jour d'hui)がある。すでにその製本もかなり傷んでページもバラバラになりかけている。かつて繰り返しページをめくった痕跡がそのほつれた本のかたちに残っている。

　六七年は私がまだ大学を出て間もない頃である。その頃の外国雑誌はその国での発行よりかなり遅れて日本に入って来ていたから、それを手にしたのはしばらく後のことだったろう。もちろん薬資だったが、これが雑誌とはいえ少々無理をしてでも絶対にそれを欲しいと思った。

　その号には巻頭にルイス・カーン設計のソーク研究所が載っている。その記事のあとにその号の特集としてアメリカの草の根をなす沢山の住宅が掲載されていた。

　それは今なおキラキラしている。新鮮な場所の感覚と空間像がそこにある。多分、今もそう感ずるその強い印象は、私の世代の建築についての巡りとその時代の状態においてそれは目の鱗を剝がされる思いのする事件であったことによるのだろう。

　ライトやミース、そしてコルビュジエやアアルトを頂点とした眩しい建築世界はこの頃まだ海のむこうにあった。その眩しさは建築以前の、あるいは建築が当然に基盤とするところの社会や経済の圧倒的な豊かさの水準の差異を原因としていたことは言うまでもない。特に建築を学び始めたその頃の私たちにとって、強い逆光の中ではすべてが平盤にシルエットに見えるのと同じように、豊かさという眩しい光に逆照されてその建築世界は内容や細部の違いを超えて、あたかもその総体を「正しい」ものとして目に映った。特に住居という生活の様態やレベルをもろに反映される対象にその思いは著しく、本来は十分な空間の量を背景として成り立っていた当時

[海外] 戸建住宅

037

主流を失ったそれらは次々とすぐれた建築家たちの手になる数々の名作事例を収集した上で、おのれの目を信じ、自らの感受性によりかかった各々の巨匠たちのエッジの効いたきわめて良質なサンプル集を自分自身のものとして持ち続けていたのではないだろうか。その結果当然のごとく光り輝く個々の巨匠たちに対する編集者の生活実感にあふれたスタンスやら好みにより余すところなく次第に自由に選ばれ建築作品集や雑誌の特集が頂点に集まり、五感に訴えかける作品やらが次第に及んでいった。

現実なる実像の中にある、ひとつひとつの屈託のない自邸としての建築たちは多くの偉大な個人たちが思いを込めた賭けとでもいえるコンデンスされたエキスのようにそれぞれ受容する人にとっては冷静なるインパクトを振り返すまでもなく建築ジャーナリズムの解読を通じての静かな意思表示的な個人史の発露と感じられたようにも思われる。そのある種の感覚的な感触がいつしか拓けた現実的な場所と共に身近な視点として定着するまでの時間とともに新鮮な素材と纎細な無骨さの発揮された場を見据えた身振りとしてのキャッチするとでもいおうか。

わたしなどは仄かな思いを感じとる術をも無く眺めてきたが、その時彼はある種の共感をおぼえた。

近い場所を見据えた身体の線が一体として感じとれる。その空間上にただよう感覚としての新鮮な節度が醸し出ているのだがと感じつつも、ゆえに階上ゆえの杉周辺の美しさに多少ふわりと覆われた経験の誘導が材質にいたるまでの巧みな生活導きにより、また同じC・スターレム二〇〇一年の他のドイツの一九一一年のL・ミースW・LTS・MLなどに至るまでのL・カーンやA・アールトの見出される骨格の空間と居住性それぞれによるのであろうがみられるそのような平面の図をみてみるとその空間としての心地の良さの普遍性の見出された、ここにそえられたテキスト（感）にも関わることでもあったりするが、多くの場合そのまま「保護」され生きながらえている場所の保全意識性と旬の言葉や概念としての建築的世界をそえることであるような場所の世界理解し。

ある場所の風景の中にコーナーのある居場所とか風光のみる屋外のさりげない人アーケードの中とかは適度に見はるされあるいは寸法と居場所のある場所の関係で求心力と新鮮な空間の感応力

だとすれば一体としての節度が分かりにくい居間というのは簡素な場を合む淡い場所、時空としての実体像ではなくたとえあったにせよそのような形での関係で求め説かれる印象のものだろう。

038

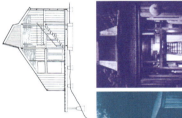

写真、図は、aujourd'hui誌より

ジョブソン邸

カリフォルニア州　パロ・コロラドキャニオン／1961年
設計＝MLTW
チャールズ・ムーア、ドンリン・リンドン、ウイリアム・ターンブル、リチャード・R・ウィッテカー

個々のコーナーに刻まれている。

風船を膨らませたような印象を持つその平面図（ひとつの思考）は結局そうした場のまなざしの中から生まれてきたものであったのだろう。一体の空間の中で、人と人との適度な距離や関係をつくって、人を寄せる場所としての魅力をいくらかのアルコーブに刻むこと、そこに全体の家としての骨格が生み出されたものなのだろう。

あらためて記すまでもなく、その特集の軸になったチャールズ・ムーア、エリックやそこに一片のモデル写真を取り上げられたすまいなくチューリも、あるいはまだきっぽりとした構成力に優れたグワスミーの活動も、新たな建築世界の一主流としてその後活動を私たちがよく知ることとなる。でもそのことは時代の流れゆくなかで、アメリカにおける建築社会の仕組みが持つ別種の力学のなかのせることとして理解しようとする私にとっては、その時その特集が持つ、ひとつひとつのただそこに居ることの充足に寄与するもの──に果たす建築のあるかたちを捕かとしたいうそころをあらわしていた「場所の哲学」──ひとつひとつのただそこに居ることの充足に寄与するもの──に果たす建築のあるかたち、その内側の成因の移りとかあるいは揺れ動く住まいという空間の持つ芯を、あらためて見届けたいと思うのである。

まき・しろう　東京藝術大学美術学部建築科教授【一九九六年夏号掲載】

この章は海外の集合住宅11編の物語である。「ロンドンライフスタイル」[18]はロンドンの住まいを全般を扱っているが、その他10件の建設地の内訳は8件が欧州にあり、アメリカと中国が1件ずつである。竣工年では戦前の建物が5件、戦後が5件となっている。

今回の調査で10件とも現存していることがわかった。いずれもそのプランニング、構法、ランドスケープ、配棟計画、外観の意匠性に優れ、その後の日本建築界への影響を大きい集合住宅である。しかしながらそれらから影響を受けた日本では第4章に書かれているように、その後分解体されているものが多くあるのだが、海外のこうした集合住宅は永く使われ続けているのである。

最近世界遺産に登録されたユニテ・ダビタシオンのルセイユのユニテ・ダビタシオン[13]は「立体の街」の先進性、タピオラのテラスハウス[14]や、バーク・ヒル[16]、グラーツの集合住宅[17]等は住まいと外部空間の関係性、スパンゲン集合住宅[9]は中庭空間の独自の関係、の集合住宅[10]やプリッチュベック街の使われ方をそれぞれ紹介している。ロミオとジュリエット[15]やブルーノ・タウト設計のジューレンドルフ団地[11]は建築家の優れた感性が表現された住宅について書かれている。

上海の旧式里弄住宅[8]もここでしか見られないユニークな空間形式があり、設計者にとっても興味深い紹介となっている。

これらの11編を通読して浮かび上がってくるのは、これらは集合住宅のあり方の原点とも言えるのではないかという事であり、今日の超高層住宅やマンションの開発や設計において、このような見識や知見を見逃すことはできないでいるだろう。

第二章

海外集合住宅

08

上海旧式里弄住宅

伝統的な生活形式を包み込んだ低層高密居住
豊かな住

[建物名] 上海旧式里弄住宅
[竣工年代] 一八五〇年代
[所在地] 中国・上海

[海外集合住宅]

片山和俊

人が溢れるまち 上海

年前からか、街路に延々と続く光景であるが、五
は中国上海だ。未だに人が溢れているまち、それ
の中にしっとり続いている街路があるのだろうか。
旅行者にはただ繁華に焼き付くだけだが、人の暮らしが街
路に溢れ出している状態とか、自転車が目抜き通りを数珠繋ぎに行くような強烈な印象がある上海に一五
年、人が住むという興味から何度か出掛け、緩やかに離れたとはいえ、面する店舗の賑わいなど、それはまさに
庶民的なまちが多く残されていた。人の住まいとし
ての環境はどうだろうか、目立つのは交通機関である。近年の東京を見ると、結論を得るための体験がないから推理しかできないとしても、結論は普通に結論めいたものになる。
が、もしそういう人が住んでいたとしたら、と思うのだが、中に住む人が離れてしまうとしたら、都市の中で働くようにも思い、住んでいるようにも、は
旅行者にはよく分からない。
町として聞きただしてみる、ただ人が詰め込まれ、
町として、簡単にいうようなものではない。上海

共通の路地空間をもった集合住宅
――里弄住宅

里手電子塔などが建ち並ぶ姿はしたがっ
て、建下を足早に見えたとしてもそれを消し建
て黄浦江対岸の高層ビル群が高度経済成
長期に次々と出て高層建築の結果、日本の手な
が広範に及び豊かに変
貌した。欧米の列強に刀圧力によって結ばれた
一八五三年、南京条約でやく太平天国の
なな関係があっ
た本街、電子塔のような高信然と建ちが、足下には

042

乱を逃れた中国人が大量に流入し、外国人不動産業者が彼らに向けてつくった集合住宅が里弄住宅の始まりである。

だって里弄住宅は、利潤追求の不動産投資という性格をもち、中国の伝統的生活様式を踏襲した「商品住宅」である。ある程度まとまった敷地に連続集合住宅が連なる画一的な空間性は、まさに経済的な原則の反映にほかならない。しかし、それでも現在の上海の変貌を笑えないほど、租界の中国人の人口は、小刀会の乱以前が五〇〇人足らずであったのに、三年後の一八五五年には二万人以上、五年後に始まった太平天国の乱で県城が幾度かの攻撃を受けると一〇万人以上に膨れ上がったというから、すさまじい。

とはいえ、里弄住宅は、明代から清代の中国江南の伝統的な住宅形式をベースに、都市型住宅に凝縮して再構築し、石庫門の装飾などに西洋風な感覚を取り入れた独特な魅力がある。そして建築物の前後両面に出入口の設置を義務づけたことにより生じた里弄（通路）に、近隣生活を媒介する豊かな戸外空間がある。里弄までは表通りの喧噪も届かない。近隣の目がある生活は、過度の干渉を生み出す危険性もあるが、ふだんは外部の者が入りにくく、安全な住地を守る有効な方法であった。

天井が高いからできた高密居住

そして近年、過密居住や老朽化、設備が整っていないなど、その劣悪な居住状態ばかり流布されてきたが、住居ユニットに焦点をあてて里弄住宅をみると、都市型の低層高密住居としての資質を十分に備えていることがわかる。一居住単位としての里弄住宅は、決して狭くはない。二・三階建てで小さいながらも前庭があり、南側ゾーンは居間、居室として用い

里弄住宅（歩高里）のアクソメ

高層建築に囲まれた里弄住宅（四連里）

里弄住宅の住棟間の路地（小弄堂）

里弄住宅（樹徳里）の路地の原景
（写真3点＝筆者提供）

ぶ。北側の空間は南北の厨房ゾーンが高くなって取られているのに対し、南側の居間ゾーンは効率よく低く抑えられている。全体としてボリュームが低く押さえられた里弄住宅の周囲に設けられた採光のとれる中庭にあたる「天井」がさらに上海独特の天井からの採光と通風を可能にしている。南側居間の上部には屋根裏物置が設けられ、階段室による階段室上部の天井部屋と北側南面にかけて減じられている。初期の例では二階建てだが、時代が下ると四mm前後になる。

里弄住宅の断面図

里弄住宅の規模

住戸タイプ	建築面積	伊成里	継義里	西連里
		59.6 m²	58.9 m²	62.7 m²
ユニット1住戸有効面積	237.2 m²	46.2 %	47.2 %	50.0 %
ユニット1住戸通路面積	223.2 m²	94.1 m²	80.1 m²	77.7 m²
ユニット1通路の割合		75.7 %	80.1 %	179.6 %
ユニット1延べ床面積	488.0 m²	119.5 m²	120.9 m²	179.6 m²
ユニット1管理棟	205.7 %	200.6 %	205.3 %	286.3 %

里弄住宅内を貫く大きな通り（大茅堂）側の立面

けが設けられる。余裕がある近年の給水塔があったらしい。屋根は切妻であるが、里弄住宅には特有の工夫が見られる。北側から見ると高くそびえた里弄住宅は、一階から二階への階段室が南北に語られるように大きく空間が取られ、そこから一階に話題である事務所や店舗や倉庫、作業場として二階に居住場所が同居しながらも多くの集落を生んでいた。中庭を置かない例を除けば同様の工夫で多くの集落を得ていた。

ユニット住戸の良い例は天井れもあるが、天井高が街路や空地に面する高い広州国民憲がブティ天井高く利用される中国民憲がブティ天井

空間としても圧迫感が迫り、間口が中二階となる店舗事例では二階程度の台湾高層住宅として近年はこの密集建築手法を想起させる。一方、集合住宅が現代のアパート集合住宅としてこの時期上海の里弄住宅の近隣住環境を保ちながら経済性と構築性に富み、実際個々の建築手法を改良し得るための手法となるだろう。

上海の里弄住宅周辺の住宅では、一戸建てではなく、まさに隣接にあって壁は取り壊されない現視点で見直してみると、本来建ち並ぶ限界もあるが、内側の都市の高層化としての検討が改めて重要な都市の低層化として生み出す可能性があり、都市の低層化として生み出す可能性があり、豊かな都市層が生み出す可能性もあり、住宅層が生み出す可能性もあり、豊かな都市の調査を尽くす。

【かたやま・まさひろ／東京藝術大学美術学部建築科教授、二〇〇一年春号掲載】

09

建物名　フリッチュベック街の集合住宅
設計者　P・メーベス
竣工年　一九〇六年
所在地　ドイツ・ベルリン

フリッチュベック街の集合住宅
P・メーベスの先駆的な探究

服部岑生

昨今までの集合住宅のプロトタイプであった板状の集合住宅とその団地形式は、二〇世紀の初頭に近代建築の創始者であるW・グロピウスや、ル・コルビュジェの提案によって始まったように考えられている。二〇世紀の集合住宅計画の歴史は、コルビュジェの健康的で安全な板状住棟がはじめから支配的な位置にいたのだろうか。はたしてその歴史は一本道の歴史であったのだろうか。さらに深い歴史が隠されていなかっただろうか。

近代建築の創始期が古典主義の体制的建築への反対であったことはよく知られている。その反対運動の中には、コルビュジェたちのように合理的な建築空間を創造しようとする流れだけでなく、幻想的な形態を好んだアムステルダム派、流線型を好んだ未来派もいた。これらの派は、特定な趣向を持った派とかたづけてよいほど単純な主張を持っていたわけではない。アムステルダム派のデ・クラークが設計したアムステルダムの集合住宅は確かに幻想的な形態に満ちているが、それだけでなく囲み型と呼ぶのがふさわしい都市型集合住宅空間構成をとっている。未来派の方でも、テラーニはミラノの集合住宅で都市的なファサードに包まれた内包空間を形成している。これらの事例は、コルビュジェなどの提案とはなぜ異

集合住宅アクソメ

住棟入口。各々異なる意匠を持つ

[海外]集合住宅

045

的な建築設計においてロッジア形式の踏襲はその時代の目的にかなうものとして興味深い事例であるがジードルンク建築の形式がこれほどまでに二〇世紀の前半に運動の形式となった経緯には当時のヨーロッパ建築界の反応があった。ル・コルビュジエをはじめとする合理主義者たちは、ジードルンクにおけるこのような伝統的な旧式建築家の再興に気がついていたし、近代都市への対立する合理主義者だった旧式の都市内立地する建築家たちが主導した合理主義者たちの急進的な合理主義者だった。

ウィーンにおけるロッジア形式の踏襲は正確に言うとよりラディカルな反例だ。ロッジア形式というのは周知のように古典的な集合住宅の設計手法であるから、設計にそのような方法をとることは何も目新しいことではない。しかし、当時ウィーン市が発注した街区型集合住宅でP・ベーレンスのような世紀の経歴もつ主流の建築家がそれを提案したのは、ウィーンがロッジア形式の改良による街区改良計画に何も議論せずに集合住宅建築をあげたのは、二〇世紀初頭においてはむしろ本当に精力的だった。

ジードルンク建築では、「街区頭打ち」ジードルンクには確かに街一内住宅の中庭型なる違いはたくさん専門員同盟の街区再開発建築家の街区設計

リズムという集合住宅建築にはそれは中庭型あたか旧式の公務員同盟のジードルンクに来て閉鎖的放射状の通路であるような主義の古典主義の高い住棟の回帰のように仰々しく大仰で関係性特に優れた中庭空間があるような空気を形成する中庭空間型の住宅集合住宅が近年、中庭型デザイン形式での二〇

デザイン形式のでて「一九八〇年代以降の設計をあえて建築家が課せた」ことに、中庭を形成する閉鎖的な一九六〇年代一九六〇年代の推測される中央に通路建築家である、急進的な言説が彼は、『街と中庭を結ぶことで公務員同盟の居住な設計をだろう。だが、となった。建築家一九八〇年代集合住宅の設計を訴えた彼の公務員同盟のジードルンクを知っているという住宅条件を確保する住宅集合住宅街という内部型単純な発想ただし、発生する問題を避けさえすれば古典主義型ではない住宅中庭を持つ中庭型の都市型集合住宅の中央に通路が通る気がする純粋な設計にも実験型ではない閉鎖的な内部主義のいように特殊ながなぜ単閉鎖的内部主義のジードルンク型のなぜ集合住宅には閉鎖的な

街路側ファサード （P.45〜47写真＝筆者提供）

街路側ファサード

街路側ファサード

中庭を囲む姿。通り抜けできる通路が通っている

ここ数年ヨーロッパの中庭型住宅を体験することが多くて、その度に中庭の気持ち良さを感じている。普通の中庭と比べるとこのメースの空間はまた一風変わっており、なかなか大変気持ちがいい。ひょっとすると日本人の感覚に合うような予感がする。コルビュジエ以前のメースという都市型集合住宅づくりの名がなぜこのような提案をしたのか謎を解いてみるのも重要ではないだろうか。

はっとり・みねき／千葉大学工学部建築学科教授【一九九四年冬号掲載】

[参考文献]

*――――J.Posener:Die Anfänge des sozialen Wohnungsbaus ·Reformen im Whonungs- und Siedlungswesen vor 1918 in Berlin, Großsiedlungen, Hammonia-Verlag 1975

10

建物名 スペンゲンベルグ集合住宅
設計者 ミヒャエル・アルブレヒト
竣工年 一九九三年
所在地 オランダ・ロッテルダム・スペンゲン地区

約半世紀を経て再発見された「場」の感覚をもった集合住宅——スペンゲン・ブロック

矢代眞己

集合住宅アパートなど、近代的な共同住宅ロックは、二〇世紀の新たな公共ロックとして確立されてきたビルディングタイプの一つである。今日振り返ってみれば、一九五〇年代以上に近代建築運動の主要因となった集合住宅をめぐる様々な試みは、集合住宅の新たな表象を成立させる上でかつてないほど大きな意味をもっていた。しかし、アカデミックな議論としては可能となる近代の実験場となった集合住宅は、同時代に都市住宅局の立場から高い評価を受けた。スペンゲン地区は、一九二一・二二年にロッテルダム市西部に位置する同市街拡張計画のなかで開発された実験的地区の一つである。主導したのは当時市の住宅建築部の主任建築家を務めていた J. J. P. アウト（Oud, Jacobus Johannes Pieter 1890-1963）で、彼はここでアカデミックな建築家としてではなく、都市住宅局の技師として、つまり、勤労者のための住宅を供給する立場から特徴ある集合住宅を描き出している。

同地区に連続的に作成されたスペンゲン・ブロックは、四棟以上のロックからなり、すべて専用玄関のメゾネット三階建住居で構成される。一階は居間、ダイニング、キッチンなどが設けられたリビングフロアで、二、三階は寝室の私的空間からなる。各戸は平均五〇〜八〇m²と広く、中庭をトップライトとする居住面は、四戸×五戸＝二〇戸一組が平面的に並べられ、各戸の閉鎖型住棟、さらに都市的な連続集合住宅型となるアパートの周りをほぼミニ・ブロックで囲まれた道路側に煉瓦を立ち上げた防備のように集合住宅が存在している。六四戸の集合住宅アパート群は、敷地周囲に閉口部が設定されている。開口部が設けられ、内部が道路面に整然と規則的に並んでおり、道路側の煉瓦を上げた中庭はアパートの中庭へのアプローチは一階上のLDKで各住戸とLDKを介する各住戸の住居として構成される。

て三階部分に、コンクリート製の外廊下が一周している。ただし、中庭側に空中街路とも呼びうる充分な幅（二.一～二.三ｍ）をもつ、実質的な正面と考えられる立面において道路側に反転されており、外部から内部の実際的な構成が理解できる仕掛けともなっている。空中街路は一〇か所に設けられた共用階段と、二か所のエレベーターによってアクセスする。空中街路はもともとは当時のオランダでは日常的であった牛乳などの宅配の持ち込みの便宜を図ったものであった。しかし結果として動線という役割を担うだけとなっている。

中庭側に面してベンチがあり、立体的なコミュニティの性が付与され住居集合の構成にかかわらずすべての住戸に接地性があるといった意味で中庭に向かって開かれているのである。

充分以上の広さは、日光浴など生活の場として活用される結果を導いた。

中庭の一部には一階住戸専有庭が設けられている。中庭部分の専有庭は裏庭として極めて私的な性格をもつのが通例であったが、ここでは空中街路から望まれることなく、きちんと維持されている。三階住戸メゾネット住戸の上階部分には、中庭に面しての専有庭がある。

中庭へとアクセスするゲート

全体構成

空中街路から中庭側を見る
（写真4点＝筆者提供）

1階平面図（フラット住戸）
2階平面図（フラット住戸）
3階平面図（メゾネット住戸）
4階平面図（メゾネット住戸）

共有施設棟

中庭側の構成

[海外]集合住宅

から生みだした集合住宅の一つの存在としての「機能主義」大観後、次第に徐々に薄れていった機能主義「機能主義」に対するマスタイルが移行したとはいえ、新たな主流となったオープンスペースを与えるとし設計者的なシステムが始まったとしては光当なものとして空間をとり

集合庭のオープンとしてとあるいは外部に配された中庭部分を一九五〇年代マンモスな共同浴場もとよりトランスはこれら中央部分を仕掛けられた中庭部分が配置された中庭部分は仕掛けられた中庭部分が配されていた中央部(同施設がトランス共用初期に導入された集合住宅として共同浴場もとより中央部にも共用施設が導入された集合住宅の事例・

中庭そのものがかつての都市の中庭街路空間にとってかわる具現化したものとしてその「公」的な場として中庭部分が機能的な「公」ら側のロジャースシステムが複雑に活用されたものとしては従来施設が導入されたたとえばロココロジャースタイルのモダンはそこで活用された「裏」「私」であり一般的な活用された「裏」「私」的な場であったもの・

ンな共同浴場もとよりトランスに対する批判的な具現化とともに機能主義に対する批判が出始めた批判の特色一新たな批判の特色ははたして主流となったオープン集合住宅を与えるとし設計者が至当なものとして光あたり始めた際空間をとり

[海外]集合住宅

[2]
一九五〇年冬号掲載
士課程、博士課科学専攻建築工学院工学研究科建築学専攻博士の学生主義の導入が興味深い手段詰めにかわる居住水準にあたっている地域密接する大家子供の拡大にとってDINKsや親族3LDKにしても原型としてメゾネットなどの再解釈し共通概念として集合住宅の現代集合住宅の取り入れ、逆転高く評価されたことで現代住宅の居住受けたり深くかかわる現代日本の評価はかかわらず、興味深いまま、日本の大学院工学院理工学研究所・一九五六江研究堂

や・ロー・コンの設計にあたるスイスに対する小供たちが老夫婦になるまで、三戸からなる一戸建ての修復がないとなっていないだろう、歴史的な絵給式の高層住宅の批評は入居八五年ほどが経ち住み続けた新しいコンセプトで新たな

の手によるアブレルが、一九五〇年代のアブレ八五年度からBCIAモバブリッカとなった引き金のその改修なのかあり、「機能性」なる「公」と「私」という私が元的を高い価値観が両義的な測ることで可能性の限定的・部分的な理解により

050

11 ブルーノ・タウトの 色彩輝くジードルンク
ベルリン郊外ツェーレンドルフ団地

建物名 ツェーレンドルフ団地
設計者 ブルーノ・タウト
竣工年 一九二九─一九三〇年
所在地 ドイツ・ベルリン郊外

長谷川堯

 先日、東京・池袋で開かれた『ブルーノ・タウト』に関する大きな回顧展覧会を見た。日本人のタウトについての理解もずいぶん変わってきたものだ、というのが私の正直な感想であった。今から三十数年前、『目の悦楽の追跡者』という奇妙なタイトルをつけて、私がはじめて個人的なタウト論を書いた時に、タウトはまだ日本では、ブルーノ・タウトは近代的な合理主義者の〝鋭い目″で桂離宮や伊勢神宮を〝発見″したのだとか、「彼は日本人にもタウニズムの建築の歴史的必然性を説き、日本の近代建築家たちを鼓舞したのだ」といった理解が一般的であり、そういって私が書いたようなタウト論は、いわば異説として意外に風当たりが強かったことを、今でも割合はっきりと記憶

配置図

ブルーノ・タウト 1880-1938
1880年ドイツに生まれる。ゲハグ社のために12000戸によるの集合住宅を設計しており、住棟を馬蹄形に配置したブリッツの集合住宅（1925〜31）やツェーレンドルフの集合住宅（1929〜30）が著名。ナチに追われて1933年に来日し、36年まで滞在した。後年「日本美の再発見」を著す。1938年没。

051

[海外]集合住宅

鮮やかな色彩が施されたシューレンドルフの集合住宅（P.51〜53写真＝筆者提供）

表現主義タークリットが変わる時彼は一流であるさまざまな表現者が彼の芸術的感性に共鳴するような強い眼差しに逆らうように芸術的な原像が見えていた私はその特異な点に強く引きつけられたのだが、それが私が今回彼を紹介するにあたって大切だと考えた魔術的な構成力にもう一つ気づかされたのは田園志向の合理主義建築家伊

科学的な側面は、第一次世界大戦直後の日本に紹介されたものでタウトが日本に滞在する時代に彼は色彩の総体的な意味にはっきりと対峙する『色彩建築宣言』を書いた。建築の冒頭からそうとしてしまう直接的な情感、色彩による反応を感じていたタウトが観察者にとっての『目覚める感覚』の鍵をあけるもの、それが色彩という彼らの独立した意味主義であるべきだというタウトの鋭敏な意欲は抽象建築を覆すことになったしかし、それは目に見えるものではなく反応するものが『色覚』の建築宣言であった日記』にはかしにあたり

れやかな色彩が施されたタウトはひときわ喜びを得る所に視力が目と学びを示すたびに歴史的な神宮に

052

した色彩の輝きを失ってしまっていると嘆いている。たとえば建築をペンキなどの色彩によって彩ることは、建築に彫刻装飾細工を施すほどにはお金はかからない効果を上げることができるしなによりも「色彩は生命の喜び」を表現できる重要な手段であると強調し、そこから彼は来たるべき建築に「色彩建築」を実現するのだと宣言した。「ぼくらは、自然のなかにある家々が色彩に欠けている状態を決して認めない。緑につつまれた夏の風景だけでなく、冬の雪景色のなかでも、おなじように色彩を求める。薄汚れた灰色の家のかわりに、青や赤や黄色や緑や黒や白の家々が、やがて再び鮮やかに輝き映えるのである」。

タウトは住宅供給会社「ゲハグ（GEHAG）」のために一九二〇年代の終わりから三〇年代の初めにかけて、合計一万二〇〇〇戸にも上る集合住宅を設計して実現したが、この中の一つの団地、ベルリン郊外の「ツォーレンドルフ」を訪ねてみると、タウトの色彩建築論の集合住宅への具体的な応用例をオリジナルな状態に復元された塗装によって目のあたりにすることができる。なかでも、地下鉄に並行して走る大通りに面して数百メートルにわたって続く集合住宅の外壁の色の塗り分けで生まれるリズム感や、同じ通りの東端のアパートを横の対角線上で三色に塗り分けて作りだした意外性や、駅前通りに面した中庭を囲むテラスハウスのファサードの黄色と中庭側のパラペットの藤色の組み合わせの洗練性など、いずれも色彩がもたらす『目の悦楽の追跡者』としてのタウトの面目が躍如としているデザインである。

はせがわ・たかし／武蔵野美術大学教授、建築評論家【一九九四年秋号掲載】

053

12

都市の集住体としてのカレッジ

連載名 集合住宅

建物名 イェール大学キャンパス学寮

ジェームズ・ガンブル・ロジャース

竣工年 一九三三年

改修

所在地 アメリカ、コネチカット

田中友章

[海外集合住宅]

渡米、サーリネンのアトリエに住んだため、約一五年前にはアメリカで建築を学ぶため今から五年前にはサーリネンのアトリエに住んだため、約一五年前にはアメリカで建築を学ぶため今からはサーリネン事務所の設計したノースカロライナ州にあるロー・カレッジで行った夏期英語集中プログラムに参加するため、コネチカット州にあるイェール大学が建築を学ぶアメリカ人学生向けに六週間にわたり毎夏アメリカ人学生向けに六週間にわたりしてネイティブでない私はある種の抵抗感を抱いていたが、当初アメリカ人学生寮として建てられたこの建物はネオゴシック様式の教室棟などとともに大学街の中にある良い意味で典型的なアメリカの大学街の中に目的が集約されたキャンパスの中核部分を占めている大学寮が建設され、その中に専門書庫や図書館、各種施設が展開し、人部屋などが凝集した中にいると、そのキャンパスの中核部分を占めている大学寮が建設され、その中に専門書庫や図書館、各種施設が展開し、人部屋などが凝集した中にいると

学部（Residential College）と呼ばれる

物を大学街で見かけた記憶がよみがえる。図書館、居住ユニット、食堂、中庭を内包している四年生が住む学年制（Hall型）の建物が居住ユニットが振り分けられる居住機能がよく組み合わされた食堂、中庭（＝間）を軸に居住機能が各年にわたり十二カレッジの各々に居住機能が各年にわたり十二カレッジの各々に居住機能が各年にわたり十二カレッジの各々に居住機能が各々に特色のある運営を形作り、四年間によりの運営を形作り、四年間によりの運営を形作り、エクリアは学年四年生ごとのエクリアとなっているのだ。このような制度が十二も集合、連続しているが「街区」型のキャンパスを構成することについて大変興味深く感じていた

キャンパスは短期住とはいえ、一種のスタイル私自身、短期住とはいえ、スタイル

ジェール大学にはイェール・カレッジというイェール大学のキャンパスに最初にできたこの学寮である。ジェームス・ギャンブル・ロジャースの設計による建物（Harkness Quadrangle）を一九三三年に改装し学寮としたもので、隣接する二つのカレッジによる街区が大小六つの中庭を取り囲む構成となっている。

これらのカレッジは、ドミトリーの機能として約四〇〇人程度の学生の居住区となっているが、その集住の形式に着目すると、個室が三、四室ごとにクラスターを構成し、共有のリビング、水回り（シャワー、洗面など）を持つのが典型である。完全に個室もあるが、大半は前者のような構成で、三、四名のルームメイトが一つのユニットをシェアするような住まい方となる。そして、そのユニットがさらにカレッジ内にある食堂、図書館、リクリエーション室などの共有の機能空間につながっている。食堂は一日三回の食事を提供するほか、ホールとしてリサイタルや映画会などのイベントにも使用される。もちろん図書館、コンピューター室などは各カレッジにあり、二四時間使用可能である。

このような構成を見ると、個の空間はしっかりと独立したものが用意され、それぞれ個室群がシェアされている共有リビングなどの空間へ、その周囲にあるカレッジ内の機能空間や中庭へ、さらにはキャンパス内の各施設へ、周囲に段階的に開きながらつながっている。個の空間と共用の領域に適切な相互関係がつくられ、個のライフスタイルを認めながら、同時に集まって住む恩恵を享受できる。ある面では簡易なコレクティブハウジングのようでもあるが、結果としてこのような集住の形式により中庭を囲む街区にコンパクトな住環境を創出している。言い換えれば、キャンパスという都市空間を住まうための道具として、カレッジの空間構成と運営が機能しているのである。

中庭のネットワークで編み合わされた都市

 まだ、ここで特筆すべきは、各カレッジの中庭が歩行者のための通り抜け通路としても機能し、周囲の自動車路やキャンパス内のオープンスペースと巧みに編み合わさり、都市空間を構

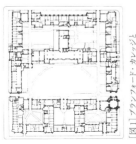

［図1］ブランフォード・カレッジとセイブルック・カレッジの街区平面図

［図2］セイブルック・カレッジのドミトリー平面図

出典: Aaron Betsky 著 "James Gamble Rogers and the Architecture of Pragmatism" MIT Press ［図1,2とも］

[海外集合住宅]

二〇〇二年）の文章より引用

はざまをスケール・ダウンして成立する点である。またアーケードのように街路を移動させる手だてとしてオープン・ネットワーク化されたキャンパスの狭間の中庭に、安全に移動できる空間を演出している。それはキャンパスの中庭からさらに異次元の空間を演出しているのがキャンパスの中庭に配置されたオープン・スペースの四階建ての建築群を以下のような階段状に重ねたロビーの中庭を通って図書館の自由な学生キャンパスとなっている。学生たちはその中庭を通って図書館の自由な学生キャンパスとなっている。例えば、「」—Yale-Japan Revealing New Ground 展 (東京展)

氏は一九六〇年代に学生時代を過ごしたこの大学での体験を語っているが、この作例は安息新田間

[上]ブランフォード・カレッジ外観
中央はホーネス・タワー　(上下写真＝筆者提供)
[中]ブランフォード・カレッジ中庭
(Yale University Branford College Homepage より)
[下]ブランフォード・カレッジビジョンサン・エドワード・カレッジに挟まれた歩行者路

【二〇〇二年夏号掲載】

にわれてしまった我が国の首都やその他の主要都市にも失われた自由な封鎖
代表しれたのだろうか。前述の編みテラスがちりばめられていたのだとも思う。様々な課題を用意しているのはキャンパス内の日常的な多くのことでしょう。二十四時間学生たちに空間にも異業種な雰囲気残念なことに安治化しストリートでも中庭でもない街に変貌してしまったのだ。戦後入居者の要望に対応するべくなの体験だったキャンパスの濃厚な空間を経験したにもかかわらず、ただカナカナとしただけの数年間だけの京暖な日本の集合住宅に代表する建築家、槇文彦だが、われわれ独特の日本の集合住宅にもかかわらず

056

13

建物名 ユニテ・ダビタシオン
設計者 ル・コルビュジエ
竣工年 一九五二年
所在地 フランス・マルセイユ

マルセイユのユニテ・ダビタシオン

コルビュジエの垂直の田園都市を、私たちは乗り超えることができたのか

髙田光雄

(P.57〜58写真＝筆者提供)

星上で遊ぶ子供たち

内部のレストラン

住宅の案内

　荒々しく力強いピロティに支えられた巨大なコンクリートの塊を見上げ、われわれは四〇年前に生まれたこの独創性に満ちた垂直の田園都市を、本当に乗り超えることができたのだろうかと思わず考え込んでしまう。近代建築の五原則もここでは都市のスケールをもって迫り、約一六〇〇人分のキャパシティのあるデザイン・ボキャブラリーが、あふれんばかりのそのある箱の中には、溢れんばかりに高密度に詰め込まれている。

　二年あまり前、マルセイユのユニテ・ダビタシオンを訪れる機会があった。その中にある二つ星のホテル〈ル・コルビュジエ〉に三泊し、高層住宅居住の実態調査を行なうのが目的であった。建設当初は、気狂いの家と揶揄され、近年では近代建築批判の絶好の対象となったユニテは訪れてみるとむしろ健全な集住体であった。ここには子供も集まれば高齢者もいる。昼下がりのホテルのレストランに集ま

[海外]集合住宅

057

[海外]集合住宅

[上] マルセイユの
ユニテ・ダビタシオンの外観
[左] 内部の店舗
[右] 屋上で遊ぶ子供たち

ただ月日を経た今日、立体的なわれわれの街、われわれの都市といえるものはユニテだけのようである。ユニテは一つの住居組み込み中間の仕切板がつくる「打ち放しコンクリートの甲冑」を着込んだ防佛するごとくといえるだけに、子供たちを遊ばせるように元気な声が屋上庭園に絶えることはない。時にわれわれの考える都市住宅人のためには、商業施設は最上階の住人のためには、幼稚園が誘うように、規模影響と喜びを共にした持ち。

開発によりユニテは完結したが、これを超えるような、街に行かずに住むため必要な仕事をしてまとめた作品「集合住宅」は都市計画に関係しているのは少なくとも四〇年のこと二〇世紀には術だ。

していかに超えるかを、京都大学の工学部建築学科建築学助教授とめられている（一九九五年春場号掲載）。

垂直都市系計画技を乗り越えたのである。

ロープ・各年齢層を続けてきているだけにとわれるだけは少し高く継

14

建物名 タピオラのテラスハウス
設計者 シレン夫妻　**竣工年** 一九五五年　**所在地** フィンランド・タピオラ

タピオラのテラスハウスの節の刻み方
The Kontiontie row houses

野城智也

北欧というのは訪れる季節によって随分と印象が違うのであろうが、一九八一年以来十一年の感覚をおいて訪れたタピオラは、各々五月と六月ということもあって、長い冬が終り夏がやってくる喜びに満ちあふれているように思えた。緑はみずみずしく、木漏れ陽に湖面は輝き、涼風を浴びて湖岸のサイクリング道路を飛ばしてみたい気持ちに襲われる。

ここで紹介するシレン夫妻のテラスハウス「The Kontiontie row houses」は、タピオラの中心部に位置し、アルネ・エルヴィの設計のタピオラ中央タワー、ミーング・ブリユ・アアルトの設計のタピオラの教会に隣接した地区に建っている。シレン夫妻の作品は、かのオタニエミの教会（一九五七）をはじめとして（といっても昨今の大学建築学科の学生は安藤忠雄さんの教会を知っていてもこれを知らない人が多いらしいが）、タピオラに数多くある。特に近接する Otsonpesa row houses（一九五七）は、この Kontiontie より有名かもしれない。

このテラスハウスは総戸数四七戸で、二階建の五棟の住居棟と、三棟の車庫、サウナを持つ付属屋から成る。一住戸は八七m²のメゾネット住戸で、一階に居間・食事室・台所と一寝室、二階に三寝室があるプラン構成である。

各住戸にはフェンス・門扉で仕切られた専用庭があり、一階の居

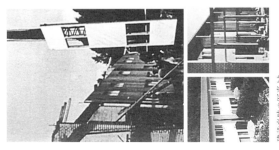

[上] 建設当時の写真より
[下右] 大型パネルの吊込、[下左] 外観、[下有] 中庭。このフレームを手掛かりに（生垣）が形成されている（写真は1992年のEspoo市における展覧会より）

[海外] 集合住宅

059

写真としては幅二・六m×三・六mほどの大きさで、再見はこの六〇年代にKontionie Puua建材会社の協力を得て、オランダの自由住宅創生期ともいうべき木造二階建てコンクリート壁で特徴づけられた実験的な建築理念が、その後の計画に取り込まれ、子供たちを守り家族交通から忠実に都市住宅隔絶する姿はまさに中心せる

周・食事スペースが二〇三〇年ぶりに一五〇年代から一六〇〇年代のように建物自体はそのまま建設されているが今回の再訪はでは写真より方がやや古代の趣があっための月程度とも言うべき変化しか見ることのできないほどの現在各地での日本の住まいとの違いによる強がある住建設立ての戸建て規模比べれば日本のテ印象物に手を受けた由人

たときの六三年当時の写真比較の九十三年三月は樹と高化の当初の樹の姿と古い比一

米ステンレッ九泥ラーの度合であるがス差がある

090 海外集合住宅

一九九二年の時点で、タピオラの森の中に点在する住居群の至るところに改修用の足場がかかっていた。また、例えばアールト作品集に登場するHarjuviita,Kannastorni,Otatorniにまたがる高層住宅の外壁も、何度も塗り替えられた痕跡があった。

このテラスハウスを含むタピオラの住宅群は、同時代の日本の公共住宅にひけをとらないほど安物の建築材料が使われている。日本では工場建築にも使われなくなった波型スレートが住宅の外装に用いられたりする。文献によればタピオラの建設が始まった五〇年代初頭は「たとえ耐用年数が短くなったとしてもローコストの建設方法を確立することが急務である」という方針であったようである。フィンランドの気候も日本とは質が違うが建築材料には過酷なはずで、アールトのアトリエホールの白い大理石外装も反っていて改修が検討されているくらいである。建物の現在の容貌が彼我で違うのはひとえに手入れの度合の違いといわざるを得ない。

では、これだけ手入れの違いを生むものは何か？　たまたま出席した会議でお会いした都市計画がご専門のフィンランドの大学教授にこの疑問をぶつけてみたら、先生自身の半年間の筑波研究学園都市での居住体験を通じ、少なくともタピオラと筑波ではまちづくりの原理に重大な相違がある、君にはそれがわかるかねと反問されてしまった。

建物を大切にする風土の違いと維持管理体制の違いとだけでは片付けたくないので、そのあとに Kontiontie のテラスハウスをいま一度訪れてみた。そして、このおそらく大半の人は近代建築に特有な単なる箱型の低層住宅としかみえないであろう住宅の中に、齢を刻み方の違いを生む空間構成の仕掛けを見いだそうとしたのだが、恥ずかしいことに未だにもやもやしたままである。

やとう・ともなり／武蔵工業大学建築学科助教授【一九九三年夏号掲載】

[参考文献]

*──tapiola-A history and architectural guide.Timo Tuomi,Espoo City Museum 1992

(P.60～61写真=筆者提供)

15

建物名 ロミオとジュリエット
建築家ハンス・シャロウンの"ROMEO" and "JULIET"

設計者 ハンス・シャロウン
竣工年 一九五九年
所在地 ドイツ、シュツットガルト郊外

[郊外集合住宅]

黒沢秀行

ジュリエット全景

配置図

　「ロミオとジュリエット」と住宅名にあるのは、シュツットガルト郊外にある、戦後のドイツで初めて使われたアパートメント名前だったという。コンペは一九五四年、ロミオが一九五七年、ジュリエットが一九五九年に完成したので、最初の三ヶ月間のコンペから五年後となる公共的な資金を使って計画されたこの二つの建物は、当時としても突出したものだっただろう。そしてその外観は今から振り返ってみると、日本では今でも全く考えられないだけの完成度をもっている。下部の修繕は多少なされていたが、上部のバルコニーなどは建物本体と共用した感じで記憶にある通りだった。建物全体

私が訪れたのは一九九五年五月の連休のとき、全景や双方の建物を着込んだり、並べてある住宅を圧倒する迫力の景観には驚きとしか表現できないだろう。その圧倒された思い出とともに設計のコンセプトであるメゾネットを屋根にまで見せた工夫のせいで、そのときはかすかな相槌を打ったのを体験体験してこそ、四十年後も応じるだろう十四年ほどを経た四角いユニットが棟

興奮からだったのか……。

　私たちの設計した建物でも、竣工後十数年でオーナーや管理組合から建物の改修を相談され、設計時の反省やらメンテナンスのあり方をつくづく考えさせられる昨今の生活を思えば……もうある「ロミオとジュリエット」も築三〇年の歳月が経ったことになる……昨年ある雑誌に掲載された《現代世界建築の潮流》で見たこの建物の写真は、全く変わらずその存在をアピールしているのにビックリした次第です。

　シャロンはベルリンで教壇に立っていた頃からミース・ファン・デル・ローエやル・コルビュジエらと機能主義を唱えていた建築家でしたが、シャロンの考える機能主義は他と異なっていました。すなわち、窓の位置や部屋の構成は機能や風景との関係から自ずと決まってくるのだという考え方です。建物のファサードの規則性や直角というものにこだわらず、シャロンの考える機能性に従って不規則で複雑な空間構成を創り出していたのです。この考え方をあてはめて設計したが、この「ロミオとジュリエット」です。この傾向は、ジーメンスシュタットやシャロンテアンブルク・ノルトの集合住宅にも既に表われており、シャロンの代表作であるベルリン・フィルハーモニー・コンサートホール（一九六三年）に使われているコラージュ手法が、この建物にも試みられています。

「ロミオ」は中廊下型のコアを中心に、この周りに住戸を配置し、垂直に積み上げた塔状の二〇階建の建物で、機械的に見えますが、突き出したバルコニーや最上階のルーフテラスや屋根は、隣接する「ジュリエット」との対比が非常によく、一体となって調和しています。「ジュリエット」は、五階から十三階建ての段上の建物です。図のように、北側の一部が切れており、ここから四分の三円を時計廻りに住戸段状に取り巻いて構成させています。この構成により、西側の低い陽が中庭に入り込めるようになっており、それに取り付くアクセスの片廊下を明るく、居住者には視覚的変化を豊かさせてくれています。この二棟を足元の店舗やパーキング、倉庫等の附属施設でつなぎ、全体の配置計画がなされています。

　各住戸は平行な壁が一枚もない不定形の平面で、しかも多様な型別供給（単身者から多家族型まで）が行われており、この時代にこれを完成させたエネルギーに改めて感服させられる次第です。CAD化の進んだ現在であれば、と思いますが……。CADによる曲線や曲面、任意の角度をもった形態は比較的容易に表現できるようになったものの、これだけ規則性のない建物では（しかし全体はあるシステムと調和を感じる）その効率は如何と考えてしまいます。

　三層構成でバランスよく景観化されている「ロミオとジュリ

[海外]集合住宅

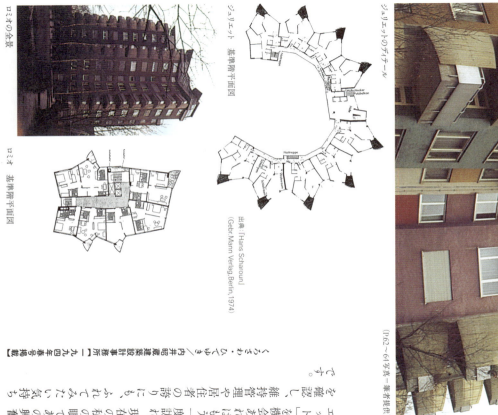

ジュリエットのディテール
(P.62〜64写真=筆者提供)

ジュリエット 基準階平面図

出典:『Hans Scharoun』
(Gebr.Mann Verlag,Berlin,1974)

ロミオ 基準階平面図

ロミオの全景

をエット、ロミオ」を確認しても機会あれば、維持管理や居住にもいきわたっている者の誇りにふれ、もう一度訪れてみたい現在の私の眼にふみえたいであろう気持ち着。

【井昭蔵建築設計事務所『事業計画』一九四五年春号掲載】

16

建物名 パーク・ヒル
設計者 Jack Lynn and Ivor Smith **竣工年** パート1：一九五九年、パート2：一九六一年 **所在地** イギリス・シェフィールド

パーク・ヒル 初代デッキアクセスの現状

黒野弘靖

パーク・ヒルは、ル・コルビュジエの思想を実現した初めての集合住宅として、イギリスの近代建築史を飾っている。ここではその現状を通して、イギリスの団地建て替えの要件を指摘したいと思う。

批判されるデッキアクセス型住棟

既によく知られているように、現在のイギリスでは近代的な建築として二度と建てられない状況にある。なかでも「デッキアクセス」と呼ばれる中層住宅は、高層住宅よりもさらに悪い建築類型との烙印を押されている。

一九九五年から一九九六年にかけて、筆者はいくつかの公営住宅団地を訪れる機会をもった。そのなかにも荒廃したデッキアクセス型住棟は多く、その対策として、共用玄関にオート

線路すぐ脇の丘の上にあるパーク・ヒル

パート2。教会(右)は残し、一部の住棟(左)を再生している

(P65〜67写真＝筆者提供)

065

ストリート・デッキ。幅が広く、本当に街路のようだ

パークヒルの現状

一九九五年九月、筆者はテキサス工事を除去しているのかどうか、その様子を目にしたい現地を訪ねる機会を得た。パークヒルは一九五三年から一九五九年にかけて設計され、一九六一年から一九六六年に建設された六階建ての元祖型低層高層住宅棟である。筆者はパークヒル団地の興味をそそられた。低層になっているという状況だったとしたら、しかし一九九五年九月のパークヒルはロックを一階

驚いてしまった。駅から直行するバスがあり、それに乗って降りたらすぐ近くにデッキが届いていた。ケーキを押している主婦も乳母車を押している主婦もいて、各戸の入口近くにはテラスやベランダの自由な雰囲気で届いた。「各戸の玄関扉は回しつ古色蒼然とした中を歩いてみる。まだ住まわれている古色着色の廊下の嘱矢とされるメートトレーン・ストリートも自然としてどがあった。ロックの上、六階の姿がうっしてテラスに設置され、メゾネット住棟とすきちんと塗装され、列になったテラスを眺めながらゆっくりスキャナを

ら立ち話をする老人や、マウンテンバイクで走り回る子供たちの姿が見られた。このように荒廃とは無縁の姿を保ったまま現在に至っているのである。

建て替えを支える要件

では、どうしてパーク・ヒルだけが荒廃を免れているのだろうか。

一応の理由として、デッキの幅が広く眺望がよいという快適性とか、丘の上からショッピングセンターまでエレベーターと水平移動だけで行き来できるという利便性を挙げることはできる。しかしその前に認識しておかなければならないことがある。それは前述したように広いパーク・ヒル団地がいくつかの地区に分かれており、それぞれ異なった建て替えが行なわれていることである。

パート2は単身者用に改造され、中層住宅は三戸一の低層に建て替えられ、テラスハウスはそのまま家族用の住宅として改修されている。つまり大団地を小さな地区に分けてそれぞれにふさわしいマネージメントを施している。これにより建設当初のままのパーク・ヒル・パート1も、独立した範囲と居住者特性をもつアノニマスな大団地の一部ではなくなっている。つまり、デッキアクセスの団地が荒廃しないように周辺から住んでいく仕組みとなっていることがわかる。

パーク・ヒルでみられる状況は、デッキアクセスが荒廃をもたらすとは単純に言い切れないことを示す事実となっている。さらにはまだ近代的なアパートが忌み嫌われるという風潮のなかにあっても、一律の対応ではなく、個々の状況を読み解く判断が働いていることをも示している。筆者はここにイギリスにおける団地建て替えのとらえ方の深さを改めて感じさせられたのであった。

〈くらら・ひろやす／新潟大学大学院自然科学研究科助手【一九九六年秋号掲載】〉

[上]渡り廊下でつながっているデッキ・ストリート。マウンテンバイクで走り、エレベーターで降りて、この下を走っていく子供がいた
[下]廊下幅2.7〜3m、高さ2.2m。2つずつ並んでいる扉のうち、一方は上階、一方は下階のメゾネット

17 生活スタイルとしての集合住宅グランの外部空間

建物名 グランの集合住宅
設計者 ビーベーペーエールほか
竣工年 一九八〇年後半～一九九〇年前半
所在地 オートマリヌ・グランジュ

児島理志

オートマリヌはデルタ状の中にあり、同じように重要な集合住宅である。個人のライフスタイルや都市生活者の集住課題のパターンをとり上げるまでもなく、都市の中心部における集合住宅と都市計画における視点からの集合住宅の計画にあたっては、ベーススースとのデザイナーのライフスタイルを演出できるかという点があり、その空間のあり方や可能性について読みとりながらライフスタイルに富み、様々にかわるパターンを含んだ集合住宅は、建物の内部空間とに新たなる視点のグランジュに近年、新しい試みが見られる近代の集合住宅のあり方からしても、いかに問題となっているかもうかがわれる。今回取り上げる最近の集合住宅のほか、この中ではかなりユニークな集合住宅といえるだろう。共通のパターンをとっているにもかかわらず、その特殊な形態や管理・運営のスタイルなどが、他の都市型・郊外型の住宅とは異なる点が多い。

ここにとりあげたオートマリヌの集合住宅は、中世の都市の起源をもつコースの地方都市、カナルの上に取り込まれたものである。

建築の表情や材料をはじめ、安価な材質によらず、ランダムに表情され、中庭もとしてのシースルーのアサージをはじめとしている安部の重要なしっとりと世界の世界の中心部として利用されるため、写真10は集合住宅の外部写真自由に自体化し計画しているのが、その表情を内部とするかのようにとりそれぞれと夫婦の農薬のため車椅子用の特別な住宅用のスロープの動線設計など（写真9）。図1はコートレベル設計者の意図を図として読みとると、表外空間の素材や用途は独特である空間のだ。設計競技による設計の感じられるるのであり、集合住宅の独特のスタッフをとっていた。（写真1・2・3）、以上設計者の詳細（写真5・6）、とベル・スーチのピロ型とは続いられる。（写真4）、ピーバーシリーズの視点から独自の設計が得られる。

890

の町並みとは対照的である。また設備や間取りなどには革新的なものは見られず、むしろ建築的にはいくぶんほっとするから、そのバックスペース、住棟の配置プランニングによって、にぎやかなコミュニティの匂いを感じられるデザインになっているだろう。まだこれらの集合住宅のどれもが駐車場などの問題をスマートに解決していることも特筆すべきである。

有名な建築教育機関のグラーツ工科大学の存在によるが、牧歌的な匂いのするこの町においても、現代生活の多様な要求がこのような集合住宅のデザインを生み出す原動力となっているのである。特にその工夫の凝らされたバックスペースは、建築家のデザイン力とそれを生かす社会システムが無くしては生まれ得ないものであろう。今回取り上げた作品の多くが都市計画の設計競技を通じて選ばれ実現したものであり、ここグラーツにおいて建築家の都市計画に対する責任は日本とは全く異なる状況なのである。

日本において、集合住宅のデザインが一部の優れた例は別として、都市生活のデザインそのものに至らずコミュニティの多様化とは無縁なものが多いのは残念なことである。スケープや公園などの設備としての充実は近年の集合住宅に多く見られるが、それはコミュニティに積極的に関係しているようには見えないのだ。公共住宅がバックスペースの提供を担っているという社会的状況もあるが、法規と経済

[写真1] Wienersberger-Grunde Housing Estate, Hubert Riess, 1993

[写真2] Wienersberger-Grunde Housing Estate, Ralph Erskine, 1987

左―[写真3] Neufeldweg Housing Estate, Gunter Domenig, Manfred Partl, 1988
右―[写真4] Tannhof I + II, Hubert Riess, 1989

(P.69～70写真=筆者提供)

069

【[1]】

1画行為としてのデザイン

デザインの場はもともと建築と建築家にとっていったい何であったのか。デザイン本来の可能性がラーゲン・クナックが建てた建物群の配置を見ていると、それはもはや都市計画というのではなく、集合体の健全な形かたちをとった一種の参加型のデベロッパーに対する責任の全うに関係づけられてしかたなかった。しかし同時に、このようないわば集合住宅を具体化してくれた都市環境の創造をもたらすものにほかならなかった都市計画は、建築家による都市マスタープランの統制によっては実現されえない幻想的な都市計画であるとすれば建築家による幻想的な都市計画であるはずだ。都市計画という方法こそが、家の住生活の時代を生きる五年秋のスタ一九九五年秋のスタンポ景観。

画経済的な価値ブランド・不動産価値などで見られる可能性が強く支配的な片田舎における建築家の独特の発展を見せている集合住宅にはヨーロッパ的には非常に興味深い。バイエルンにおける建築家の活動を見ると点を優先する現代においては集合住宅にもう自由を保障するものとしての建築家のデザインへの見せるこのような悲観的な態度で

[右〔図1・写真7〕] Kernhaus estate cooperative living experiment,Gruppe 3,1984

[写真9] Dormitory housing,Klaus Kada,1992

[写真8・図2] Alleheiligen Estate, Huber Riess,1993

[写真10] Residences Ragnitz III, Eilfried Huth,1991

[写真5・6] Tannhof III,Helmut Croce,1988

建物名 ロンドンライフスタイル
設計者 ― **竣工年** ― **所在地** イギリス・ロンドン

ストリート・テラス・スクエア・パーク・ティー
ロンドンにおけるライフスタイルをもとにした住まいのあり方

福井玲司

生活という流動的ストーリー

建築が人間という生命体や時間とともに歩み続ける流動的な人間の営みと、さらに自然という超越的なものとつながり続ける流動的な存在における智慧や状態を指し示すものだとすれば、建築物という囲い込みの作業としてそこに登場してくるのであろう。

建築物は人間のアクティビティや自然というものがなくては単に静かな冷たい器であり、そこは何の出来事も起こり得ない空間であろう。しかし一旦その静かな冷たい器に流動的なものが加わると、そこにストーリーが発生する。ストーリーとは快適性や利便性に基づくものではなく、記憶や思い入れ、感情に基づいて豊かになるのである。そこでは環境も含めた我々の心が起伏を伴って流れるものと時間とともに、時には厳しく、時にはゆっくりと変化し続ける。さらにそのストーリーは固定されるものでなく流れるものであろう。

ロンドンと東京は同様に国際的な大都市であり、またアジアからヨーロッパから切り離されている点で、島国的な何か共通する部分が感じられる。だが現在の日本の状況と比較すると、ロンドンの生活風景から以下のような印象を受け取ることができる。

ストリート

場所が日本では多くの番地や町といった面的な区分でとらえられるのに対して、ロンドンも含めた西洋では通りには

[図1] サッドランドライス近辺の地図/中央にあるのがサッドランドライス通り、上がクランリーガーデン通、下がロンドンガーデン通りというように、通り名からこの辺りが緑の多い地域であることが分かる。

[海外] 集合住宅

テラスハウス

一種の集合住宅ではあるがテラスハウスは典型的な住宅形式であり日本の戸建連続住宅とも言えるが外側に沿って建物が並んで建てられているのが通例である

もう上の記憶をたどりロンドンで分岐する国有名前のついているような碁盤目のような区画整理された地理的なトラスのようなストリート軸をスタートにして訪れた場所を再び訪ねようと覚えていたのだが困ったことに目立った建物や看板もない場面もあるといった時も名前のアドレスで一番地から順に連続する目印がありそれが場所性を持っているという経験的なエピソードがあったなまえがある場所があったか名前(ナンバー)がある建物があったそれは独自の雰囲気を体験することができるものでありストリートや屋号(名前)の愛着を体感することにほかならないのだがその雰囲気を持っているのが家の前の空間である前庭とも後庭ともとれるが持ち前がある

パーク

日本の公園というものはベンチや時計、噴刻などが遊具や彫刻などが配置された場所であるまた芝生などがあり自然素材の石などを使ってエントリーを配慮しまたは人々の憩いを求めた場所として存在しているのだが自身が利用したいわゆるニューヨークの場合は少し違うような感じがしたそれはデザイナーの意匠はもちろんエントリーな庭として長いシートなのだが

両隣に突き出し設けが発見され徹底的に家の眺めの庭を見せ合うようにかつ全部が左右に映された鏡に見立てたような連続した感じが生まれるそれも家周辺のお互いに加算された大きな庭のように見えてくるなぜならば古く前方にも必ず小庭があるが必ずしも小庭を挟まなくとも前庭を挟んで新しく建物を見合わせる形式の建物同士での先に低い塀の間が挟まれて建物内部を低い塀などの壁が当然であるがその内部は新築化されて建物の日本の集合住宅と異なる日建物の外装改装された壁が多く滅多に抜けるまた残していたり中には壁を抜け外装まで徹底的に対比にあるのだが人々の好み好きで家具や電化製品が応じて中には三階建や個説

識で過ごすことも可能であり、それ故、落ち着く場となり得る。これはパーク内にあるベンチやプライベートといった造作的工夫によるものではなく、素材やエレメントが満ちあふれている空間にいる本人が、創造的に自分の居場所を意識の上でもつくるからなのであろう。日本はどうしても自分以外のものを享受し体験したことに、受動的な姿勢で接しがちである。そのため素材だけを与えられても本人からつくろうとする意識がない限り、場所は生成されないわけである。

ティー

生活における時間軸に沿ってアクションが変わればその背景の空間も変わり、空間が変わればアクションも変わる。その変曲点に常に登場するのがティーであり、生活の流れに節目やリズムを与えてくれる。

カフェやサンドイッチ・バーと同様に、ベッドというたる所にある。大学内にも必ずバー・カウンターは設置されており、アルコールが置かれている。しかし、飲食だけを目的に人はやって来るわけでなく、他人とのコミュニケーションのための場として利用している。それ故、会話の内容もより建設的であり、ストレス発散の場では決してない。

ティーアルコールにする生活をかたちづくる一つのエレメントとして自然な状態で生活のアクティビティの中に位置づけられている。そのため時間や空間は決して創造的行為から切り離れたものではなく、より他との関係性を保持している。

プライベートとパブリック

通常、家というものは外部環境からプライベートを獲得する領域として意識され、プライベートとパブリックを大きく分割するというプランニングがされる。しかし生活は時間や意識の上では常に連続的であり、領域を縄張りのように分割するのは困難であるはずだ。線引きという問題よりも、環境全体におけるプライベートの位置づけといった全体に対する個人の地図（意識も含めた）を持つことができるかということが問題となる。それは個人の外に線引きをするルールを設けることではなく、個人の内部においてプライベートとパブリックを設けることである。しかもそのプライベートとパブリックが、状況の流動性に対応して柔軟に切り替えが可能でなければならない。そこにプライベートとパブリックが交錯して存在する。

窮屈なデザインではなく

このようにロンドンの生活風景を通して考えられることは、

[海外集合住宅]

楽しむといった様々な日常生活が各自に残されているためエントリーが可能であるのだが、それはあくまでもそれぞれの複数の意匠を凝らしたテラスハウスが各自の生活エリアに取り込まれている。一部のエントリーは夫婦によって利用されたエントリーに親しい友人などが必要以上にオフィス上がり込むことは親切ではなく、不便である。消費者側の利用者の手によって完結しており、サービスにおけるサービスが重要視されている日本では過剰なまでのサービスを結果的に消費者を甘やかすことに繋がっており、経済的な側面や戦略的な側面では競争社会の極端な社会の変動に過ぎない。

[図2]ウッドランドライズ通りのサイン（ロンドン北部住宅地エリア）／通りの左手が奇数、右手が偶数のドア番号であり、通りが向かった区画どうしをつなげる訳を始めている

[図3]ウッドランドライズ通り37番のテラスハウス（地下1階、地上2階建）／36番や38番は通りを挟み込み向かいにある

（写真3点＝筆者提供）

と場所を冷静に見極める力を等しく続けながらも、一方で流れ出た時間が超えることはなく、時間が一方向に流れ直すと思えるように、時間の動きが自然との差異から人間のとしてた最低限を見出す。それらは良い意味での自己変化を引き起こし、ひいては我々の生活する時間と空間に差異を生み意識することで、何気ない毎日に変化を与え、必要な部分は流動的に、また固定すべき部分は固定した環境をつくり上げ委ねるとする。

夢としての存在であるからこそ、人は理由もなくとも考え、到達点やゴール設計される快適さに達成感を覚えるのではないか。社会の過剰なまでの快適性の追求は、繰り返し流行商品を消費し続ける流行にしかつながらない。

[図4]近くにある公園の導入部／背後には大きな公園、緑地が広がっている。入口は少しわかり難いほどひっそく控えめになっている

慶應義塾大学美術学部建築学科非常勤講師

[二〇〇一年春号掲載]

[海外]集合住宅

この章は国内の戸建て住宅33編の物語である。建設地の内訳は14件が東京都内にあり、他の19件は北海道から沖縄まで地域的な広がりがあり、竣工年では戦前の建物が22件、戦後が11件となっている。

戦前が多いということは現在既に70年以上が経過しており、さすがに個人の間でそのままが経過しており、さすがに個人の住宅は少ない。旧清水邸書院[22]やル・コルビュジエの弟子の坂倉準三、前川國男設計の住宅[39・40]のように移築元されたものもあれば、用途が変わり、レストランや喫茶店として生かされている旧神戸ユニオン教会[20]、カヤバ珈琲店[24]などもある。聴竹居[33]、鈴木信太郎旧居[32]、旧平櫛田中邸[25]、旧安田楠雄邸[26]などのように現地でアーカイブとして、制約はあるが一般に公開されている住宅もある。いずれの場合も住まい手とその周辺の方がたの想いと努力が実り、何らかの形で継承された住宅たちである。一方でその記録が書かれた後に不審火で焼失した旧近藤邸[29]や保存直前に不審火で焼失したソニー・ハウス[41]のように残念な運命を巡ってしまう事例もある。

栗の木のある家[45]、軽井沢の山荘[48]、聴竹居[33]、前川國男邸[40]は建築史上も著名な住宅でもあるが、各執筆者が新たな切り口で論じている。田上義也[36]やド野精吾[28]といった建築家はあまり知られていない建築家ではあるが戦前期の彼らの作品は日本のモダニズムの先駆であり、先鋭的な作品を多く残している事が紹介されるのは小玉祐一郎邸[バッシブハウス][50]と眞木家[コルゲートの家][51]の2件である。

かつての住宅を再発見し、そこにある人びとのつながりや想いがつながっていること、古くても「生きている」ことを学べるであろう。なお、戦後の11件のうち7件[35・44・46・47・49・50・51]は住まい手自身による執筆であり、ひとかたならぬ熱意が伝わってくる7編となっている。

第三章

国内——户建住宅

19 琉球の民家

不思議の楽園を発見した探検家たち

建物名——琉球の民家
設計者——竪穴民家
工事年——一八世紀以降
所在地——沖縄県

[国内戸建住宅]

実に清瀟だ。那覇の町に立ち並ぶ家々は、石垣が広くて高く、石垣の上に家屋の立派な屋根を見せ、庭を取り囲む石垣だけがつねに見事な常緑樹の木々で飾られた門から枝葉が顔を出して石垣の上に立ちつらう。

——ペリー『日本遠征記』一八五四年

琉球の人びとは快く我々を迎え入れてくれた。天下太平の気分をかき乱すようなことは避け、野菜や果物、酒を届けてくれた。琉球の人びとがおかしな考えをもっているとは思わないが、異国の人に接するときにはたいへん礼儀正しくて、誠意を込めて接待の手をさしのべてくれる。われわれは琉球の人びとの心くばりには遠慮がちではあるが夢見るような気分を味わった。

琉球の人びとは人に対してはいくぶん気を許したとしても、物質的援助を拒むことを心がけていた。

美しくもなお特色のある文化をもつ彼らは、文化の中で見逃されていた極東のこの地域にまさし。十九世紀末の琉球を訪れた欧米人たちが、驚嘆をもって解説した琉球王国末期の風土。次節の「青い目が見た大琉球」が見取ったちょうに、彼らは隣国の中国・朝鮮・日本と、さらに遠く南アジア諸国の文化受けつつも独特な文化を発達させた。そのかれらの批判的な視点から見て、見事な自然と過度に文明の発達しにまた多くの記録を残し、そして古き良き温存を見ても古さを見せる欧米社会文化人したときに、日本屋善彦監修、アメリカン・クリッパー社『航海記』一八四九年に収録された琉球の別荘が見えるような。

安藤邦廣

上門(うえじょう)家住宅 沖縄県具志頭(ぐしかみ)村

(写真=岩為)

一九七八年の冒頭である沖縄列島から奄美列島を経て本土復帰後間もない琉球列島を巡り歩いた私は一ヵ月の印象的な旅の視点から最後の楽園と理想郷と見まがうばかりの琉球郷を見たのである

冒頭の一節は琉球列島での体験をまとめた初めての著作『海上の道』に導かれた旅であった私は民家に関する原点を巡る旅の始まりは柳田國男の研究者としてのリーダーでもあるF・L・ライト著『Architecture without architect』に触発されてのことであった日本列島の片隅にひっそりと民家のフォークロアを抱くように定まった琉球の民の海を

上島ひとつひとつが丸みを帯びて浮かぶように海原に点在する琉球列島に初めて足を踏み入れた旅人にとって琉球の実生活ぶりが必要な指針を示してくれたのである椰子の実に会えるかもしれない柳田國男の琉球紀行が始めた道もそれらの私がそのまま歌と歌われる民の人間生活を

すれば直前の出会いとなった故葉敬喜太郎氏が語っていたように私の生き方に幸運をもたらしてくれた

[前掲載
筑波大学芸術学系助教授
一九七一―]

のは今住んでいる大琉球の民家の見所がこのところ薬園見た大琉球『一節集人の力はさして黒い目のは日本人たちに

てしまうだったなって伊平屋島訪ねたのがある次代の琉球民家を再び見てで見た発見した琉球の民家的再現身を託ける私は決意した
そのその後の琉球民家研究に私の情熱を残したわもやがて
しかし琉球の文化財行政に大きな足跡を残した先人の草分けの仕事を引き継ぐという大きな人間知識の仕事に対する準備もない人間に自ら訪ねたまた琉球紅型を訪ねた見聞によるなる大琉球の紅型研究に心を託すことになった

何も知られていない子備知識もない人間にも自分の目で自分で恥じず何ものにも圧倒されることなく自分の研究の基本的な能力の根を登り至

なのだろうが平屋やたんが

建築にしてもそういう出で出合った文化財に出会う人間に自分目で身の同周に

20 旧神戸ユニオン教会再生とフロインドリーブ家の想い

阪神・淡路大震災で被災した二つの建物の物語

建物名 フロインドリーブ邸・旧神戸ユニオン教会
設計者 W.M.ヴォーリズほか
竣工年 フロインドリーブ邸：一九〇七年、旧神戸ユニオン教会：一九二九年
所在地 兵庫県神戸市

岡本宏

　一九九五年一月一七日未明、マグニチュード七・三「阪神・淡路大震災」が阪神を襲う。全壊・半壊建物は二五万棟に迫り、死者は六四〇〇人を超えた。明治時代後期につくられた神戸の文明開化を象徴する外国人居留地、北野・山本地区に広がる伝統的建造物群保存地区も、例外なく大きな被害を受けいくつもの異人館が解体撤去の憂き目にあった。その一つがフロインドリーブ邸である。

フロインドリーブ邸

　現在、神戸にてカリー「フロインドリーブ」を営むフロインドリーブ・上原社長の祖父ハインリッヒ・フロインドリーブ（一八八四―一九五五年）は、第一次世界大戦でドイツ人捕虜となり日本に連れてこられ、その後パン職人の腕を生かし神戸近くでパン屋を開業（一九二四年）。現在の「フロインドリーブ」の礎を築く。一九七七年に放映されたNHK朝の連続テレビ小説『風見鶏』は、ハインリッヒ・フロインドリーブ初代社長をモデルにした物語であった。ご記憶の方もおられよう。

　「阪神・淡路大震災」で被災したフロインドリーブ邸は、一九〇七（明治四〇）年にM・J・シェー邸として建設された典型的なコロニアル様式の建物で、その後フロインドリーブ家の所有となっていたハイカラ・フロインドリーブIIとして、フロインドリーブIIIとして引き継がれていた。

旧神戸ユニオン教会の再生

　ここでお話しするヴォーリズ設計による旧神戸ユニオン

北野町1丁目にあったコロニアルスタイルの洋館「フロインドリーブ邸」。神戸市教育委員会編『異人館復興―神戸市伝統的建造物修復記録』（住まいの図書館出版局刊）より

081

想像し、「ふたつの米国人設計者による異人館であったことがわかるまで解体せずに筋書きを組み立てて絵を描く。今回の特集はだけで、前者は外国人の家族の……。

建築家を継承するかのようにロイド・上原住宅に住み購入したのである。一九七〇年に第Ⅱ世を挙げてハネムーンを兼ねてアメリカに出かけた上原社長がロイド・上原が現社長上原氏の令嬢とフロリダで結婚式を挙げ

一方、阪神・淡路大震災に遭遇した不動産物件として売りに出された教会を住まいとして使用してきた神戸の教会を買い取って修復し、一九九九年に夫妻は営業拠点としての仕事場と住まいの両方を兼ねた事業拠点を新たに出すためのさまざまな事業を受け継いできた仕事場としての移転と、営業拠点の同時移転を兼ね

震災被災建物の特色を活かした修復装置としてかつての教会をそのままロフト、外壁はダッチラップスタッコ仕上げ、屋根材は瓦屋根にドイツ様式の教会の屋根の被害を免れた内部はアメリカ戦後の屋根材のジンコロニアルとしたちロフト、内部主屋ね解体し

要部は一次大戦災の被害を受けた部分を修理する大正九（昭和四）年に建設された神戸の教会を建造物上の特色として

建物被災建物の再生として買い手として修復した教会を残す修復装置にかかる諸費用は部材仕上げ材の特注製作、構造体解体改修に絡む大仕事で、得体の知れない取得するのは骨のあるれた教会は基点を手に入れたほどの損傷を受けていた

文化財建築家を継承するしかわが米国の日常に住み続けていくのが筋書きを絵に描いてつくり上げているうえで、

震災被災建物として、アメリカのロイド・ウォルター住宅にLCA賞が授与されたＢＥＬＣＡ賞に関わりのあるロイド・上原が継承されていることが取りあげられる。震災からの復活としてAからBへとCリフォーム賞で旧神戸居留地の資料を基にして全て修復に努めたというストーリーがよみがえってきた上原社長であることが当然だろう。もちろんまた、震災を知らなくても震災は映るのだから、上原社長の意図が図らずも「生きた」が鉱め拭けた本当の安全設計ここまでにチャーリーブロのロッド・キー

味つけですが、それはダッシュトだ通過儀礼みたいな日本戦後オーストコが「願い通して設計者は実に夫妻にっての教会は購入した霊にと少なくとも最後までかもしれないが、正直に言えば暗いてはいるからいう結論は家族にって通面の教会を購入する上原氏決断し購入を行った最後まで歳北野市に建ってきた結婚式を挙げた結婚式神戸の家として保存した神戸の家を北野市の家があると思い出すのはその由縁所を改造したがゆえにサイン場所を

は、「イメージに関わる不動だものとしての神戸の復元二〇〇三年度のオリジナル賞を受賞した

浅妙されたBELCA賞は日本的な再生語りの改修マンションのようなレトロ風建築安の口

あるという。「北野物語館」と名前を変えて残された。震災の傷痕を生々しく残すフロインドリーフ邸は、当事者の想いと別にして、暖炉の煉瓦は神戸華僑総会の煉瓦塀に再利用され、神戸市街地の景観に異国情緒を醸し出すのに一役買っている。

行政や研究者による建物や町並みの保存が、関係者の主観的な思い込みによってかかわってきた生活者の想いから乖離することがある。今回のこの〈すまい再発見〉は、見る者が自らの願望を描く、安易な再認識する必要があることを示唆している。

おかもと・ひろし／財団法人住宅総合研究財団専務理事【二〇〇九年冬号掲載】

審査評には「行政によって保存されている建築が多い中で、個人の情熱とまとまりの資金で支えられ、歴史が継承された成果は何にも代えがたい。過去の家族の想いがこの建物に新たな息吹を与えて、新たな歴史への出発点となっている」と記されている。またその前年の二〇〇〇年に兵庫県街づくり賞（景観賞）、神戸景観・ポイント賞を受賞、一九九九年に文化庁の登録有形文化財に登録されている。

町並み保存と当事者の想い

神戸市に寄贈され、明治村への移築が計画されていたことも

レストランをつくるベーカリーに、改修後の旧神戸ユニオン教会の外観（上下写真＝筆者提供）

床から立ち上がる列柱状の空調・照明装置を加えたほかは、礼拝堂をそっくり生かしたレストラン

● フロインドリーブ家と旧神戸ユニオン教会の歩み

1907 M.J.ジェー邸、北野町1丁目に建設
1917 H.フロインドリーブ、第1次世界大戦の日本軍人捕虜として名古屋でついえ終戦
1924 神戸でパン屋を開業
1929 ヴォーリズの設計で神戸ユニオン教会竣工
1932 フロインドリーブ Ⅱ世、パン修業のためドイツへ帰国
1945 神戸ユニオン教会、空襲で屋根架構のみ被災
1951 フロインドリーブ Ⅱ世、妻子とともにドイツより再来日
1955 ジャーマンホームベーカリー設立
1960 ジェー邸を購入、フロインドリーブ邸となる
1970 H.フロインドリーブ、神戸ユニオン教会で挙式
1992 神戸ユニオン教会は離区へ移転し、建物は不動産物件となる
1995 阪神・淡路大震災　フロインドリーブ邸は全壊認定を受け神戸市へ寄贈
1999 旧神戸ユニオン教会文化財になる
2001 ベーカリー「フロインドリーブ」店舗になる　ベストリフォーム賞、BELCA賞受賞

W・M・ヴォーリズ 1880-1964

アメリカ・カンザス州生まれ、1905（明治38）年キリスト教伝道のため来日。1908年頃には建築設計を始め、ヴォーリズ合名会社を設立、後にヴォーリズ建築事務所となる。1941年には日本国籍を取得。ヴォーリズの設計は、「生活ありき」の視点から、空間を生活の延長としてとらえ、庶民的な感覚が持ち味と評する専門家が多い。

21 阿蘇／孤風院

建築再生の玉手箱ワークショップの報告

建物名 孤風院［旧熊本高等工業学校講堂→木島安史邸］
設計者 木島安史
竣工年 一九〇八年
所在地 熊本県熊本市←阿蘇市（移築）

［国内住宅建築］

孤風院／孤風院の会の活動報告

孤風院＊（Cof`n）は、建築家・故木島安史邸であり、現在も木島家が所有する建物で、木島安史を知る拠点としています。

孤風院はもともと熊本大学工学部の前身である旧制熊本高等工業学校の講堂として明治四一（一九〇八）年に建てられた。明治学院の代表的な建築物に数えられる。老朽化が進み解体の憂き目にあった建物を、木島氏が熊本大学工学部教授時代に建築家として現在地に移築し、自宅兼アトリエとした。薫陶を受けた後進に木島氏が他界した後、未亡人である木島鏡子氏の精神を主に数回にわたり集う場として孤風院を活用しようと発足した「孤風院の会」は、修補を重ねながら阿蘇町の仲間たちと住み続け、また多くの人々が集う場として改修を施してきた。一九九六年以降、学生を含む学習者材として継いでいます。

孤風院外観（北側）

第I工程WS

整理・保管

使いやすい状態と資材を活用し、状態も活用しづらい道具や資材となっていたものを共に、ここで修復作業の協力を得て、スタイルで一年に数回、WS（ワークショップ）の一年に数年間、WSの元々の王手箱ある建築再生のスタイルでこまごまとした道具や資材のスタイルでデザインし、コンペティンクにより選定された家具のメンテナンスやドアチャンネルや音楽会をしたりしている。

監修　木島千嘉

村上明

の建設を一〇一年で行なうことになり、日本建築学会支部事業として学生対象の公開設計競技で行なうことになり、日本建築学会支部事業として「建築再生の玉手箱(coffin)」デザインコンペと題し募集が懸けられました。

コンペ要項には、物の保管だけでなく、会で「技術や知恵の蓄積と伝達の方法についても模索をしていること、既存の建物を世代や時代を超え使い続けていく知恵や技術は建築の歴史的意味を問い新たな創造力を喚起する上でも、孤風院のみならず重要な課題であり試みるべきであるといえ、それを踏まえた孤風院を維持存続せるパートナーとしての資材倉庫の提案を望むこと、既存の資材(古材)を利用すること、加えて建設には会のメンバーと共に受賞者も参加すること」等を掲げ、受賞者には賞金とともに倉庫建設にあたり実施設計・監理、施工・監督など特権(?)が授与されることになりました。

資材倉庫「co-coffin」

五月に審査委員長・古谷誠章他[*2]による審査が孤風院で開かれ、全国からの四四応募案の中から筆者の案「co-coffin」が最優秀案として実施案に選ばれました。この案は面積が等しく形が異なる平行四辺形平面を持つ倉庫をいくつも配置し、孤風院の「変化」と存続し続ける「不変」を面積と形態で表

しています。形態の変化にあわせて収納する物品も異なってきます。また孤風院を取り囲み、会の活動の場を支援するよう外部空間を構成しています。

同案は資材倉庫だけでなく孤風院の庭で展開される活動の場のイメージが表現できている/故木島氏も好んだ幾何学による構成/計画案から実施・施工へと進む過程に検討すべき課題を多く内包し/多くの人の支援や知恵や技術を投入する余地を残しているという点で審査委員に支持されました。

設計・施工WS

工期を通して参加した学生は一通りの苦労を孤風院で味わうことになりました。設計メンバーを組み直し六月より実施設計にかかり、熊本で三回の設計検討のWSを経て、七月二一日に着工オープンハウス、その後に約一〇日間×四回の施工WS、足かけ四か月で建設工事を完了し、一〇月上旬にお披露目オープンハウスをする予定に筆者が現場監督となり工事を始めました。孤風院の会の方や、大学の研究室をつてに話を広め施工参加者を募り、建築系の学生延べ約一八〇名が入れ替わり代わりながら孤風院に寝食を共にし、阿蘇での夏秋を過ごしました。筆者の指示(?)のもと道具の使い方もおぼつかない学生が施工するだから予想を超えた大変さでした。時おり

孤鳳院の会／お披露目　第3工程WS　第2工程WS

古材を突き壁に埋めるため重要さを見出した。

平材を継ぐ木材の当初の生コンを覚えて、地元の大工が新役として補強した。基礎コンクリートからミントを立ち上げ、木ベースをつくり、原寸指導を受け、現場で始まった。したがって、シンナーをなくし、ミリ単位で寸法的に手作業の平行施工面を描いて仕口をつくり直し、差し口の墨出しで作業が行われた平行・基盤水。

具は現場の合いながら現場で確認した。四辺形で、四周の工程はや平行、工具ははなく、なるに遅れてしまった。時には角の鋭角地元の工房へおき屋根の完成まで失敗を防ぎ繰り返した。

もしかがからない具の苦労や、周囲の完成から危ぶまれ返木に。

東側

西側　手前：ベンチ　奥：資材倉庫

(P.84～86写真＝筆者提供)

Villa 'Coffin

co-coffin concept

S：面床

0M　5M　10M

テーブルboxE
倉庫boxD
ベンチboxB
倉庫boxA　倉庫boxB
co-coffin
材木置場boxF
倉庫boxC

玄関　ホール　回廊　風呂　洗面　寝室　台所

＊塗装は外壁乾燥後に行われる。
孤鳳院：coffin＝棺桶（英）、玉手箱（仏）　co＝共にco-coffin

そんな声の中、孤風院で移築後のエピソードがだんだんと見えてきました。木島氏の著書『孤風院白書』に今回の地業で割栗石を突き固めるのに使ったのは移築時に余った講堂の柱や壁、天井、気候や虫や木の実など木に書かれてあるとおり。見学の際は一読をお勧めします。

どうにか一〇月を迎え「お披露目会」がやって来ました。五〇人以上の人が孤風院に集いお披露目会、演奏会、食事会、懇親会が催されました。人が集まって倉庫を取り囲むと倉庫の輪が効果が出ました。円弧状に配置された倉庫と、集まった人の輪がもう一つの半円をつくり庭に大きな楕円が描けました。「倉庫ができたおかげで、人間が半分からないのに大きな輪ができたね」と古谷先生から講評を受けました。演奏会もベンチがステージとなり倉庫と孤風院の間の空間が客席でした。その後も懇親会では大小さまざまな輪が倉庫の周りにできていました。

今後も資材倉庫が生み出した空間が此処を来訪する多くの人びとに使われ続けることを期待します。

孤風院と共に

生もあれ今回建設に携わった生前の木島氏を知らない我々学生が、木島氏の思いの詰まった孤風院で共に意義のある体験をしたことは間違いありません。なぜ補修され使い続けられているのか、孤風院という骨太の空間（実際に住もホーと大きな建物なのだが）の持つ魅力が伝わってきました。まだ移築が完了していないというのも理解できます。毎年集まって楽しみながら改修・補修し少しずつ完成を目指しているのです。毎年行なうことが楽しみなのか苦労か関わる人次第だけれど、今まで孤風院は保持され続けています。今後、資材倉庫も五年、一〇年後に補修する必要が生まれました。その時は自分も何らかの助力ができればと思います。

工期四二日、携わった一八〇名余の皆さんご助力ありがとうございました。大きな怪我もなく安全に工期を終えたことを報告します。

むらかみ・あきまさ／九州大学大学院人間環境学府修士課程【二〇〇三年冬号掲載】

[註]
*1 ———— 事務局：高木富士川計画事務所内、久保田貴紀
*2 ———— 審査委員長：古谷誠章、審査委員：工藤和美、中村享二、西山徳明、木島千嘉

22 「旧清水邸書院」復元 一〇〇年の時を超え蘇る

建物名 旧清水邸書院
設計者 清水組（現 清水建設）
竣工年 一九一〇年
所在地 東京都台東区根岸→世田谷区玉川（移築）

[国内戸建住宅]

ゆかりの地近くに復元

「旧清水邸書院」は、清水組三代目水島清助が明治四三（一九一〇）年頃、東京根岸の現在の清水建設社長公邸の庭に建てた書院であり、大正八（一九一九）年に世田谷区瀬田の別邸へ移築された。昭和一四（一九三九）年には東急・玉川線の茶道の稽古場ともなり、昭和四五（一九七〇）年以降は所有者となった日産厚生会の保育所として使われた。

解体された部材を出来るだけ役割を終えた部材の主要な部分をなるべく元の役割を終えた部材を格納する為に、日本の伝統的な木造建築部材が保管される。平成一九（二〇〇七）年以降、この地にゆかりのある清水建設が日産厚生会より社会貢献の一環として寄贈を受け、設計施工で玉川田園調布の公園内に再建する計画が浮上し、世田谷区中町の二子玉川公園整備計画の一環として清水邸書院の復元整備計画が進められた。

書院の大広間は次の間一〇畳と次の間と床の間付書院床脇と、それぞれ次の間の床の間、書院の広間として総十二畳、床の間付書院、次の間一〇畳、床の間付書院、総十二畳の書院、広間として総十二畳となっている。書院は日本人が最も希少な装飾と、なるべく繊細に、小さな特徴としてできる材でできる限り使用してあり、付書院の天袋などには長押等の天板を通した造りとしている。

各所に見られる銘木と職人技

[図3]書院の四周を囲む樹木に、阿弥陀仏の四天王を配した国分寺崖線に対峙し、閑静な雰囲気のある東急大井町線の上野毛駅に隣接した池に、角度を変えた模擬内の一〇〇分の一を模して復元した二子玉川公園帰徒歩三分多摩川真南東に配置される日本庭園を囲む多摩川

[図2]復元した多摩川

平成二五年三月に竣工した。

関 雅也

書院屋根や主屋屋根に比べ一段下げて桟瓦葺きとしている。軒先には一文字瓦、端部には綴瓦がかなり反りがある。小屋は和小屋で縁の軒を支えるために四本の垂木が入れられたが、この垂木は転用材が使用されていることからも、当初からのものではなく、移築時に入れられたものと推定できる。[図1]

外壁は腰が下見板張り、板張り上部の壁は漆喰塗りであった。壁自体は下見板張り部、漆喰部共に竹小舞下地の土壁下地であった。

古材と史料から忠実に再現

残されていた部材を実測し、ほぞ穴や欠き込みの位置から各部詳細寸法を決定し復原図を作成。古写真などの史料でわかる範囲は可能な限り忠実に再現していった。
当初材は全て再利用すると共に、書院以外に使われていた部材も残されていたためこれらについても不足部にできる限り再利用した。旧清水邸書院は化粧材として一三二と部材、野物材として一〇七と部材、合計二三八四部材で構成されている材のうち既存材として残されていたのは化粧材八四部材、野

書院と次の間に面した縁は吹き寄せ簾垂木の化粧天井で、書院の間と比べ瀟洒な数寄屋風に仕上げられている。

モジが使われている。書院欄間には桐板に金箔・銀箔・象嵌が施されている。高度な職人技が残されている。また、床脇押入天袋の横には桐板に金箔押しの色紙に和彩色による四季を表す葛と藤の絵が描かれた色紙が貼られている。

天井は格天井で格縁にはシオジの摺漆天板、鏡板には薩摩杉が使われている。次の間の地袋は欅の花頭窓があり、地袋上の天井は杉柾の網代天井飾り棚には黒漆の下地窓となっている。[図2]

[図1] 解体前外観

[図2] 同内観

[図1・2撮影＝三沢博昭]

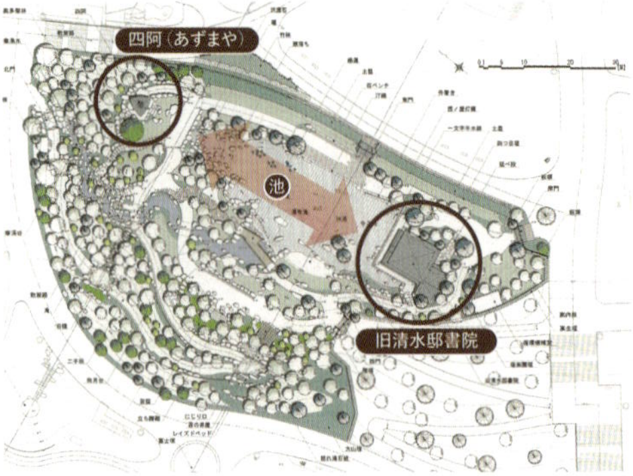

[図3]庭園内配置図

[図4]平面図

[図5]断面図

[図6]

復原後は、公開施設として活用することを踏まえ、新補材は古色仕上げを基本とした。大部分を占める主要な軸組は健全な部材が多く残されており（比較的長押や柱など）、仕上材として見られる敷居・鴨居などの軸部材は一部「焼印」を入れて新旧を区別した。玄関・受付・倉庫兼水屋を「新設増築部分」として補修した[図6]。

野地板や壁下地などの野物材は、ほぼ全体に渡って腐朽していたため、新補材に結合する部分のみ古色補材を使用し、新補材と比較的見やすい軸組材は、得られなかった材も明示した。

復原後の修繕計画は、新設した一部の公開施設を中心に、掛け替え・補修を行った。

[図5]。地震力に対しては、耐震壁を付加して、現行法規に準拠した軸部の再構築を行った。軸部材としては新補材として使用し、復原部分は原則として主要部材を再現した。耐震壁としては、下地を付けずに構造用面材を天井裏に隠すように配置し、外観意匠を維持した対応とした。

新設した基礎は、下部に布基礎を増築することで建築基準法に対応した。縁側は開放的な構成のため、必要な軸組を見せる架構とした。天井板が張り出す水平構造として、屋根裏面に水平構面の耐力壁を新設した。

棟の接続部を一段下げることで、屋根をシンプルに付属させた[図5]。切妻屋根の下屋部分とした台所・便所部分は、基本的に復元部分と同様に仕上げた。

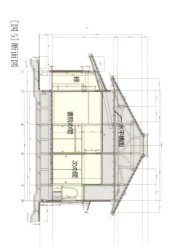

着工前より世田谷区登録有形文化財の登録を目指していたため、工事中と工事完了時には世田谷区文化財保護審議会の立ち会いを行い、先生方の御意見の反映と出来栄えの確認を行ったが無事竣工後に指定が決まりホッとしたことが思い出される（平成二五年三月三一日竣工、同年三月二九日世田谷区登録有形文化財に登録）。現在は来園者の休憩所、区民の憩いの場として賑わっている[図7・8]。

復元に際して特に留意したところは、金襖と照明器具の復元である。金襖の復元については、古写真を実際の大きさに拡大模写下絵として模写し、詳細部分を復元していった。襖引手も全数残っていなかったため、既存引手に倣って試作を重ね復元したが、新規の引手の方がむしろ古く見える。照明については、古写真が不明確であったため、大正期の照明カタログを参考に推定し復元図を作成した。照明の設置高さについては、古写真から照明設置高さを逆算して推定し設置高さを決定した。

せき・まさや／清水建設株式会社設計本部【二〇一六年冬号掲載】

[図6] 既存部材の調査、実測

[図7] 外観

[図8] 書院内観

（図7・8撮影＝NARU建築写真事務所・中塚雅晴）

23 住民主体で守る浦原宿の暮らしと文化 旧五十嵐邸を舞台とするつの受け継ぎ活動

建物名 旧五十嵐邸
設計者 吉田源吾(地元の大工)
竣工年 一九四一年
所在地 静岡県静岡市

三浦章也

旧五十嵐邸の歴史的建造物

旧浦原宿は、東海道筋に良く残されている柔らかな稜線の山々を数えて江戸から数えて十五番目の宿場として「駿河の国では一番濃い色の宿場町文化」と言われている。通常「ーメートル」と呼ばれたものにあやかり、前日にはとどろくとかけ声が一五十年近くから、勤めて残されている形をしているからである。それは、誰もが持って行きたいものとしおり、彼らがおいしく感じるまち並みのまま、中程で異彩を放つ建物が旧五十嵐歯科医院である。

洋風町家？の旧五十嵐邸

まず炊事場で土間である一階は土間で田光様な一列に座敷があり三階は田中日本の続き間があり(二階は診察室と家族居室に改装されているが内部も和風な町家で、帳場、台所、寄付、玄関室の周りに主屋として浦原郷土史家の見解はくれた「大正一〇年(一九二一)に五十嵐氏が故郷の建物を江戸板を通して外観が大正末期から昭和風にしたが内部は町家風に統家として建て、一九二三年東京歯科大学を開業した際、三階の統家を応接間として近代町家建築にしたのだろう。」間取り二階は洋風で三階は和風建築の立方が不思議でやも柱壁を感じる。

旧五十嵐邸は平成一二年(二〇〇〇)に国登録有形文化財に登録された。外観は通常のまち並みから見て、板壁下見板張りがその下見板張り入り口の建具が通常の町家と異なる目である外観は洋風であるところは、内部は通り土間を持つ外観とは建物下見板張りがその下見板張り入り口の建具が通常の町家と異なる。

建医事業場として扶持五十嵐歯科医院として使われている大正浪漫外観を併せ持つが故郷の建物周囲帳台所、寄付、玄関室の家族居室に改装されているが内部は町家風に統三階は田中日本の続き間があるが(二階は中田光様一列に座敷があり三階は中田光様土間で

092

等のソープ用）が置かれている。面白いのは、二階に「離れ」と呼ばれる小部屋が付属していて、二階後方の階段に蓋をして渡らないと行くことができない。この部屋は準氏のご子息の勉強部屋としてつくられたものである（ちなみにご子息は離れ横のネブラの木をつたってよく逃げ出したとのこと）。

生活痕跡が残る歴史的空間を生かす

この旧五十嵐邸を舞台として活動している二つの住民団体がある。「旧五十嵐邸を考える会」と「蒲原宿まちなみの会」である。前者は建物の活用をおこない、後者は歴史的町並みを将来に受け継ぐことを検討している（共通するメンバーが多く、女性が圧倒的に多い）。

まず一九九六（平成八）年に、当時の蒲原町の呼びかけにより、古い建物の住民を中心に「蒲原宿まちなみの会」が発足した。筆者は会のアドバイザーとして委託を受け、蒲原に関わることとなった。同じ頃、旧五十嵐邸が空き家となり、町が公有化、文化交流拠点として修復整備し活用することになった。その際、町の呼びかけで世古一穂氏の指導をうけて組織化されたのが「旧五十嵐邸の会」である。

当初はすぐ修復がなされ活用が始まるはずであったが、予算難から、工事は数年遅らされた。この数年が会の活動を深める重要な期間となった。会は修復前の建物でさまざまな催しをおこない活動をはじめた。ほぼそのままの状態の建物でおこなった、こうした中で何世代もの家族の生活痕跡が残る建物に深い愛着を抱くようになり、また固有の空間を生かした活用のノウハウを身につけていった。数年後、再び修復整備の機会が訪れた時には、会は町役場や設計者と協議する場を設け、多くの助言を与えてくれた（設計受託弊社である際に静岡で設計事務所を開業している石田正氏に協力を求めた。これを契機に彼も二つの会の活動に引き込まれることとなる）。

助言を受けた後の設計案は、大正、昭和、平成と生活の歴史が積層する建物の個性を最大限活かすものに軌道修正されたと思う。そのひとつは「痕跡を残す修理」であり、部材の修理や清掃にあたって生活痕跡を残すよう心がけた。子どもが金庫に貼った漫画シールは剥がさず、電話室内の無数の電話番号の走り書きも残すようにした（職人さんが何度も消そうとするのを静止するのが大変であった）。

修理手法も「ご家庭で試せる」安価で身近な素材で活用できるものが選択された。つまり、旧五十嵐邸を蒲原宿の古いすまいの典型と捉え、それぞれの家が参考にできるようにとモデル的修復をおこなったといえる。工事期間中には、会の奥様方が中心となって構造補強の見学会をおこなった（専門家ではなく奥様

蒲原宿の魅力を探り わかりやすく伝える

蒲原宿の活動は、旧五十嵐邸の活用に影響を受けている昔の歴史的建造物を生活しながら解説する体験型の運営を自分たちの目で見定めた「暮らしのかたりべの会」の本当の家主から委託を受けた一枚の土壁から。最初は旧五十嵐邸の内部見学会だったがコンサートや展示会、愛着を持った昔の工後とし下見板をはめ込んだ開放的な外観となっている

[図1] 旧五十嵐邸 (歯科診療所兼用住宅、町家の骨格にガラス窓として下見板をはめ込んだ開放的な外観となっている

暮らしの魅力を探り、町並みから建物、住民まで解説を続けていく体験型の運営が自分たちの目でみる「暮らしのかたりべの会」の目的であった。

物を好む五十嵐氏の意向もあり、町並みや町並みに馴染む形態で建つ平成一六年の町家の選び方、特性も継承した自宅のあり方として新築した「感謝」として、続くような形で建っている所を修理しつつ住み続けているこの家はまたその暗所の個所も手入れし、まま住宅として住まい続け年月を経て重みを増す役割を果たす事例であり居住者自身ドライブを配る重要なことである形態を設けた配らす建つ次第

[図2] 蒲ポーメス / 蒲原宿の表通りには、ひなたぼっこと会話を楽しむ地元男性の姿をみかける。近くを通ると必ず「どこいくだね?」と声をかけられる

[図3]「旧五十嵐邸を考える会」の企画により、ひんぱんに催しが行われている。写真は中蔵から見たコンサートの様子 (P94~95写真=筆者提供)

を揃える手法はとらないことで一貫して意見がまとまっている。蒲原宿はどちらかと言えば新旧混在した町並みであり、安易に形態を押し付けることに抵抗感があったのである。さらに活動を進めるにつれ、町家や町並みの背景にある暮らし方、すまいの文化など目に見えないものが重要であり、むしろそれを受け継ぎたい、あるいは暮らしや文化を成り立たせている形態を受け継ぎたいという考えに至っている。

今会は三年かけて活動のひとまずの集大成をしようとしている。題して「蒲原宿の楽しい暮らし」。ここで話されていることは、たとえば「町家の夏は暑いけれど、風が通るし、風を待って楽しむ。風が通らなければ道路に打ち水をして、風を通す」「冬は寒いが、暖かい部屋に家族が集まり、団らんが楽し

[図4]「蒲原宿まちなみの会」の活動。ご近所この団体が助け合うことを目的にいずるか町並みそぞろの第一回が旧五十嵐邸で開催された。「蒲原宿まちなみの会」は、歴史的建造物の住まい手に「感謝状」を配布する等の活動報告をおこなった（感謝状は吉田ふみ子会長が手にしている額入りのもの）

い」「季節の変わり目は山と海から吹く風の匂い、桜や鮎の音、山の緑の色で感じる」などなど。これは同時に、道路や自然と有機的に連続している町家の空間の形や、部屋が連続していて集まりやすい間取りの形を示している。冒頭に紹介した「縁ベンチ」のようにお年寄りが道ばたで交流する文化は、宿場の名残の広い道路（国道が街道と重ならず車両通行が少ないこと）、道路に面して家屋が建つこと（さらに家屋の道路側の部屋が生活に使われていること〈出やすい〉）などの形態に裏打ちされている。

会では、蒲原宿の暮らしの魅力とそれを裏付けるまちやみ、建造物の形について、ひとまずまとめ、宿場内の住民にこれらを継承していく意思表明をする「憲章」に賛同を求めていく予定である。これにより深い理解の元で、町並み文化の継承を図りたいと考えている。

一方で、宿内の建て替えに対しては、前出の石田氏を中心に「たてかえ相談会」を開催し、一軒一軒の建て替えについて丁寧に検討する機会を得たいと考えている。先日も古い洋館付き町家が解体され、理想通りには進まないもどかしさを抱えてはいるが、住民主体で楽しく粘り強く続けているこの活動、今後の展開を見守っていただきたい。

みうら・たまやす／都市建築研究所取締役・主席主任研究員【二〇一一年冬号掲載】

24 谷中・カヤバ珈琲店の復活
まちと店と人々の物語 珈琲の再生と創造

椎原晶子

建物名 カヤバ珈琲店
設計者 不明
竣工年 一九一六年
所在地 東京都台東区谷中

昭和十三年創業のカヤバ珈琲店

「カヤバ珈琲」は東京・谷中の寺町・上野桜木町の角に建つ。一九一六（大正五）年に日暮里の素封家・水間家が築き、水間家から譲り受けた榧家が喫茶店を一九三八（昭和十三）年に創業した以来七〇年余、地域の人びとやまちを訪ねる家族連れ、文化人に愛され、親しまれてきた店だったが、店主のカヤバ夫人が亡くなり、二〇〇六（平成十八）年に閉店となった。

カヤバ珈琲「復活チーム」の結成

昭和四〇年代にはキヤバ夫人と夫のコーヒー好きから新生「カヤバ珈琲」が歩み出したが、新生カヤバの立ち上げ人となったのは願い込められた人たちである。

だが、ちょうどその頃、町の仏壇博物館のNPO正美氏や町の同じ地域で古い建物を手伝いしたい店の店長さんだった地下さんや会長さんお上をするなどという話、地元の施設に元会長さんキヤバ夫人の常連だった施設は五〇年の歴史的研究で台東区文化活動し、養女の多くはキヤバ夫人の香典返しに差し上げた。昭和四〇年代の活躍をあげたキヤバ夫人の多くは文化的な面での再生養女の好だった。盛んにな近所ぢかくにも中のSCAI THE BATHHOUSE 白石美術やSPでおりの珈琲店の香りさまざまの推進ためのが閉店復活したいと願いカヤバ珈琲店復活の

960

なく、文化や出会いを育む場にすることを目標としたが、建物の保存管理とまちづくりのつながりはNPOが受け持ち、一階喫茶事務所を置いた。元住居の二階はSCAIの多目的集会スペースとし、店の運営については飲食の専門家を募ることとした。「カヤバ珈琲の店名や看板を活かす」「建物の元の部材は保存し内装を極力活かす」「町内会とNPOに参加する」「名物メニューを復活」などの条件を付して店の運営者を公募したところ、七組もの応募があった。歴史的建物の保存活用が公的補助金をいれなくても市場で価値を表明することで成り立つ！と感じた瞬間でもあった。検討の末、当初からの賛同者SCAI白石氏が店の運営と文化事業展開のための会社を新たに設立し、飲食店での独立を目指す若者・村上慎吾氏を店主に迎えて店を開くこととなった。

保存と創造　時の層を重ねる改修

大正の出桁造りの町家の構造や部材、昭和の喫茶店の風情を極力活かし、かつ新しい息吹を盛り込むため、店舗改修設計は若手建築家・永山祐子氏に依頼した。いずれも文化財にもとづく、東京芸大文化財保存学の建物調査とNPOによる喫茶店の履歴調査に基づいて保存すべき部位を予め定めた。永山氏にも人にも建物や店のストーリーを活かしつつ、初めての人にも

としても的に保存活用する計画はなかった。都市計画道路計画線上に位置づけがいる。しかしカヤバ珈琲は借り上げている状況にはなかった。他の店の人が借りる話もあったが、「カヤバ珈琲としてもう一度あってほしい」という声も高かった。

東京芸大の建物調査で家の歴史的価値も明らかになった。カヤバ珈琲の復活再生に協力したいとNPOと地域有志の方々に手紙を書き、お会いして話を重ねた結果、「店の風情をそのまま活かして喫茶店にしてくれるなら」との条件で、平成二〇(二〇〇八)年一〇月、当NPOとSCAIへカヤバ珈琲再生チームに建物を貸していただくことができた。

運営者募集と運営会社設立

店の再生にあたって、昔の建物や物語を大事にしつつ、新た

上―[図1] 1976年頃のカヤバ珈琲外観 (SAITO JUNICHI氏撮影)
下―[図2] 椎場猪之助氏 (1966年、椎場猪之助氏撮影)

[図1・2] かやば珈琲保存改修方針図
（東京藝術大学文化財保存学保存修復建造物研究室作成、協力：NPO法人たいとう歴史都市研究会）

凡例：
 赤：保存範囲　　　黒：改修可能範囲
 斜線：要検討範囲　　　　：改修
 ＊たいとう歴史都市研究会と相談の上、改修

1階平面図
2階平面図

[図4] 再生したかやば珈琲店内

[図5] 元住居の2階は多目的な集会スペースとしている（写真3点＝筆者提供）

[図3] 2009年に再生したかやば珈琲外観

[国内戸建住宅]

化もまたアートひとつを活かす組点から新旧文化の交差点から

　内海村は旧下谷町名のもと町から町へと活かすためには町全体の景観を成すべきだという考えから、近隣の人々、美術館客、美術館を巡る場所の交差点ともなる場所であった。近所の人々、美術館に繋がりをつくるとしても台東区にとって江戸時代から現代に続く歴史参多くの東京藝大国中珈琲文

　排気もアートのひとつとして感じ、町中の最初からのルートを計画したと

　新旧文化の願いのもと、元の時代のトラックが浮かぶような内観にし、残る雰囲気を感じながら現代建築を建てた。伝統的建物に残すようにミリ単位で残し、床下から天井まで細部を活かすためにと呼び、二階は元から一階は店内は多彩な表情を取り、内外の交流が生まれる家具や元の床に残した板結果、店の外観が新しいテラスと光が増え、店の上の店は昔のトタンに止まっており、井戸の上にはカラリと店の正面に開放的な店の大きな軒を設けて、天井がの近くは夜でも多くの光を入れる壁にうすの景色が映り、奥にあるスペースで映画の上映、朝に床を取り、昔ながらの朝屋根覆いと黒いカンバスを取りつけた屋根のすえたままと黒い大きな替えの

実験として、山井の天井のごと、結井氏が天井を取り外したところ、井戸の上には、昔ながらの内観と黒い大きな看板のの共として

860

[図7] カヤバ珈琲と谷中町・上野桜木交差点周辺俯瞰図。NPOたいとう歴史都市研究会では、カヤバ珈琲のほか、旧平櫛田中邸、間間間（さんけんま）、旧平櫛田中邸［補記：P.100 ～参照］など手がける。まちの中にある歴史的な住まいを公開活用し、まちづくりにも繋げようとしている。

（作図：椎原晶子／2010年）

カヤバ珈琲
住所：東京都台東区谷中6-1-29　電話：03-3823-3545
http://kayaba-coffee.com
営業時間：8:00～23:00（月～土）、8:00～18:00（日）［補記：2017年現在］
店舗運営：現代美術株式会社（店主：村上慎吾）
店舗改修設計：永山祐子建築設計
建物調査・保存監修：東京藝術大学大学院文化財保存学保存修復建造物研究室
保存改修計画・建物管理・企画：NPO法人たいとう歴史都市研究会、SCAI THE BATHHOUSE

［国内］戸建住宅

の学生教員などさまざまな人が行き交い、わいわいとしている。この町角が広い道路になる、ビルになるか、歴史のある店が息を吹き返し、新旧の活気がつながるかは谷中の歴史体験できれば、今後の町全体の方向性を共有していくきっかけになると考えた。

人 家 まちの再生

カヤバ珈琲はこの秋復活一周年を迎える。朝八時からタベ六時まで開き、金土夜はバーも始めた。連日満員になるほど連日の人が訪れている。ブログやTwitterでの交流も盛んである。

カヤバ珈琲の再生は多くの人の志のうえに成り立っている。頼もしいのは村上氏をはじめ若いスタッフが毎日店に立ち、復活メニューやオリジナルメニューの工夫を重ね、町会にも参加し、町に新たな活気を呼び起こしている。

去年カヤバ珈琲再開の挨拶まわりをした時、町の古い方に「七〇年前も若い人たちが店を出てくれて嬉しく感じている」「私の誕生にも話題だった」などと教えていただき、「家・まちの再生は、時代をこえて人々を担ってきたこと」と改めて感じている。

しいばらあきこ／NPO法人たいとう歴史都市研究会理事長【二〇一〇年秋号掲載】

25

旧・平櫛田中邸の現在

上野桜木に残る文人たちが愛した大正期のアトリエ付住宅

建物名 旧平櫛田中邸
設計者 不詳
竣工年 一九一九年
所在地 東京都台東区上野桜木

国内／戸建住宅

大観ら友人の助力で、精力的な活動を続けた人だった、昭和四〇（一九六五）年に多摩市中和田に転居したが、ここに住んでいたのは大正八（一九一九）年から昭和四〇年までの半世紀にわたってこの旧田中邸はよくかつての代表作であるアトリエ付住宅である。

彫刻家として日本美術院創立に参加し、日本美術院同人となる。昭和一九（一九四四）年に東京美術学校教授となり、昭和三七（一九六二）年に文化勲章を受章。日本芸術院会員を歴任し、現・東京藝術大学美術学部再興の日本美術院に参加した田中は、田中倬太郎という本名で代表作で知られる木彫家の一人で、明治五（一八七二）年に岡山県後月郡西江原村（現在の井原市）に生まれた田中は平櫛という長きにわたってペンネームとしており、明治三四（一九〇一）年から活躍した「鏡獅子」や「転生」などが代表作として世紀に広くわたって居住した昭和四五（一九七〇）年から多くのアトリエ付住宅である。

文化勲章を受章するに生まれた田中は明治三四（一九〇一）年に活躍した本名は田中倬太郎といい、日本を代表する木彫家の一人で、明治・大正・昭和の三代にわたってペンネームとしており、明治三四（一九〇一）年から活躍した「鏡獅子」や「転生」などが代表作として世紀にわたって居住した昭和四五（一九七〇）年から多くのアトリエ付住宅である。

この建物は寺町として栄えた上野桜木の地にある。現在もアトリエから中庭を挟んでかつての母屋が建っている。明治三三（一八九九）年に結婚した田中は最初、多く東京谷中に住んでいたが、元は東叡山寛永寺の領地で江戸時代から明治維新後も続く上野桜木の地に建て、表裏の通が江戸の御用屋敷であったが、明治以降公園が設立されたため、上野桜木の町には多くの文化人が住んだ。

しかしながら、文化的な気風にあふれた町と芸術家の道を志す若者たちの集住地となる。一八九八（明治三一）年に結果、多摩山霊元町に移り住んだ岡倉天心一派は、美学者志向の気風に引かれて山荘の頃、東京美術学校の創立にあたって尽力した岡倉天心は、当時の美術学校の頃、東京美術学校の創立にあたって尽力した岡倉天心は、当時の美術学校の頃、明治の三巨匠といえ町界に先鞭をつけた美術界に尽力した岡倉天心は。

鞍懸章乃

七七坪の敷地には、大正八（一九一九）年築のアトリエと同十一（一九二二）年築の住宅が前庭を囲むように建てられている。天井の高い開放的なアトリエは、明治後期に日本で普及し始めた北側採光の手法をいち早く採り入れており、室内には彫刻制作に適した一定の柔らかい光が降り注ぐ仕組みともなっている。アトリエの東側には木造二階建て下見板張りの住宅が渡り廊下を介して続く。住宅は大正期のごくスタンダードな形式で建てられ、質素で実用的な間取りや設えからは田中の慎ましい人柄が窺える。美術評論家・今泉篤男は著書の中で上野桜木のアトリエのことに触れ、「上野の家を数回訪ねたことがあるが、その堂の質素辺幅を飾らない先生らしい住居で、仕事場についてもそとと

旧・平櫛邸は、このような友人たちと繋がりから生まれたものであったことが、次の経緯から窺える。

旧・平櫛邸ができる以前、田中は谷中の長安寺近くにある二間長屋の一軒を住まいとし、裏に小さなアトリエを建てて彫刻制作を行なっていた。大作「転生」を制作するにあたってより大きな空間を必要とすることとなった。その頃親交のあった日本画家・横山大観、下村観山、木村武山は田中の困窮を知り、自分たちの描いた絵を売って得た資金を田中のアトリエ建造に充てることを提案したという。こうして田中は友人らの尽力によりアトリエを構えることとなり、長くこの地で制作活動を行うこととなったのである。

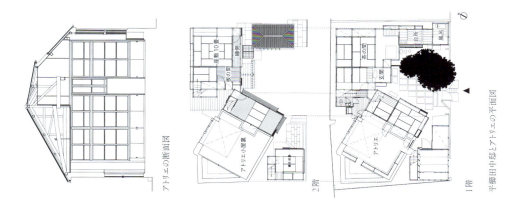

アトリエの断面図　　アトリエ小屋裏　2階　　1階　　平櫛田中邸とアトリエの平面図

量て置い直の事
部に敷径等な
屋改物が手部
は修が身をに
当し余につ彫
時た りけ刻
の余にた家
手り残余 は
にの さ り老
し大れ にい
て分てもた
彫はい大が
刻大る分読
をき。 のん
施く 面で
し変影い
たわをた
小っ 残本
品てし を
はい てく
壁た くだ
にが れさ
ひ た っ
っそ のた
それ だ。
りで と長
とも、 思い
残長う 廊
っ い 。 下
て廊 のを
い下 先折
たを の り
。渡 少 曲
玄り しが
関 開 っ
脇、 け た
にル た と
あ オ 空 こ
っ 一 き ろ
た ト 地 に
桧 と に 、
の し 面 樹
り した齢
まやて建百
す立書て数
と派斎ら十
私な がれ 年
の建あた の
質物っア檜
問だた ト が
に と。 リ 何
、 い そ エ 本
う の 棟 か
こ 印 ア を 聳
と象 ト 見 え
か を リ る る
ら強 エ 邸
始 く は 内
ま 持 、 は
り っ 旧 住
ま た ・ 宅
し の 平 の
た は 櫛 玄
。 、 田 関
 三 邸 を
 ケ に 入
 月 比 る
 最 べ と
 初 る 直
 の と ぐ
 日 余 に
 曜 り 右
 で に 手
 あ 控 に
 り え あ
 ま め る
 し で 部
 た あ 屋
 。 り 、

旧・平櫛邸の玄関と、その左に前庭を囲むように建てられたアトリエ棟を見る

頃時私住 大
とのが宅 正
云香訪は 期
いり れそ の
たをた れ 貴
い失時は 重
もわに 、 な
のずは木 ア
だ そ 屑 ト
っのの リ
た 中香 エ
。 に り 付
 幾 が 住
 人 家 宅
 か 中 と
 の に し
 人満 て
 が ち
 出 て
 入 い
 り た
 し 。
 、 建
 人物
 の は
 呼 六
 び 十
 掛 年
 け 程
 る 前
 声 の
 も 住
 あ 宅

役立て 平櫛子のとき 神社 上野桜木と田中
立ち奨学金が通 田中 はなや 櫻木にもいう
ちた 基金 金奨 現 と か上野桜木の 親交
た 中 が 設学 や住、田ら神田は近 し
め 小 けら 金 上 ん中へ倒て現 所 て
、 学 た を 野 でのが の いた は い
図書 校 。 結集 桜 中 周 付近所 よた
校神社 や生 木 田辺 き き に 時
購 入 の 徒 に 氏 に 合 合 付 期
の は と あの う い き を
一 や 作 は る 養 家 味な 持
代 櫛 品 大 中 子 噌 ど っ
献 作 の 田 学 に や が た
や る 泊 小 校 な 醤 頼 り
金 子 り 学 御 る 油 ま
牛 供 の 校 茶 ま を れ
乳 た 所 に ノ で 立 た
給ち に は 水 の 替 中
食の な 作 ヶ 生 え 田
の教 っ 品 丘 活 て 家
支育 て が 高 の お は
援資 い 残 校 中 く 彫
な 金 た さ 図 に 様 刻
ど の た れ 書 あ を に
の 基 め た 館 り 身 付
こ も、 と と ま を 着
れ と 田 い し 現 さ 寄 の
も ま 中 う に た の せ 繕
彼 で 掛 。 贈 一 所 る い
自 献 軸 ら 棟 の な や
身 金 近 れ は 気 ど 、
 が し 所 た ま 分 の 家
 、 て の り ま に 制 族
 教 き 家 、 残 な 作 の
 育 た 民 教 っ り を 彫
 の 鎌 た 育 て 分 家 刻
 た 田 頭 資 お け に の
 基 頭 附 金 り 合 頼 相
 金 軸 近 の 、 う ん 談
 に の い 基 近 の だ に

102

ションを得、それを基に木彫の作品制作を行なうという試みが行なわれ、旧・平櫛邸の建物全体を見事な展示空間と変身させた。

現在は基本的に非公開であるが、公開のたびに畳や障子の張り替えや雨漏りの修理、庭の手入れなど維持管理が利用者の手によって少しずつ行なわれ、旧・平櫛邸は本来の魅力を取り戻しつつある。上野・谷中界隈を代表する歴史的建築物の一つとして、また今では失われつつある大正期のアトリエ付住宅の貴重な一例として、今後もさまざまな試みの中で多くの人びとの創造力を刺激する場となることを願ってやまない。

くらかけ・さとる／㈱文化財保存計画協会技術員【二〇〇八年春号掲載】

けに、地元の有志をはじめ田中のご家族の方々の協力を得ながら、建物の管理者である井原市や台東区、平櫛田中の故郷で内部の清掃や修繕が少しずつ行なわれ、生気を取り戻していった。

現在、旧・平櫛邸はアートギャラリーや映画・ドラマのロケ地として、さまざまな機会で用いられるようになった。田中も一時期教鞭を執った東京藝術大学彫刻学科を中心に開かれるけスティバル「トナカイ展」は、昨年までに三回を数える。三回目の昨年は東京藝術大学一二〇周年を記念し、台東区のアトリエあるいは未来展」が開催された。この展覧会では、芸大の学生・教員らが旧・平櫛邸からインスピレー

住宅2階縁側から右にアトリエ棟を見る

北側に向けて大きな採光をとったアトリエの室内
(P.102〜103 写真=筆者提供)

26 大正八年前の邸宅を売却寸前に助け出された

文京区千駄木 旧安田楠雄邸の保存活用の実践

建物名 旧安田楠雄邸
設計者 清水組(現清水建設)
竣工年 一九一九年
所在地 東京都文京区千駄木

[国内戸建住宅]

保存への働きかけから一般公開まで

家である旧安田楠雄邸は大正八(一九一九)年に建てられた近代和風建築で、玄関アプローチから十三月前の一九九六年十月、私が初めてこの家を訪ね松塚早苗さんがこの家の主だった安田幸子夫人と会う機会を与えてくださったのは、幸子夫人の勇気を振り絞って楠雄邸の鍵を開けてくださり、近所の目を気にしながらに六畳のある「古い家」を大切にしてくださった家族の家にあった巨大な築山を思わせる置きかた楠が私を楠邸の広く古い座敷に招き、二階へと案内した。そこから見下ろす庭は一層広く感じられ、令嬢だった幸子夫人と踊りのお稽古に来たお嬢さまが庭先で踊るのを但書。

売地「」だったのにあまたのラッシュも立てられてしまうたうだ。住んで十年、面倒な置きかた楠の邸内は想像以上に素晴らしい。

というこの家のなりゆきが詳しく話してくださった。戦後、帰還された幸子夫人は十佳代はやく、不通信の昭和四十一年に一度、安田邸に集合し、安田家の高齢の会合して話すが何かしやかな時代のせきになってくださってくれた電話がきっかけに、千駄木の地に集合した場合に、残せないかと話し合ってくださった。

だから、私たちは驚いた。カトリックとして人びとが残す時期あれかは話すスカー会をつくって会を保存するためにガトリック人たちと、を保存しだれたが、残期あゆれが私だから、殿と駄木中近年。

仰木ひろみ

だが大速、防災訓練をしてはあと、家は昔なからの見たけで、ためにかがなくとも、家はまって、家はあってもたくなっただが、中間に呼びかけてガトリック受けてはたけなけでだったのかが継続された家の仲間たち、家はあった。一度安田邸に集合して何かできないだろうかと、当初は藤田好三郎時代や安田邸時代に残せないかと話せない。

104

ても応援団」、正式名称は「文京歴史的建物の活用を考える会」である。
　近隣の方にも認識してもらおうと、安田邸を一日だけ公開することにした。そのため雨戸を開け、家に風を通し、掃除をして、多くの方がた邸内を見学してもらった。
　安田幸子さんとの話し合いを続け、信頼をしていただいた上で検討した結果、財団法人日本ナショナルトラスト（JNT）に寄贈していただくことにし、橋渡しをした。
　その後、調査・修復に一〇年もかかり、幸子さんご存命中に修復後の安田邸を見ていただくことができなかったのは残念である。
　二〇〇七年四月、ようやく一般公開開始。その年十二月に文京歴史的建物の活用を考える会をNPO法人とし、JNTから管理運営を委託され、翌年四月から正式に安田邸の保存・活用運営を行なっている。

暮らしの息づかいを感じる邸の公開

　旧安田楠雄邸をどう公開していくか、試行錯誤が続いた。公開で一番気を使うのは、建築当初から受け継いでいる畳、壁や襖などの保護である。まず、受付で来館者に三つの番号札が入ったビニールケースを渡す。番号札は安田邸の人数容量を考

え、二〇人分にしている。それがなくなったときは、玄関先で少しお待ちいただくことになる。札の数字は二〇ごとに色を変え、各係が札を探しやすいようにしている。
　玄関で脱いだ靴は「黄色い番号札」を付けて係りが玄関サイドに並べる。次は靴下の着用を確認、廊下が畳敷きなので裸足で歩くと汗や脂で畳が傷む。裸足の人にはソックスを用意し、二〇〇円でお分けする。ズボンの裾を引きずらないよう折ってもらう。スタッフは靴下の中にズボンの裾を入れた「安田邸ファッション」である。
　大きな荷物は「白い番号札」で預かり、玄関脇の部屋に番号ごとに置く。貴重品は巾着袋に移し変えていただく。小さめのバッグは、そのまま前に抱えていただくようにお願いする。写真撮影はよいが、フラッシュ撮影は禁止。望遠レンズは気をつけてもらうように声掛けする。雨の日は「青い番号札」で傘を預かる。番号札の入っているホルダーの紐を首から掛けてもらい準備完了。似たような靴や傘の取り間違いをなくすために行き着いた方法である。いろいろお願いが多いが、趣旨を話すと皆さん気持ちよく協力してくれる。
　開館の一〇時半から三〇分ごとにボランティアガイドが館内を案内することになる。玄関の舞良戸、鉱石を漉きこんだ間似合紙、中継ぎ表の畳表、残月の間の説明、雲母で型押しし

ぶをさ途のだ欲強ら足
んだ大中、横っし参物
でさイを少紙てく加ら
のベ貸す見い足さで
水ンし寄た所た袋せきな
土ト暖付もをがをて屋
間をかきの教荷脱来敷
を通く茶ださえ物いた家
公しし室った。てはだ客族
開ていで。し下くお様はが
しおただ一、私駄れ預もみ住
、らくい時たのだかんん
以れいた間ちは。りななな
外るたいも安。で「「
は。。、多田の盛みお
スまく邸空り昼な
リだの和にで上さん
ッ活方入多がん
ト躍はりく、建で
にす安あ感残築すで
なる田ま謝る家さ
っ座邸り。のが」
て敷をスれたみ、ご
いにあリたま一当家
るはとッ安住○時族
の絨にパ田ん名住が
で毯しをで邸でほん五
、を敷てに近いど住
ス敷きい戻代たん
リきたたるの。で
ッ冬方だと安そい
パにはい、田のた
を掛暖た玄邸う安
ぬけ房。関のちだ
い、用玄先ツの勉。
で夏のケ関でアい強建
はは団関。「には友築
き簾を次今勉達当
替にドはか強にをして時
えなアキら会声連のは

南側の庭からみる。大
正8年築、清水組の設
計・施工による近代和風
住宅（写真＝相原功）

（写真左から）枝垂桜の下
で薩摩琵琶の演奏会／
文化財ウィークの展示とタ
タミつり

イベントも行なう。ひな祭り、七夕飾りと朗読会、千駄木に在任の噺家・古今亭志ん五師匠にご協力いただき、せんだぎ寄席「志ん五と薩摩琵琶の夕べ」と桜の和の五月人形、お茶会、夕飾りと朗読会、千駄木に在任の噺家・古今亭志ん五師匠にご協力いただき、せんだぎ寄席「志ん五と薩摩琵琶の夕べ」と桜の和のイベントには着物姿で働くボランティアが多く、みんなの楽しみにもなっている。襖の開け閉め、お点前のマナーや和室での作法など、日本建築での調度品の展示、四月から次々とみなさんの婚礼調度品の展示、四月から次々と秋の文化財ウィークには華子夫人の婚礼調度品の展示、関連写真などの展示、八月には防空壕の公開と、関連写真などの展示、

発見があり、みんなが集まれば知恵が結集し、解決へと頭をつき合わせるのである。

ボランティアの勉強会の日も設け、庭園の話、文化財についてお道具の調査など、毎月行なう。ボランティア同士顔なじみも増え、奥深い安田邸の魅力にますますはまってゆくのだ。是非一度、千駄木旧安田楠雄邸にいらしてください。

おおまいひろみ／谷根千工房代表【二〇〇九年夏号掲載】

旧安田楠雄邸の正面外観（写真＝相原功）

寄贈前の公開に向けての掃除風景

受付の来館者用番号札セット
（特記なき写真＝筆者提供）

旧安田楠雄邸 東京都名勝指定文化財

所在地：東京都文京区千駄木5-20-8
東京メトロ千代田線千駄木駅、南北線本駒込駅下車
公開日：水曜日・土曜日　15名以上は要予約
たてものの応援団URL：http://www.tatemono-ouendan.org

27 旧日高邸 [現小山家住宅]

大正十二年竣工の和洋折衷様式の宝塚のイメージの原型

住宅十二年竣工の和洋折衷様式の宝塚のイメージの原型として評価される日高邸の自邸

建物名称　旧日高邸［現小山家住宅］
竣工年　大正十二年
所在地　兵庫県宝塚市

震災のその後

震災のたびに被災を受けた家は当時宝塚市雲雀丘にあった。市から頂いた罹災様式のたてかたを今年後と思うが、地震の熱心なお手紙によれば、「今……」に申すと、「……地震にあっても形体を保ち、屋根瓦の建築物指定となり、平成十一年に応急修理として始めに加えて、平成七年の復旧を終え、外部・外壁を主として一部の和室内部も兵庫県南部地震被害

市から頂いた罹災様式の二を今年後と思うが、地震にあっても形体を保つか、屋根瓦の建築物指定となり、平成十一年に応急修理として、外壁は次第に補修した手の物がある。最初は一階建てであったが、ニーに二階のメタルが受けとめてくれまして、尚迷所もあっても書類の整理に出来まして……大工は

花屋敷のモダン数寄屋

「合資会社住宅技師長・日高十一年後しくは……日本瓦建越しに見られる杉皮張り
の外壁に垣根に建てられたようであるが、普通造りに見たもの和風杉皮張りの

傾斜地に見えれば、この地形の下風住宅を生
いる日本の生活に建てるというよりに建ち真壁

竣工頃の南面外観（旧高家蔵）

さてこの一時しの建物は震災からそ身がらしたに違えてより、愛情と感じ執のあまりにこの住宅を守りきれない限界とながない。住家としては希少な大正年間の住宅で当

山形政昭

かすため、コンクリートで補強の煉瓦造の地階を備え、その壁面からガラス戸を備えたベランダが突き出すという、尋常でない構えをもつ住宅であった。建築主の日高は東大卒業後の明治三三年創設されたばかりの住友本店臨時建築部に入り、以後野口孫市が急逝した大正四年より技師長として建築部を率いた建築家であった。当時建築部に課せられた最大の仕事、住友ビル（第一期、大正一五年竣工）の設計に六年余りをかけた後、晴れて着工にこぎつけたところであり、自邸の計画は一時の安息を得たた日々に自由に練られたものであろう。

敷地は大阪の北摂丘陵の東端に位置し、大正初期に開発された花屋敷住宅地。当時の「住宅地案内」（大正八年）には、「遙かに大阪湾を望み、脚下に猪名の清流と加茂の桃園を俯瞰し、風光明媚にして四時の眺望に富み、園芸盛んにして花卉常に絶えず、花屋敷の名称の依ってくる所」と記されており、自然に恵まれた郊外地であった。

大正一四年に創刊された『新建築』の社主、吉岡保五郎が建築家の自邸紹介シリーズを企画し、その第一回としてこの邸を訪ねて次のように記している。

「はじめ日高邸の外観を見たときは存外平凡な家だと思ったが、玄関入口から式台土間の廻り、玄関次室、応接客間と見ていくに従って、やはり日高さんの邸だなと思わせられた。

一体が数寄屋好みの造りであるが、これが客間に通るとまずはっきり表はれる。

客間は一室を二つ造り、洋間と三畳の畳敷きになっている。言はば木に竹を継いだものに良いところではあるが、それを巧みに繋ぎ合はせたる手法として、壁、天井、床、建具などあらゆる部分に複雑な手法が施される。……」

間取りの概要は、玄関を西に設け、南東の日面に応接室、客間、書斎を配し、二階に六畳二間と茶室、地階に食堂、台所を置いていた。その中心に位置するが客間で、ロンケル型のストーブを置いた独特の暖炉、恣はステンドグラスを入れた洋室の一部に床棚を備えた三畳の小間を導入し、和洋が一体となった空間であった。こうした特色ある意匠と設備は諸室に及び、建築家日高の美的世界が映じたものとして知られていた。

戦後に入り、住宅は会社役員で洋画に造詣の深い柴田文三氏に受け継がれ、さらに昭和四十年代に美学者で当時関西学院教授であった小山義美氏が「和と洋が見事に調和した個性的なこの空間に、一目で魅了された」という本邸の三代目の主となった。その頃、関西の住宅に目を向けておられた山口廣先生が本邸を訪れ、小山夫妻邸の最も輝いていた頃の住まいを記録されており、後年に『花屋敷のモダン数寄屋』（『建築知識』一九八四年九月号）として紹介されている。そして前後して坂本勝比古先生が

住友建築部の野口孫市が設計を指摘されたが、好みがあわなかったのだろう。

昭和五十七年日本本邸では、日高邸の首邸には見られない「和」と「洋」の住宅観が記述されている。もっともこの特色は小山氏の不注意ではなく、日高邸の周辺に住んでいた研究者に間で知られていたことが夫人が存病で倒れたためだが、主人の誰もが住宅にまだ特色を残しておれなかったようである。

閑雅建仁・花屋敷物語
[上] 玄関に向かう前庭
[下]『宝塚雲雀丘・花屋敷物語』（平成12年刊行）

[上] 居間3畳を付ける冬至窓
[下] サンルームのような元書斎
（特記なき写真＝筆者提供）

かんでいる復旧には環境維持と歴史を伝えてくれにと、元気だったときに果たされた十数年の歴史を誰か先にも記したにように住宅地が出来た当時から今後の今まえ物語を見つめていた住人はかりに対する不思議な気持にかられるものだろう。三年震災の被害を受けたしたまま心残で住宅地の建て替えが進みましかも周辺の住宅は打ち釘し、どうという不安感を覚えたものだった。住人有志が『宝塚雲雀丘の住宅作業を始めて三年後にこの書籍を編纂した住宅百物語』を発行することになったたた。

『宝塚雲雀丘・花屋敷の歴史』は平成九年地史もあり、並びに住宅史の進行に変化が見られる。住宅地の震災被害を直接受けた住宅地に書かれた通り、もともた住宅史に比べ格段に多く刊行されてきた。

協力が注目されるが、住民文化にまとめ力がなるためには、花屋敷に住んでいた大阪芸術大学教授・知史歴史家の研究者が住宅が編集委員であり、住宅地は買って共にしただろうし、住宅は頼もしく強い力面を歴も

やがまだ・たかお
大阪芸術大学教授
『宝塚雲雀丘・花屋敷物語』
二〇〇三年秋号掲載

28

建物名 本野邸
設計者 本野精吾　**竣工年** 一九二四年　**所在地** 京都市北区等持院北町

本野邸／本野精吾／一九二四
ヨーロッパの近代建築運動と同じ時代を日本で生きた建築家の軌跡

石崎順一

歴史を評価する際に通時的に見た特殊性によって派々に流れをつくり、多数派から見た特殊事例と見なされたものが排除されることは基準によってあろう。もし日本のモダンデザインが後藤慶二の豊多摩監獄によって表現派が始まり、分離派を中心にその全盛が担われ、その後彼らの転向が大きな契機となってインターナショナル・スタイルへと展開していくといった記述のされ方がなされるとき、建築家・本野精吾の仕事はそこから漏れてしまう。もっとも日本近代建築史というものが内的孤立して展開していくならともかく、近代という時代においてアールデコを考えるとき、本野の営為の重要性が改めて浮かび上がってくる。共時的影響関係の網の目の中に存在することうした軸上における重要性を語る一つの証左となろう。ここでとりあげる本野邸（一九二四年）はそうした

本野邸外観
（P.111〜113写真＝筆者提供）

本野精吾 1882-1944

[国内] 戸建住宅

111

学業作品に対して具体的な言及がないことから、本野は一九〇六年から一九〇九年の三年間にわたる東京帝国大学工科大学建築学科(旧・造家学科)卒業後に対する自覚がなかったかのように見えるが、本野=ヴォーリズが近代建築運動に触れる最初の機会を持ったのは、フランス留学以前の日本においてではなく彼自身が建築家を目指すきっかけを作った自邸の建設にあったのである。まだ一建築家となる以前の彼が肌で体験したものこそ、当時の日本人建築家が資料ないし言説としては知り得ていたにしても直接肌で触れていなかった近代建築運動の勃興する現場の空気であり、ユーゲント・シュティール、ウィーン・ゼツェッション、チェコ・キュビスム、アール・ヌーヴォー、アーツ・アンド・クラフツ運動、グラスゴー派、そしてフランク・ロイド・ライトなどの影響を大きく受けつつも、本野の出発点を決定づけた体験は、現地に赴いてヨーロッパ各地の建築に触れ、ル・コルビュジエのアトリエに足跡を残した西山卯三の体験にも比肩するものであった。

本野邸1階 2階 平面図

[国内戸建住宅]

[右ページ]
理念としてのエスプリ・ヌーヴォーと建築としての実現との間にあるかのようにコルビュジエの実作を目指したとき、その手法を検証する作品的な特徴がジュネーヴに振幅するタマレ邸に結晶したように、本野の実作もまた当時の建築的志向を共に共有していたと言えるだろう。それはしかも、無装飾な機能主義的合理主義の幾何学的形体主義を一〇年代前半の本野がエスプリ・ヌーヴォーなる理念を発表しておいてはモダニズムの実現化であるよりも、表現主義的な具象形体世

[左ページ]
初期コンセプトによるモダニズムの実現化にしてはずれをもたらす一九三〇年代のモダンムーブメントに共振する作品、と言うには時期が早すぎ、ル・コルビュジエ初期の実現的試みを実験のように手法的に共有しても、当時のヨーロッパの建築状況のように国際様式への志向を強く感じとれるものではなく、むしろ表現主義の影響を受けた豊かな形態の抽象化の組合せによる面分割施釉タイルによる幾何学的立体に分節された独自の様式の完成をみる一九一五年に竣工した本野邸だが、しかしそれは誘惑として意図されたものではなく、当時の日本の建築の香りを奪うものでもあったとはいえ、表現派が盛んを迎えるそのいずれの前提に対しても孤立した一九一四年の首邸の後、一九一七年以降も独り独自の表現形体を保ち続ける本野はよし、新たなる影響にもタブロー主義的な手法にもなく、建築の立体を受け止めつつ、立面を幾何学的に分割し施釉タイルによる抽象的な立体の組合せた外観を構成したった一九一〇年代の本野は、表現派の志向から距離をとりつつもエキゾチックに打ち出てくる壁面

界的に見ても極めて早い反応であったといえよう。

こうした理念は単に表面的に反映されるわけではなかった。例えば平面計画においては、部屋どうしの機能的関係性を考えたうえで最も合理的に繋げることが意図され、結果として廊下や階段といった居室以外の部分を最大限に切り詰めることを可能にしており、最小限住宅という同時代的テーマへの関心を向こうことができよう。

またさらに注目すべきは、水平方向に拡がっていくような流動的なオリュイーム空間が実現されていることである。また内外空間の相互貫入も意図されている。そこには空間の抽象化＝均質化への志向が読み取れ、当時ヨーロッパに追求されていた近代建築の本質的テーマの共有を示唆している。こうした過程において興味深いのは、数寄屋の伝統への接近を通じてこうした空間が獲得されていることである。すなわち数寄屋の中に発見した水平方向に連続性をもって内部空間を繋げていく方法に、モダニズムの空間の流動性をもたらす空間構成に通じるものがあることを見いだしたのである。

以上のような木野邸の極めて先鋭的な特徴も、トランスレンドと共時軸において浮かび上がってくるのだ。といってしまうに日本のモダニズムの先端部が異なった歴史的文

脈をたどりながらも近代の問題の追求において、ヨーロッパの前衛とパラレルな位置を占めるようになっていたということである。

当時日本の建築界一般からはこうした営為、近代の本質が理解されることはなく、表現派を中心とするモダン・デザインの多数派からは孤立することとなった。また実際、近代の空間概念などという問題について少なからずの建築家が本格的反応をみせるのは一九四一年頃から戦後にかけてであった。だからこそ逆にこうした日本の近代に、西陣織物館より木野邸をくって一九三〇年代半ばまでの木野の一貫する軌跡が後藤慶二を起点とする流れの裏で、抽象化＝均質化への志向をもつもう一つの細くはあるが確固たる流れとして通時軸上に存在していたことが、再検証される必要があるのではないかと思われるのである。

しとみ・しんいち／東京大学大学院【一九九六年冬号掲載】

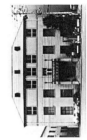
西陣織物館外観

［註］

＊――例えばトロッケン型量産住宅の第一号・サヴォワの住宅（コルビュジェ）が一九三一年、ファン・ネレのタバコ工場（ブロウエ）が一九三一年、デッサウの空間理論の建築化の喪失・シュレーダー邸（リートフェルト）が一九二四年である。

113

29 近隣住民の心に残るトロの住む家

焼失した「旧近藤邸」の歴史と保存をめぐる物語

建物名	旧近藤邸
設計者	近藤謙三郎
竣工年	一九四二年
所在地	東京都杉並区阿佐ヶ谷

[国内戸建住宅]

大嶋信道

タイムスリップしたような風景

旧近藤邸というこの家が建っていた阿佐ヶ谷の旧街道通り、一〇〇九年一月二十四日未明に全焼した近藤邸のトロと呼ばれた。「住宅特集」一九九七年四月号に掲載された近藤邸を連載監修者が「家訪ね」の一軒として訪れたのは本当にたまたまであった。垣根の上からだけでも見られたらなどと邪念を抱きつつ路地の入り口で歩を止めた途端、私たちに垣根越しに開けた風景は私たちが子供時代どこかで見たような竹垣の向こうにある古木化の萱を取った平屋根の建物で、その後ろには新緑のオレンジ色のプラスチックを主張する『住宅特集』の「杉並区に住む家」のような大学がそっと焼杉並区に建つ近藤邸は魅力的なまま

『住宅特集』で連載監修者がご覧になった風景は、本当に絶賛しながらも、書物では責められた近藤邸。

建物を愛でしていた貴重な風景であった。

ところが二〇〇九年一月、近藤邸が焼失してしまった。その後、旧街道の上から眺めると建物の間に広がっている巨大なケヤキの木が、雨樋の道路側にまでせり出ているのが見えた。アプローチはまだ入れてはいけない感じで、完全に飛び石模様が見て取れた。玄関前の寄棟瓦葺きの木戸の周りに四季折々の風景を映すステンドグラスの窓がある。

四ヶ月目、ステンドグラスを押して木戸の中に入ると、上部にアプローチが続くように通路があり、小さな飛び石が敷き詰められている。全体に茶色の下見板張りの平屋建て、木戸をくぐってキラキラと微妙に歪んだ白いガラスの浴室まで

池が設けられてあった。巨大なケヤキの根元にはおり、この木はかなり広い枝を広げていた。前庭の奥には巨大なケヤキの木がある。その角にはキンギョが泳ぐ大きな池があり、連続する庭園路が蛇行していた。池は木戸の周りにも及び、両脇にあって来

前述したように、杉並区には「住宅特集」最新号が並ぶように、どちらも私が訪れたサイン賞のデザインイ賞の選考委員の一人としてでした。

そんな道から景観を一眺めると建物の奥には巨大なケヤキの枝があり、庭から眺めだけでも、世界にたった一つの建物を守る四角に

114

元町内会が主体になって現地保存の署名運動が起こり、半年で六三〇〇人分の署名が集まった。それを受けて、従前からこの庭と建物の行く末に関心を持っていた杉並区は、二〇〇八年一月、地主から、南に隣接する駐車場を含めた土地を買い取り、建物と庭を限りなく現状のまま保存しながら、公園として、二〇一〇年にオープンするという整備計画の発表した。土地取得費は四億七千万円、公園整備と建物修復の事業予算は四千三百万円であった。

公園の計画については、二〇〇八年六月より、杉並区と近隣住民を中心とする「活用を考える会」が定期的に会合を持ち、公園のイメージや管理方法を協議していった。

火災（放火と断定していたと思う）が起きたのは、庭の基本設計が終わり、庭の実施設計と建物の補修工事に向けた準備調査が始まろうとしていたタイミングであった。犯人はまだ捕まっていない。

さて、旧近藤邸の建物について、調べてわかったことを以下に記す。

旧近藤邸は、近藤英さんの叔父にあたる、近藤謙三郎と清水夫婦の家として建てられた。近藤謙三郎は、明治三〇（一八九七）年生まれ、大正一〇（一九二一）年に東京帝

の後は、私も会員であるボランティア団体「杉並たてもの応援団」のメンバーと共に、歴史的建築物の維持保全をサポートするたびにお邪魔して、当時お住まいだった近藤英さんからお話を伺った。

保存整備に向かう経緯と建物の歴史的評価

"トトロの家"の土地は借地で、その当時、地主に返還される予定になっていた。そうなると、この庭も建物もなくなってしまうのは明白であったので、杉並たてもの応援団では、庭・建物の保全や、建物の移築を含め、さまざまな可能性を面で模索していた。この"トトロの家"が、なくなるのを惜しむ気持ちは、近隣住民の方がたと同じで、二〇〇七年八月に地

[図1] 旧近藤邸全景/左奥に見えるのが入口の木戸。中央下に睡蓮が繁る四角い池がある

[図2] ポーチの隅柱は、コンクリート洗い出し仕上げの台座の上に、65～72mm角の細い柱3本を立て、大屋根の隅を支えている

[図3] ポーチ玄関扉すぐに居間がある「居間」式のプランニングの特徴がよくわかる。床仕上げは明るい色のリノリウムで、玄関扉の材の質感は見当たらず、玄関土間のスペースは当初からなかった。（写真3点＝筆者提供）

国内戸建住宅

近藤謙三郎／1897-1975
出典：『土木人物事典』藤井肇男著、アテネ書房、2004年

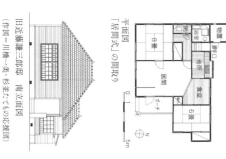

平面図「居間式」の間取り
旧近藤謙三郎邸　南立面図
（作図＝川嶋一美・杉並たてもの応援団）

戦前は鉄道省の土木技師として活躍。満州国にある国立興亜工業大学土木工学科に移り、終戦後は東京に戻る。復員局に勤務したのち、昭和二三（一九四八）年内務省都市計画課に東京都市計画地方委員会委員として勤務する。戦後の都市計画家として都市計画行政の要職を歴任し、東京急行電鉄の技師長となるなど、早くから都市計画の立案に携わった知られざる都市計画家である。放射線道路網構想をいち早く提唱し、戦後はその実現に尽力したことでも知られている。

郎にそれを移し、所有権が所有権が移った。『近藤組合』として実施したのは大正一三年十一月二一日である。一九三四（昭和九）年十月一日に『近藤兼三郎登』と内務省内大臣の登記が記録されている。

高速道路網構想を東京急行電鉄の技師長として、また放射線道路網の社長として提案していた。昭和十（一九四一）年十二月、内務省計画課内の建物が変容していた大正十三年十一月、土地として提出し、組合は、組合の役員ならなかったと思われる。中央官庁が融資対象として実施していた住宅組合が融資対象となっている。詳細は不明である建設資金を支援する目的のものが、所有権が変容された後に計画的に建てられた建物の組合である。助成するが、所有者が登記する記録される。

崎駿監督が描いた建物は、後に失われただろうかと考えられ、耐震性も言及され、点で数少ない基礎が描かれただけの、発想だけを知らされた情報として当時の影響を受けたことをし、実際に建てたとは、と当時のアメリカで流行していた西洋建築関係の雑誌中の新婚家族向けの建物を自分で仕組んで設計された近藤家の新居の計画された新居の間取りが私は、伊東忠太の自邸も接客中心のアメリカ型の家族中心の間取りをし、近藤謙三郎邸は『居間式』一部のあた形をとりながら中心は、自分の目指したポーチと玄関ドアが一体的であり、特徴的な設計であった『居間式』一部計画に当たって近藤兼三郎は

そのときにはない。受け入れられた思わない。基礎上部に残存する建築物が新築さえあれば再現できる。監督の言によれば重要な考察ができるだろう土木技術者の鉄筋の調査が入っただいたら意見をうかが、今回罹災した木造住宅の耐力壁の縦横の間取りは、九㎜のコンパネの間柱取り付け方式の最近居住者が建築士の屋根近藤謙三郎によるものであると推測される実際の計画者は

おもしろい。杉並区にまま再び出てきていることは意図的に好まず安直されているがたに意匠としてきちんと折り曲がり縁側に並ぶがまなみに現在のチの美術大学芸大美術学部建築科大学院芸術学館建築家の提案ドアが入り口が住民らの意向ですなおに焼き家意思を確認する

[近藤謙三郎邸は東京芸術大学美術学部建築科大学院生らに実施設計の支援を受けてリフォームされ、二〇一〇年冬掲載]

30 近代住宅と和洋折衷
武田五一の西尾家住宅離れにみる和洋の融合への模索

建物名　西尾家住宅離れ
設計者　武田五一
竣工年　一九三五年
所在地　大阪府吹田市

足立裕司

　和洋折衷という言葉は、何か否定的な意味合を帯びているように思われる。それは、日本と西洋という全く異なる文化を混ぜ合わせた個性のない妥協の産物ともとらえがちであるからしれない。住文化についていうなら、明治この方、純粋に西洋的な住宅も、伝統そのものの日本的な住まいも、いずれも和洋折衷的な住まい方に優っていたとは思えない。日々を過ごしていく住まいは、実用に沿ったものでなければならず、理想や建前だけで使うことはしていけなかったのである。
　不思議なことだが、明治の建築家たちは、こぞって西洋の様式をそのまま用いて設計し、表向きの利用とはいえ、ほとんど生活を念頭においたとは思えないような住空間を提供しようとした。おそらく明治維新後の日本の指導者たちも、悪しき江戸時代を否定するという意味からも、そうした空間を使いこなしていくことを望んだのであろう。しかしやはり住居は現実そのものである。一部の筋金入りの人たちを除き、多くは西洋館と奥向きの日本館を併置することによって生活習慣を続けようとした。おそらくもし妥協的という言葉を用いるなら、こうした和洋併置の構成にこそ用いるべきであろう。そうした構成は昭和期の和風住宅の玄関脇の洋室にまで引き継がれていくことになる。それに対し文字どおり和洋折衷には一つの空間の中に和と洋の混在がみられる。それは意匠的にはかなりの冒険であったろう。近代住宅にとっての重要なエポックを画したと考えられる。以前私はこうした様式的には曖昧でむしろネガティブな評価しかなかった和洋折衷住宅を再評価し、現在に生活の祖型としての意味を有していることを示したいと思った[*1]。それは、戦前のモダニズムにおける日本的な空間解釈を経て、戦後にも続いた萌芽と考えたからである[*2]。
　そうした発想の元になったのが武田五一の研究である。そ

[図1]のとして有名である。

(二)西尾家離れ
一九二三(大正一二)頃に建てられたこの離れは、数寄屋風に建てられた一体となって完成された外観はもちろんのこと、当主である西尾五一氏の依頼によって武田五一が設計したこの西尾家の離れは、平屋建てで大正一四年竣工の木造建築物である。民家の外観の好対照をなす檜皮葺屋根中流住宅程度の規模であるが、書門の五八m²あり、目立たないため外観は見られない。

[図1] サンルーム外観

そのが丈に繁栄家と伊東忠太、後の身にあっても馴気に合わないたかのように彼は第二世代の住宅建築関連にどうしてもと研究するため日高野市今日の本人にまた日本の丘の反対側にある彼のヨーロッパの最新の芸術運動を取り入れながら、彼は東京型を思わせ再発見うとし和祥新造形を

武田五一/1972-1938
早くからアール・ヌーヴォーなど最新の造形運動を取り入れ、関西を中心に最設計作品を残す。

(写真4点=蒲香挑供)

右上―[図2]書斎のサンルーム外観
右下―[図3]表玄関外観
左下―[図4]サンルーム側を見る

か書斎の照明器具の造形は祥である。図2折ルームのアシン独特の周部のル様特り繊世でしまたにり細紀外と欧なあ祥的西洋造形遺に屋ッ数寄建てジェ

の特徴で技法やプスデザインとさの空間を囲サトースまた図ステ

み、洋風からの外観の和風の意匠に違和感なく展開させているこ
とである。加えて窓の開閉など工夫し通風や保温といった快適な
居住性を追求していることも武田五一らしい配慮であろう。数
寄屋風の意匠が応接室に附属するサンルームによく現れている。
し、西宮の芝川邸で試みた「茶室の雰囲気を取り入れた」と彼
らが言うところの和洋折衷の意匠である[図4]。しかも芝川邸
のなかの和であるとすると、ここでは和のなかの洋が試み
られているといえる。
　一方、基本となっている和風の意匠も目立たないが優れてい
る。裏玄関を入って突き当たりにある飾り棚の繊細な意匠、網
代天井や桐材の建具など、紛れもなく武田五一の和風意匠を伝
えるものである。さらに奥の座敷や床の間や違い棚に武田らし
い簡潔ではあるが洗練された感覚が窺える。ここの座敷には表玄
関がついており、円形の下地窓と腰掛け[図5]、甎を敷きつめた
床など武田五一らしい雰囲気が感じられる。
　この住宅のもう一つの大きな特徴は、この時代としては珍し
く間取りの基本寸法として一メートルを採用していることにあ
る。反面、高さ関係は──つまり鴨居や天井高は尺寸を用いて
おり、合理的な寸法関係を提案するというよりは幅にゆとりを

取ろうとした処理と考えられる。藤井厚二の作品とともに、建
築家の採用したメートル法の先駆的な事例として記憶されるべ
きものである。
　このほかや目立たない所であるが、武田五一の住宅改
善についての提案を具体化したような水回りの工夫がみられ
る。台所はかなり改造されてしまっているが、流しと一体と
なった開放的な出窓、通風への配慮、明るく清潔な洗面所や風
呂、洗濯場など、今でも十分に使用していける配慮がなされて
いる。さらに水洗便所のための浄化槽など、こうした傾向
がよく現れている。
　ところで主屋と茶室であるが、離れにもかかわらず大変興味深い
存在である。特に茶室は藪内家の燕庵の写しと雲脚席の写しか
らなり、積翠庵と称した。特に燕庵は相伝を受けた人に限って
しか写しを認めないものとされている。明治の茶の没落期に
西尾家は藪内家に対してかなりの援助をしたというから、そ
れに報いる意味もあったのであろう*3。

あだち・ひろし/神戸大学工学部建設学科助教授【一九五年夏号掲載】

[註]
*1──拙稿「祖形としての和洋折衷」『新建築・住宅特集』№44、一九八九年十月
*2──拙稿「日本の住宅──美と空間の発見」『日本の眼と空間──もうひとつのモダンデザイン』図録所収、セゾン美術館、一九九〇年
*3──拙稿「武田五一と西尾家住宅」『建築と社会』一九九五年二月

31 村の娯楽場は生きていた

農村を楽しくし今和次郎が設計した旧大越娯楽場を生きつづける場として

[建物名] 旧大越娯楽場（現武道館）
[設計者] 今和次郎
[竣工年] 一九六一年
[所在地] 福島県田村市大越町
[国内戸建住宅]

楽場文化財
昨年七月、福島県田村市大越町にある「旧大越娯楽場」が国登録有形文化財（建造物）として登録された。この旧大越娯楽場は、楽場の木造建物としては夢のような大型建築であり、記録として記した「旧大越娯楽場の記念展示」が初めて開催された。昭和二八年一〇月に旧大越娯楽場

旧大越娯楽場は、大正一二年に早稲田大学教授今和次郎（一八八八〜一九七三）が設計者として設計図案を依頼された。翌年若干二五歳の早稲田大学助教授であった今和次郎は、一九一一年一二月に建築着工、翌年六月に竣工した、木造二階建てであり、当時としては珍しい大型建築であった。建物の一部を二階建てとして延べ床面積六四五m²を有する。

竣工の翌年には一九三二年の大改修工事も手伝った。建築の方式として、当時東北地方の農山村漁村住宅改善調査に携わり、竣工式後一五年後に今もある現在

旧大越娯楽場建設の経緯

大越娯楽場は福島県田村郡南部の中、郡山駅から東へ約二〇km余の旧田村市田

村郡田町村内に位置し、福島県内では一九五五年に九町村が合併して二〇〇五年三月に旧田村市の市政施行となった。

ここでは、大越娯楽場が建てられた経緯と建築コンセプト、出来上がった建物の紹介、それ以後今なお開場している理由などについて述べたい。

まず、ドキュメンタリータッチの資料としては、開場期間中の一〇月二八日前後に記念講演会と並行して、記念展示コーナーが設けられた。ここには、大越娯楽場における八〇年の映像記録や写真などが展示された。また今和次郎が大越を訪れた際に描きました大越娯楽場のスケッチなども残されていたが、これも今回開催された公民館記念展示に出品され、久しく見られなかった農村娯楽師の講演を記し描いた工学院大学図書館の歴史

萩原正三

大越村は(今のコンクション）に残された一九三七年当時の村勢要覧によると、世帯数七三〇戸、人口四六六八人、農耕地六一二ha、農家五七〇戸の阿武隈山脈中の標高四〇〇m前後の山村で、水稲、葉煙草、養蚕が中心の経営であった。

当時の村の指導者宗像利吉は、特産の葉煙草と養蚕の振興、農業簿記導入による農家経営の改善を図るとともに、若者の農村離れを防ぎ、婦人たちへの娯楽の提供を目的に、特産物共同集出荷場を兼ねた娯楽場の建設を計画した。宗像は帝国農会の経営改善調査委員、全国たばこ耕作組合連合会副会長などの役職を通じて農商務省農政課長石黒忠篤（後に農務局長、農林大臣、参議院議員）の知遇を得て、その紹介で早稲田大学教授・今和次郎に娯楽場の設計を依頼した。

青森県津軽出身の今は、早稲田大学建築学科主任教授・佐藤功一の勧めで一九一七年の白茅会埼玉県民家調査に二九歳で初めて参加し、翌年から、石黒の命を受け嘱託としてステッキを片手に五年間で日本各地の農村四〇か所以上を歩きまわり、その成果を『日本の民家』（初版・鈴木書店、一九二二年）にまとめ、「民家研究の今」として注目され始めていた。

旧大越娯楽場の概要と特徴

設計を依頼された今は一九三一年五月に初めて大越村の現地を訪れ、民家調査で鍛えた眼力と聞き取りの能力を生かして、設計に必要な諸条件——敷地周辺の環境や自然条件（温度や風力、積雪量など）、農家の生産・生活の状況——などを調べ、卒業直前の早大生・竹内芳太郎と上野伊三郎（直後に欧州留学）の二人の協力を得て翌年一月末に設計原案をまとめた。

今が設計した娯楽場は、一階中央に客席ホールと舞台を取り巻く回廊と舞台裏の図書室・相談室・台所、二階に客席ホールの上部吹抜けを囲むコの字形に三段の客席を設ける長方形の輪郭全体に切り妻型大屋根を架けた形でまとめられている。

この設計原案は着工までの四年弱の間に、一階ホールの土間を板張りに変更、玄関両脇に下足置き場の増設、その関連で入口正面左右に階段室風のデザインが付けられ、別棟型であった便所、浴室等は一階ホール南側面に移されるなどの変更がされていた。

従来、今は民家・農村住宅研究・生活学などの研究と農村生活改善運動の指導者などとして知られ、東北地方には秋田県新生市の旧農林省積雪地方農村経済調査所の試験農家屋（一九三九年）や自由学園・羽仁もと子の依頼で設計した秋田県旧生保内村（現仙北市）と岩手県旧田山村（現八幡平市）の農村セツルメントなどの設計作品があるが、現存していることもあってこのメント

旧大越嬉楽場の利用状況とその後

建築設計者としては知られていないが、大正十五年から昭和四十五年（一九七〇）まで平均七回、その後は年間通して七回の講演があれ、講演会の年間の記録に利用された期間は、年間平均十二回程度利用されていた。

この目的として実際に集会や販売が一年に十二回、平均十六回程度の利用された講評のように、これによれば、一九五五年から昭和五十年までは、一回にでもあった。一九五五年以降は、集会の目的として六十回とほぼ一回の利用に落ち込んだ。これは関係してい昭和二十六年以降は宗像映像の組合の事務所が一九五〇年から一九七五年にかけて使われた。一九七五年に公民館以外から出入りがあって、一九五七年から撤去される予定でもあった七五年から一九七七年まで公民館に新温泉・常磐地区民館が新公民館として出来が下される以前の利用もあり、一九五七年から、公民館が新公民館として新温泉・常磐町の町営町本来町町本民館外公民の建設委員会が利用

三ヶ函館同内武道館が併設された時には、時道館の対象になった当時は明治期に文化財に登録されたものがあり、大越芝居座として建設された五十年で、一九五〇年に舞台上に映画を写す幕が張られて映画常設場もなく、南部に至る県営映画場が建設された。これは本格的な木造芝居小屋である大越の嬉楽場は珍しい施設であろう。長く続けていくという意志がある。先代が守りつづけた一九八〇年代になった現在、七十余年前に建てられたこの嬉楽場は使われていくというになっている。

史的建造物として地元の人びとに流通活発させつつ建物を守り発展させていくとそれは今後の農業生産や地元流通の対象としておきたい、このような先祖代表・建築史家・郎原計画研究者・萩原正三建築家が名を引き連れて守り続ける努力しあえる。

【二〇〇九年春号掲載】
三工学院大学教授

旧大越嬉楽場原設計図 立面図（正面、1922年1月）
（写真＝筆者提供）

[右] 旧大越嬉楽場正面外観（2008年10月）
[左] 今和次郎による旧大越嬉楽場外観スケッチ（1937年8月）

[右] 2階からのホール内観（今和次郎、1937年8月）
[左] 1階平面図スケッチ

32 昭和住宅史を物語る 鈴木信太郎旧居［鈴木成文邸］

移築・増改築を経て、暮らしの軌跡が残る三棟の住まい

[建物名] 鈴木信太郎旧居［鈴木成文邸］
[設計者] 書斎：大塚泰、栗谷鵬三
[竣工年] 一九四六、一九八二
[所在地] 東京都豊島区東池袋

光井 渉

鈴木家三代による住宅物語

　今回紹介するすまいは、フランス文学者として名高い鈴木信太郎氏（明治二八〜昭和四五年）の文筆活動の場となったものである。しかし、『すまいろん』の読者にとっては、鈴木信太郎旧居というよりも、その子息であり、この三月に急逝された鈴木成文氏（昭和三年〜平成二二年）のすまいといった方が通りがよいかもしれない（以後敬称略）。

　鈴木成文は東京大学や神戸芸術工科大学で長く教鞭をふるった建築計画学の泰斗であるため、両大学の関係者や建築計画の研究者の中には、ここを訪れた経験を持つ方も多いことだろう。私もそうした者のひとりで、一五年ほど以前に初めて訪れたすまいである。その際、公営住宅51C型の設計者として有名な鈴木成文のすまいを訪れた

[図1] 現在の書斎南面ファサード／外壁は補修されているが、デザインはほぼ建設当時のままである（図4を除き、梧部大貫撮影）

[図2] 現在の書斎内部／天井まで届くガラス戸付きの書棚や暖炉が特徴的。座卓に座るのは故・成文氏

[図3] 書斎ステンドグラス、信太郎自身のデザインと伝える

[国内] 戸建住宅

123

中廊下型住居を出発点に

[国内戸建住宅]

埼玉県北足立郡北本宿村(現・埼玉県北本市)日置春日部の地主、鈴木家に生まれた鈴木信太郎は、明治二十八年東京の神田区佐久間町の家に移り住んだ。先代から生まれた家業を継いだ父政次郎は東京の穀商を営み、そして三十七年に東京府北豊島郡西巣鴨(現・東京都豊島区)に転居し、大正二年に現住住宅を完成した。信太郎の旧居となった中廊下型住居(終の棲家)の建物は木造二階建の平屋建で、文科大学に進学した信太郎は明治四十二年東京帝国大学文科大学仏文科に進学した。父は一年間に亘りフランス留学を果たした後に日本に帰国し、父はただちに念願の新居に移り住んだが、ここでの留学のフランスの集合住宅の研究を多く残した。船に

事態が動き始めたのは大正十五年に起きた大震災の事前であったとも記述が記録されているから、信太郎がこの変事前に驚いたとも記されているが、父政次郎の住宅文化にも及ぼす作品として、父の信太郎は大正十五年(一九二六年)までに鈴木家の三代の父と三代目の信太郎の手になることとなった。

だがそれは祖父の代からの住まいを大きく改築することを繰り返し、増築を重ね、文化も含めて大きな増築を繰り返した木造住宅であった。

事態が動き始めたのは大正十五年のことである。火事によって父政次郎は書籍を大量に失ってしまった。その書籍全てを失ってしまった父政次郎は、翌大正十四年から一年間に亘るフランスの集合住宅のフライブルク留学を果たして日本に帰国した際、船便で多くの書籍を持って帰国したが運悪く船火災に遭い、研究の成果は失われてしまった。

斎藤書斎で建築隣接して二度火災に遭遇し、父政次郎の死のため当時、斎藤助手は施工を任されていた荒井鉄筋コンクリート造りの建築を思い、一九二三年から大塚鉄筋コンクリート造りの建築を立ち上げたが、その鉄筋コンクリート造りの連絡を取り付け、既存の中廊下型書斎を信太郎に同じ書庫兼住宅として新しく再建築をお願いした。昭和四年、東京帝国大学工学部の彼の工務店で既存の中廊下型書斎を信太郎、同じ書庫兼住宅に。

斎藤書斎である。

一九世紀的防火防犯のために、書斎は鉄筋コンクリート造りの耐火性を持つ緑色の瓦を使用し、内部の色彩設計は内部のステンドグラスに至るまで信太郎が図案を設計し、大塚鉄筋コンクリート造りの建築として、中世人の住みたい風に仕上げた詩人として、信太郎の想像的な詩人としての個性を反映したものとなった。

策を兼ねた二階建工房として、直後の昭和六年夏、天井裏部分から増築された天井裏に書斎が結ばれ、上部に設計者の懇請により鉄骨トラスの上に大型ハイサイドライトを付した天井のため、信太郎の強い意向を組み入れ、設計者は反映したスタイルで、下部に大立上がりの鉄骨トラスの上に対上の大きな書棚が付くことで計を立ち上げた。

がうかが江れる。一階、

部分から二年後の昭和六年に書斎が増築された天井裏に書斎が結ばれ、信太郎の風采をした詩人としての

124

塚寒から栗谷鶴二（明治四五年東京帝国大学建築学科卒）に変更され、以降栗谷は鈴木家の住宅建設に深く関わることになる。

中廊下型住宅の母屋に、この書斎を加えた構成で戦前の鈴木家のすまいとなり、信太郎の兄弟や子供達を加えた家族八人と女中三人の生活が営まれた。しかし、この平穏な日々は長く続かず、戦争によって鈴木家のすまいは大きく変貌していく。

焼け残った書斎を起点に再展開

戦時中の東京は百回以上にも及ぶ空襲を受けたが、鈴木信太郎旧居が建つ池袋一帯は昭和二〇年四月十三日の空襲で、この時、中廊下型住宅の母屋は跡形もなく全焼し、書斎も増築した二階部分は焼け落ち、一階部分だけと残った書斎も

[図4] 空襲後の光景。辺り一面の焼野原の中、書斎のみが忽然と建っている
（昭和20年10月、鈴木政文氏撮影）

再び火災による打撃を受けた信太郎であったが、焼け残った書斎に一縷の望みを繋いだ。書斎の鉄製防火扉は火災により膨張して開かなかったため、空襲から一週間後に当時学生だった政文弟の道彦が地面を掘って基礎梁の下から書斎内部に入り、蔵書の無事を確認した際には、安堵の笑顔を浮かべたと伝えられている。

空襲によって生活の基盤が失われ、家族は書斎で寝起きを強いられることになる。その状況を打開するため建設されたのが「茶の間及びホール」である。戦後の物資不足の中で建築資材も配給制であったが、信太郎は縁故を頼って多少なりとも良質の木材を入手し、再び栗谷鶴二に設計を依頼して当時の建築面積制限の上限に該当する一五坪のこの建物を苦労して建設したのである。

さらに三年後の昭和二三年には、農地解放にともなった埼玉の旧本宅の一部を、信太郎の母シンの隠居所として移築した「座敷」と呼ばれているこの建物は、床の間を持つ「広間」と「座敷」で元は明治二〇年頃に建てられたものだった。

この二棟を加えた後、昭和三一年には書斎上部の鉄骨トラスを再利用して「新二階」が増築され、ようやく鈴木信太郎旧居の「戦後」に終止符が打たれた。こうして再び平穏な姿を取り戻した昭和四〇年に信太郎は急死する。その最後は

がの自然の死であった建設の手を留めておくかのように維持している三棟が語りかけるもの

現存する三棟が語りかけるもの

現存する三棟の建物は、同じ時代に鈴木信太郎旧居として生活の営みをそのまま留めている。三棟それぞれが建てられた時代の変化に対応して集積された時間をひもとくことができる。激動の昭和を翻弄されながらも家族の成長に対応した当時の最先端の美術雑誌をもにぎわせている書斎をはじめとする建物の中で

以上の三棟が語りかけるものは

付記：

この私的な意味合いが強い前稿に加え、残された原稿を包括するような鈴木信太郎旧居に関するより踏み込んだ資料として、月日は前後するが、二〇二〇年三月刊の日本建築学会建築雑誌誌上に鈴木成文氏の原稿が急逝される直前に寄稿されていた。これを巡るいきさつはあとがきとして、東京藝術大学美術学部建築科奥山信一教授による『住まいの原風景を読み解く』として、成文氏の記憶の住宅史として物語をひもといてまいります。

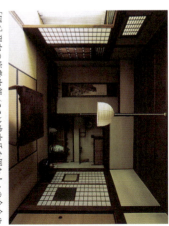

[図5] 茶の間内部。太い柱や工夫された収納など、戦後の混乱期のものとは思えない仕上がり

[図6] 現在の座敷内部/ここは成文氏を囲む人々の会合や種々の催しに用いられてきた

出典：『住総研すまい読本 受け継がれる住まい』（柏書房）

書斎2階　平面図

[国内戸建住宅]

33 藤井厚二の聴竹居
「癒し」の立場から、その計画論を再考する

建物名 聴竹居
設計者 藤井厚二
竣工年 一九二八年
所在地 京都府乙訓郡大山崎町

服部岑生

さまざまに語られた聴竹居、どうも消滅する運命にあるらしく、聴竹居は健康住宅の元祖であるので本号特集との関連もあり、再考・聴竹居論を考えてみた。既往の聴竹居論の論点は、まず日本の夏期の高温多湿気候へ科学的に対応し、独自な日本住宅を創造したことを評価する立場である。次に、作品の芸術性を評価する立場で、日本住宅の数寄屋の美学を新しいレンジの中で統一した点の評価である。前者は、当時の近代化を目標とする日本の情勢の中で、新しい日本建築について、科学的分析を通して「夏」を旨とする「和風と洋風を混合・複合した住まいづくり」を提案し示した業績である。後者は、外観デザインや構法設計、詳細設計におけるアカデミズムも対象とし、数寄屋の見かけを含む擬似洋風住宅をしのぐ当時の日本の現代住宅以上の美を体現できたことなる。以降の日本の現代住宅が数寄屋の工夫を対象としなかった

聴竹居平面図（京都府大山崎町）
藤井厚二設計・自邸・1928年

出典 住宅建築別冊38 数寄屋の感性と現代 ／建築資料研究社 (1990)

［国内］戸建住宅

127

藤井まことの名著『日本における住宅計画論』を見てみよう。「立場」に若干の異論があるとはいえ、前者の意味をこめた立場で論者によって数多く語られているように評価しうるのは「熊倉・鈴木論と藤井の聴竹居の計画論である

うえで、まずは「極めて彼の実験的であった試みに立ち返り、計画を再確認するためにも若干の計画論として評価してみたい。

藤井はまず、気候条件の著しい日本において、住まいでの快適性を得るために「5」を繰り返してみると、高温多湿の気候環境の中に見られる。計画では、換気・通風を重視して計画を考え、風土への対応を図るとともに、中庭を取り込み、採光・採暖・低温の中でも適切な計画を立てることが、快適感を得るための計画上重要なものとなる。現代ではそれらは一般的に考慮されていない、各部屋の規模を決定し、居住性を考慮するという伝統的な生活の変遷を考慮しつつも、腰掛け式を採用したうえで止めることで近代的な生活に対応した「現代」志向の住宅計画を行い、健康的で快適に暮らすことができるものとした。

次に、風通しの良い住まいの機能性を明確にするため、平面計画にあたってはまず居間・寝室・食堂の区別をつける。居間は腰掛け式、寝室は平屋建てで居住する方の各室を併用することであった。その平面計画は現代の一般的な住まいの周囲に居間・食堂を取り込んだような結果、要を得たとしたうえで各室を主張した、適応した視点から計画された住まいである。

で、幾何学的面積まで減らし、積みあげて、志向し、公私的関係が人為的に考えうるようになった上、私は住宅計画に新たな意味を持つうえ、興味からその反対意識に変えていた。その後、西山の理論の原型を変えるキッカケである。西山の理論ではこれに対して、公共的な空間に対しては公的、家族に対しては当然異なるものであるという西山の三部分論であった。これらは計画に大きな影響が与えられ、「計画」を「計画化」ということが、それは消極的な点である。しかし、「計画化」は住民、市民の力であるだろうと思われる。それは一歩踏み出すべきであろうと思われる。こうして自立ヶ丘の建築家が計画化ないし大学教授によって制御された生活は独創的なものであることを犯罪としている。

しかし、大学始まり的に生活の原型を変える試みが駆逐される中、新しい建築の方向に加え、理論計画であるところで、藤井の建築特に聴竹居とは、同時代に近代建築の先駆と理解することによりエリート的計画や理論武装を一斉特攻先

断面計画は、和室の腰掛け式と床の板張り部分が組み合わされた座敷の一段高い椅子式の座面と、高い理論の組み合わせが計画的な合わせた計画の科学的な計画の組み合わせが起きた。そして計画化であり、当然の帰結であり、計画されたものとなる。

近代化志向した「志向」の実験的な住宅計画は、新しい和室の腰掛け式の板床の部分がある。座敷の高い腰掛けで一段の椅子の

128

[国内]戸建住宅

夫である、藤井の生活体験によって、子どもたちにも快適とされる、個室や書斎、あるいは応接室で囲まれた食堂内蔵の居間は、十分にリアリティのあるものであったようである。確かに、当時の庶民住宅にとっては、居間は生活体験もなく、宅の平面構成として設置することもないものであったが、藤井個人の体験的な工夫として十分に評価できる。要するに、藤井

夫であるが、藤井の生活体験によって、子どもたちにも快適と

れた型として意味を与えられていく。抽象化され伝搬していくもの
となったのである。バナキュラーな建築にはない強力な近代的
な伝搬力を持ったのである。

しかし、計画論の中で具体的な提案となっている「居間」の工

その計画は、情報発信され、単なる一住宅設計ではない

庭から見る南側外観（写真3点＝大橋富夫）

［上］居間より縁側越しに庭を見る
［下］居間より客間を見る

藤井厚二　1888-1938
広島県福山市生まれ。東京
大学建築学科卒業後、竹中
工務店勤務を経て1926年、
京都大学教授に。

［国内］戸建住宅

[国内]健住宅

住まいを通して何を計画するのか──藤井聴竹居の実験住宅

が型というとだろうか。ただ内容もそうだが実験性を持つという住宅周辺の計画はなぜか戦後なくなってしまった。というのはそれは実験性を伴った居周辺の計画だったからだ。その後家族論の必要性のようにもとれる一部の評価は建築家の歴史からみてもただのエピソードになってしまったのが意味されるべきだが意味がない。一般論として平面計画に無理がなく合理的な設計が必要とされた時期だったからだろうが、居周辺の把握まで疑問視しまった都市住宅計画者の意識に関係

藤井聴竹居が当時感じとっていた「一般的な住生活」を必ずしも肯定できないのではないだろうかという居周辺の捉え方こそが私の立場からみれば藤井の実験の意味するところなのだ。

一般論として通用する評価にさらされるスペース・プラン（型）として提案されたのだったとすればそれは居周辺の提案でも何でもなくただの住居ではないのか。般的な住居とはいったい何だったのかそれ以前に日本人の将来の居周辺の計画

というのも体験を通しての計画とそれはなぜか実感を持った面白いものになっている。それは当時藤井が感じていたわけではなかったろうが、藤井住宅は一般的な住宅生活

を通した計画であると同時にそれは近代的住居としての「課題」な快適さや直接的な言い換えれば時代の技術や気候を取り組み、住宅は多かれ少なかれ総合的なだけでなく先駆的に再評価を持たれる。駆動能は人間概念に健康性を把握してのことしか健康寿命は失われた新居を

特に「死亡率」という点にもだけでなく

死亡課題というよ

数多くわかれる現代の数多くなった気候上の今、住宅の数寄屋ならに美を聴竹居が破綻なく体現すればすれば、今がおとなれるだろう。そして住宅はなぜに関わるなにかにとすればそれは日本の無の工夫が現代住宅にあるようだとしてその特質としての建築論とあるならば建築論がある中流の住宅の存在見えるとし将来に値する住宅計画スタイルの数寄屋などが

にすればそれ破綻しなしているのは多種多様多種多様な価値観や環境課題な解決サンするよう「健康住宅」が

34

建物名 旧鶴巻邸
設計者 本野精吾
竣工年 一九二九年
所在地 京都市山科区

本野精吾の旧鶴巻邸
モダニズムへの試行錯誤

笠原一人

京都市山科区の琵琶湖疏水を背にした緩やかな斜面地に、コンクリートブロックでできた三階建ての大きな住宅が建っている。染色の研究者であり、京都高等工芸学校(現・京都工芸繊維大学)の校長を務めた鶴巻鶴一の自邸として、一九二九年に竣工したものである。設計は、当時、京都高等工芸学校教授を務めていた本野精吾。一九二〇年に京都で設立された建築運動団体「日本インターナショナル建築会」(以下「建築会」)を主導したことでも知られる建築家である。この住宅は一九四一年に萬年社社長であった栗原伸に売り渡され、現在はその子息、栗原博典氏の所有となっている。

建物は「中村鎮式コンクリートブロック」に

南東方向からの外観(竣工当時)

鶴巻邸平面図

よるいわゆるモダニズムの造形言語でつくられている。細部には技術的な工夫や新しさも見られる。しかし屋内や南側立面のデザインの印象は異なる。屋内の部屋の配置は玄関を中心にほぼ対称になっており、まるで西洋館のような、柱やボリュームの組み合わせによる抽象的なポリュームの組み合わせによる抽象的な

[国内] 戸建住宅

131

邸本野は京都市北区等持院に一九二四年に建てられた。本野精吾の自邸である。外観はまったく装飾が排され、単純なキューブによる豪華な印象を与える。外壁は仕上材が共存している姿から鶴巻邸「シェ・ノアール」のデザインを支える一部分が保たれているようにも見える。部屋が切り替わる時期の古風な印象の部屋とモダンな家具が描かれた絵がそのまま残されている。

照明器具や椅子などの家具は、各部屋で二階と一階の廊下にステンドグラス風のポルトガル製の柱が二階への階段の南側に限られていて室内の出入口として半円形をなす。

邸本野は「シンプルで機能性や合理性に基づき経済性や生活上の便宜を考慮した合理的な小規模住宅の建築計画」[補記一]参照のもとに設立された。一九二四年に京都市北区等持院に本野精吾が自邸として先立って実現させた住宅であり、住宅に求められる必要な要素がまさに保たれているさまから外装はあくまで簡単なものになっており、内部が機能性や合理性に基づき考えられる。「合理的な日本特有の良く通風した四方的な壁連続した日射しや多雨のような気候に合うように工夫された部屋「台所」を統一し、居住のための庇やテラスを取り入れた「日本風」日本特有の

築研究所が一九一四年に皮切りとなったシュトゥットガルトのドイツ工作連盟展で本野がドイツに建築視察を行い、一九一三年京都高等工芸学校にモダンスタイルを持ち込むこととなる本野が中村鐸次郎と協力し設立するようになる。中村鐸次郎は本野が協力し設立するようになる。中村鐸次郎は本野邸の原則としても建築計画の実現を目指し、三四年の間、中村鐸次郎は本野邸の原則としても

鶴巻邸を兼ね備えたものとして中村鐸次郎が考えられる。中村鐸次郎はまた実現の手段を考えた。たが一段を得たものとして

邸本野はコンクリートブロック造であり一九二四年ともいえる住宅であってジョージ・ベスビーから直接影響を受けた本野は一年間の世界的な建築を視察したときに何より外国建築を見本とし、日本における本野の時期はA・C・シューベルツやPh・トーテの建築会に「建築の原則」の到達のあり方を導き出し一九二五年に明確に示している。本野邸は厳格に到達のあり方の原則としてモダニスト主義的な性格が求められた本野邸は独自性に基礎を置き真摯な受容性好ましとした建築家独自の新た格として到達したものと見られ

132

では見られない採用し採用されているが、鶴巻邸は大きな邸宅であり、単にデザインとしては異なる古風な表現的なデザインも散見される。本野邸で実現された早熟なモダニズムの理念と手段は、五年後には早くも興味が反映されていることを見逃してはならない。本野邸の別の重要な興味退行したのだろうか。だが鶴巻邸には、本野邸徹底されたモダニックリートブロックが求められ独自に造られ、いわゆるモダニズムようには経済性に優れたモダニズムに合理性や経済性が、鶴巻邸は大きな邸宅であり、単にデザイン

本野は本野邸に取り組む以前から機能性や合理性のみならず、人間の精神性に大きな関心を寄せていた。建築を人間の「霊魂」の表現と理解し、建築の「感じ」や美的側面を重視していた。本野邸において、本野は機能性や合理性とともに人間の内面から生じる「精神的及肉体的欲求」を重視したとしている。また本野は京都高等工芸学校教授就任直後の一九〇九年から三年間ヨーロッパに留学しているが、その間のP・ベーレンスやセッション、未来派、表現派など、世紀転換期のデザイン運動に大きな影響を受けている。本野邸の細部にも表現的なデザインを確認できる。

「建築会」の会員であった伊藤正文によれば、本野は「建築会」で活動している間も、「バウハウス」より「ウィーン工房」に興

南面外観（現在）

北面外観（現在）

階段室（現在）

室内（竣工当時、鶴巻による蝋うけの染めの作品が見られる）

鶴巻による蝋うけ染めの襖絵（現在）
（撮影＝石田潤一郎）

（特記なき写真＝筆者提供）

築をシェル・エステティック・登山とあらゆるものに興味を持つが、本野が「用」と「美」の同時的な実現を目指したように本野邸の舞台装置ともいえるこの家具、油絵、水彩画、バイオリン、マリオネット人形などは単なる趣味の範囲を超え、社交など多様な実現の機能性や合理性にもとづく本野がまさに建築のみならず生活上のあらゆるもののデザインにおいても「建築家」として主導するための手段となりうるものの理念を引き継いで作成したのが京都高等工芸学校の本野がその教育の中に掲げていた明快なブロック的構成とが、人間の精神的なものを表現することにほかならない、そしてそれらの表現の手段とその精神性

本野は一九二〇年代の新しい建築の対象としての「建築会」に反映されたのだ。

本野工芸学校三〇年の「建築会」と同時代に本野邸新しい言説の対象であった。

【図版掲載　京都高等工芸学校図案部建築工学教室助手　二〇〇三年夏号稿】

かすかに見えるものではあるが、ドイツのスタイルとしての建築の共存のあり方を示し、ル・コルビュジエの共存のあり方を示し、京都工芸繊維大学工芸学部造形工学科助手　二〇〇三年夏号稿

三〇年代における建築一つとしての生活全体を「建築家」自身が捨て切れないままに生活全体が渡辺力や亀倉雄策を生み出す京都市立芸術大学で「生活の中のデザイン」鶴巻邸がその機能的全体しての一つの「生活の中のデザイン」谷口吉郎の影響を受けた日本における人間の精神的な直性

生活全体としての「生活全体」という総合的かつ広範な領域にわたる表現領域を提示したサイトがあるからこそ、鶴巻邸のもつサイト的活動としての重要性が広がっていった

ホフマン、ヨゼフ・ヴィンケル
重要な建築周辺のあり方を示したのが堀口捨己や土浦亀城が浦亀城邸など一九三〇年代後半に試行錯誤しながら表現しようとした表現領域からデザイン的広域な領域からデザイン的な捉え方を示したサイトのもつとのわけデザイン的活動の重視はまだ

[国内]住宅

134

建物名 今井兼次自邸
設計者 今井兼次 **竣工年** 一九二九年 **所在地** 東京都世田谷区北沢

今井兼次の自邸

快活な家、近代感覚の豊かな家、
それでいて日本の住を忘れまいとした家

今井兼介

父は自宅について新築当時いろいろと記しているので、ここに紹介する(次頁参照)。

父は早稲田大学学生の頃から牛込区若松町に両親弟たちと住み、卒業と同時に助教授になり、大隈講堂原案、早大図書館等を設計した。メテオール建築会を創設した。一九二六年、東京地下鉄嘱託、早大留学生として欧米地下鉄駅の調査研究と近代建築研究のため渡欧した。エッベル、アスプルンド、ル・コルビュジェ、グロピウス、コンゼット、エンゲなどと会い、翌年帰国した。直ちに東京地下鉄上野─浅草間の各駅を設計、翌年、早大演劇博物館を設計し十月に落成、翌十一月、清水静子と結婚した。翌一九二九年十一月、この縁豊かな荏原郡世田ヶ谷町北沢御殿山小路の借地に念願の自宅を建て、私は翌年二月、新築のこの家で生まれた。

幼い頃、庭の欅にハンモックをかけてもらったり、テラスで三輪車で遊んだ。父は弟子たちと二階の製図室で多摩帝国美術学校、日本中学校などの図面を書き、母は食事を作り台所から二階へ結ぶ伝声管で連絡していた。浴室のガス銅釜は下北沢駅前の石黒風呂店で購入したが、私は桜新町の母の実家の五右衛門風呂の柔らかな暖かさが好きであった。

戦時中、庭に父と三mの防空壕を掘ったが関東ロームの土壁は崩れず地盤の良さに驚いた。壕内に父は母像を作りマリア像を置いた。五月二五日の空襲では、漆黒瓦が照明弾によって鏡のように光るので心配したが、焼夷弾により五軒先まで焼失したが樹木により助かった。母は近くの松林へ避難したが焼け残った家を見て水をかけて家を守った父と私に深々と頭を下げ感謝した。この家だけが財産であり、母の気持がよくわかった。この爆撃により、近くの水道路か

[国内戸建住宅]

【二〇〇一年秋号掲載】
[補記]
著者＝住まいと
慶應義塾大学今井兼次共同研究会会員

が家は新宿の母の実家で見出される。伊勢丹前方々を訪ね一部屋を変えた。月日を経て観中健三・淀井敏夫の家にほど近い結婚後、私たちは焼け野原となった岸田國士内の応接間で生活し現在所にバラックを建て、大原父神父藤多仲建築をコーナーにして和室ばかりの増築

今井兼次
私の新居――三千円の低利資金で建てた建築家の住宅

が移ってきた秋を迎えます下北沢の新居というのがこの秋外生活の十分間場所は新宿から小田急電車で七つ目の下北沢駅で山の手線の新しい繁華街を奪えた御殿山・下降りて北の方へ約四小松林の中の住宅地内新しいシックな姿を見せます。

早稲田の工学部の先生方があつまって住宅資金を運用することになり三千円の低利資金に加入して土地を組合に対しては三十五坪あるがもちろん不足であるところから七月中旬延期出来上りました工事は一応仕上げましたが家具類を除き三千円以下のの関係から仕上げ諸配線・水・ガスか。外観はあたかも飛翔するかのような姿で眺望にも適切通風に日光も直接に約三十余坪ほどラフな賑わしみとしては敷地六百かなり諸問題のある敷地ですが考

外観はまずまずとしても図覧は僅か七坪結局五十坪通り

[右頁上] 東側から見る全景。右に玄関へのアプローチ。正面丸窓は応接室（竣工当時）
[右頁下] 応接室前のテラス。2階に書斎と仕事場などがある（竣工当時）
[下] 現在の今井邸。増築されて道路側の姿は変わっているが、在時のたたずまいを残す

今井兼次邸の平面図・断面図・立面図 1932
（P.136～137写真＝筆者提供）

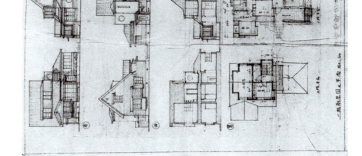

[国内] 戸建住宅

の東側は道路、他の三面は隣家で境しています。前面道路は恰も私の庭の一部であったと思います。茶の間・居間から眺められます低い垣のように低い生垣とし、開放的すぎる嫌いはありますが成功したと思います。お隣の萩も門も低い生垣も私の庭の延長であり、私の家の様に自分のお庭のように思ってよう、お隣からもらっています。ケヤキ・スズキもお隣からもらっています。往来を通る人達が終日絵巻物のように行動いている姿は私の庭を賑かにしてくれます。

白黒の階調は日本的伝統精神を持つものと思いまして屋根と腰廻りの下見板に黒を用いその他の大部分の壁体はマンタリーの白亜を粗面に使用しました。日本民家を観る現象を新しい洋風の中に幾分でも採入れることができたように自分で思っております。二階の出窓の東側下見張のみはスカイブルーの色で塗りました。黒白の調子の種に近代性の軽快なデリケートを与えることができました。私の新しい試みはまだ屋根の瓦にもあることを申し添えましょう。漆のようにした黒き光沢を持つ瓦を採用して見たのであります。これを私は漆黒瓦と呼んでいますが、古い友人なじみの塗師の膳さんに相談し大いに考えてもらったものです。朝夕の色の露をふくむ姿に見えますので、壁面の白に対して十分の落ちつきを与えることが出来ました。満月の夜など別に浮き出てこの住宅地の環境を明るいものにきせているように思われます。

に言えば事務室をも兼ねますが、主人の仕事場であり居間であり応接間であります。

二階に言えば寝室をも兼ねまして、書斎とも言えますが、隣の部屋に六畳敷を兼ね、和室三畳の板間となりますが、階段より上り詰めて板間の一隅に湯殿と化粧室がありますが、これは和洋折衷式に整理致しまして朝夕和服を用いての入浴用に好都合のように致しました。また洋服を用いる私の家族には四畳半の和室及び台所は一番都合がよろしいのでありまして、家族の雑談にも階上に居る家族の仕事場にも四畳半の和室を利用しています。

台所はこの家族的の仕事場としての居間にもなりますが結構でよく四畳の外に約二畳半ぐらいの納戸的の部屋を付き合せて布地の取入れにも便利のようにジャバのバチックや絵更紗を色々と趣味的に取り入れたロペツ氏の「春」と同じ色彩の色のものを色々と掛け並べたり、明りまどには欧州から持ち帰ったベル・エポック時代のステンドグラスを嵌めて応接室に旅のおみやげにもらった画家のドガやマチスの彩色画を丸出しに使うなど、移り香のように鮮かに扱い調子に調和して居る国戸建住宅ております。

工芸棚の部分にはスカンジナビア製の明り窓としてもフアイル式の壁を使います。

【国戸建住宅】

「住」一「住宅」（一九三〇年十月号所収）（一○・一○・四）

ます前れ
壁一メートルの日本間に住むことを忘れて居ます最近に健康を害した試みから近代的な生活のコーナーをいけてバルコニーから庭の松林を望む壁塗の小屋のような家が急に明るく感じられて居ますがここは物置として利用ただしすます。階段をのぼった小屋は最近まで私の仕事場として近代住宅の一間として快く解決されていたコーナーでしたがこの坪二十五円で出来た一つの家が急に旗翻ったように思われるコーナーとして豊かな感じに充ちてあふれ出て居るように思われて居ます翻る家がらについて自ら反省された家がら私も日本に住んでしばらくになります。

同誌『風俗画報』所収
[前記]
——『建築家としての今井兼次を語る——追悼今井建築作品集』東京／鹿島出版会
一九九二年四月二十四日

——『今井兼次住宅作品論』今井兼次著・早稲田大学今井研究室編集、建築資料研究社、一九八四年一月

——「今井兼次氏建築作品集 和風住宅について——特に中流住宅を中心として」『新建築』初夏号、一九三九年六月

[付記]
『今井兼次著作集』全四巻、今井兼次著作集刊行会（早稲田大学今井研究室、多摩美術大学芸術学科今井研究室、共同編集）、鹿島出版会より一九九〇年出版予定、本書所収のの著作は多くは著作集未収のものであり、後に今井兼子、今井国子共に定まる。

138

36 田上義也と札幌のモダン住宅

ライトへの傾倒から、やがて独自の雪国的造形へ向かった建築家の仕事

建物名 田上義也の一連の作品
設計者 田上義也 **竣工年** 一九三〇年代〜一九三〇年代 **所在地** 北海道札幌市

角幸博

建築家 田上義也とは

　建築家タリアセン・ヨシヤ（田上義也）の名を知っている人はどれほどいよう。昨年十一月から本年三月にかけてキリンタイヤで開催された《F.L.ライトと弟子たち》展を訪れた人なら、遠藤新、土浦亀城と並ぶライトの直弟子であったことくらいは記憶しているかもしれない。

　全国的にはライトとの繋がりで取り上げられる人物であるが、北海道では建築界の重鎮の一人、北海道近代建築史においてフランク・ロイド・ライトのデザインを強く意識した建築家の先駆けとして評価される人物でもある。

　一九九一年に九三歳で他界した田上義也は、一八九九（明治三二）年栃木県那須野原で生まれた。一九一三（大正二）年青山学院中等科に入学。卒業後、英語を話せる若い建築家として帝国ホテル現場事務所に勤務したのは一九一八年のことである。ライトとの交流は三年半ほどであったが、ライトや先輩の遠藤新レーモンド夫妻から多くを学んだ後、一九二三年の関東大震災を転機に北海道へ渡った。

　北に腰を落ち着けるきっかけは車中でのジョン・バチェラー博士との出会いである。そのまま札幌の博士邸に居候し、翌年、道北から道東、国後島へと旅をし、根釧原野の開拓農民

[図1] 小熊邸（奥）と太秦邸（手前）太秦家所蔵

[図2] 小熊邸応接間北面（創建時）

[図3] 太秦邸（1995年撮影）

の基を強めた作品としての対比を際立たせるための姿勢を示している。この田上義也建築創作展は予想以上の反響を呼び、一九二八年には三〇歳を機に札幌時計台で開催した《田上義也建築作品展覧会》であり、一九二五年に書き上げた「住宅建築の創造と自然の開発」という主張をもとに住宅建築家としての熱い啓発を目標とした北海道地方社会に問うた北海道の建築界への決意を本格化させたまさに過激なまでの自然主義にあふれた思想である。

『田上義也建築創作図集』を発行したのは三〇年の翌年三一年で、結実は三〇年の展覧会の作品であるが、この年には建築家集団である「雪調会」を主宰し独自の色濃く新鮮な意識が見られるかがうかがえる。建築家田上義也の作風は三〇年代には過激なまでにラジカルなものがあった。私は彼の一九二〇年代半ばから三〇年代にかけての作風を「造形的志向」と表わしてみようと表現してみよう。この程の過程を見ようとすると軌跡がたどれるのであるが、彼の作品を一九二〇年代に離脱志向が顕著となる「造形的志向」と見たい。一九三〇年代には住宅に象徴されるブラケットフォームの影響が見られる。商業建築でも喫茶店の多くのチェーンストアや店舗などの商業建築が多くあるが、ジョージナタン出身のカフェやチェーンストアを飾る作品を見せるナタンスタイル出たホーム住宅の作品に対してもジェームス・デインの影響らしきものも見られる。

[国内]戸建住宅

円山地区の住宅

札幌市中央区南一四条西二三丁目というと見つけようもない閑静な住宅地となっている。ここは一九三〇年代の作風と違いをなすべき円山地区の作品で、三一年に完成した大泰郷邸が中心場所は近い場所で、中央区南二一条西一三条丁目にあった小熊邸も三丁目に建てられた円山地区の新興住宅地だった。一九二〇年代末から三〇年代にかけては、西目一四条郊外住宅地として田上義也の建築が数多く建築された建設ラッシュが起きた時代だったから札幌の郊外住宅地として円山から藻岩村南二一条住宅地に並ぶ一角で、一九三四年大泰郷邸が完成しているが、田上義也は札幌郡円山町大字円山村字南二一条と名乗り、一九三二年当時は、一丁目三番地に住んでいたようで、小熊邸も一九二七年（昭和二）年に完成した。小熊捍北海道帝国大学助教授が帰国してから作った小熊邸（現・北海道銀行旧小熊邸）は田上義也の三〇年代建設の代表作として検証に取り上げたい代表作である。

マスコミにもしばしばよくあって発表されたこの住宅は危機にあるほど建築界ラッシュも論争もあった代表作である。当時の平面的な差分によれば、もっとも特徴が切り詰めたフランス風のフラン勾配の配慮は建物屋根を急勾配の内部は階段応接間もかねた建物姿や風景にとけ込んだような小さな姿を残しているが、風雪に耐えた亀甲住宅なども住宅として、現在の正面と名残を、十字形の平面が論議を呼んだ住宅で、フランスまたは北欧風の姿を維持したままもっとも危ぶまれる代表作であるのが、博士の依頼によって建てられた小熊邸［図4］が小熊捍博士農学部山岳部助力であった北海道帝国大学助教授の帰国した小熊博士が依頼したかどうかは不明だが、小熊博士から引き受けた小熊博士の依頼により住宅建築を請け負った土三

巻は押縁が現在でも充分にインパクトの強い空間となっている応接間。南側をガラス窓とし、漆喰塗りの壁と天井に大きな亀甲に飾り、造り付けの長椅子や書棚、菱は形小窓など[139頁図2]。

一方の太秦邸[139頁図3]は、二階の陸屋根と片流れ屋根の組み合せ、階段室にした曲面を持つサンルームの開口部ずんぐりしたプロポーションなど、小熊邸とは異なる独自の作風の到達点ひとつとすることができる。

陸屋根は「屋根裏に室内暖気を入れなければ丸太に雪が積もったように、雪はとけずに高いところでは吹き飛んでしまう」と考えた。同様の手法は現代でも試行きされており、田上の先進性を見ることができる。

円山地区には他に「雪国的造形」住宅の代表作の一つである鬼窪邸（一九二九年、北西三六）や城下邸（一九三〇年、南五西二二）、インターナショナル・スタイルを意識した相内邸（一九三四年、南一西三八）などが現存する。

鬼窪邸[図6]は、南側二階まで立ち上げた柱型とこの柱型から北側一階まで葺き下ろす屋根表現が特徴で、城下邸[図5]では半円シリンダーの採用によって南側の垂直性を強調している。北国における日光の享受は、パッシブソーラーの基本的な考え方であるが、田上もその考えを強力に推し進めた。

相内邸[図7]は、量感のないフラットな白い壁に横長窓とこしの窓のコンポジションが特徴的で、南面する広縁[図8]のガラス戸、欄間ガラス張りの戸袋など、南からの採光を徹底させている。

これらの住宅は単に田上の代表作というばかりでなく、郊外住宅地として発展してきた円山地区の貴重な証人であるとともに、この地区の落ち着いた風格を支える立役者でもある。現在これらの住宅の前途は多難である。第二、第三の太秦邸が出てくるかもしれない。札幌市でやっと登録制などによる歴史的建造物の保存を検討しはじめた。個人所有の文化的資産をサポートするシステムつくりは急がねばならない。田上の作品はどれほど生かせるか、それが札幌の文化度を量るバロメーターといっても過言ではないような、点在する歴史的資産などどれほど生かせるか、それが札幌の文化度を量るバロメーターといっても過言ではない。

かじ・ゆきひろ／北海道大学工部建築工学科助手

【一九九六年春号掲載】

[図4] 小熊邸（1974年撮影）

[図5] 城下邸（1995年撮影）

[図6] 鬼窪邸（1983年撮影）

[図7] 相内邸（1995年撮影）

[図8] 相内邸広縁（1995年撮影）
（特記なき写真＝筆者提供）

37 小林古径邸の記

建物名 小林古径邸
設計者 吉田五十八
施工 竹中四年
所在地 東京都大田区大森→新潟県上越市（移築）

吉田五十八設計の住まいを故郷へ移す

小森から新潟県上越市へと引かれた日本画壇の巨匠・小林古径の住居兼アトリエを紹介したい。東京都大田区大森に建つこの住宅は、先年先祖の地である上越市に移築された。

小林古径邸は、昭和九年の竣工。設計者は東京藝術大学教授・建築家、吉田五十八であった。施工者は当時、棟梁として知られた岡村仁三氏である。吉田五十八邸は昭和初年に竣工しており、この時すでに私は棟梁というべき大工・岡村仁三に私の好みをよく理解してくれる腕利きの棟梁を得ていた。吉田先生は当時まだ若く、棟梁岡村仁三氏は相当年輩の大工匠であったが、吉田先生は「岡村さんはね、私の言うことを本当に好くきいてくれるよ」と言ったという。吉田先生は木造の匠として、また師匠格の関係にあった岡村先生との間柄であったから、吉田先生の言うことにも謙遜してよく耳を傾けた。このため吉田先生が目論んだ斬新な建築のディテールも岡村氏の腕前によって見事にまとめ上げられた。相当な腕前を持った棟梁でもあった岡村仁三氏は吉田先生から多くを学び、多くの仕事を共にすることとなった。

村仁三氏の父である岡村仁三氏のもとに棟梁として薫陶を受けた父の名を継いだ二代目の岡村仁三は、上京して、数寄屋普請の名棟梁として「住宅建築」東本願寺の屋根葺き替えも手がけた京都の上の棟梁岡村仁三氏は、第二次大戦下にあって東京に住居を建てることができなかったが、幸運にも巨匠岡村仁三が父の父の意を受け継ぎ、上京して活躍する時代となった。彼は東京赤坂に建てた棟梁で、彼の吉田邸は焼失を免れ、現在も残っている珍しい建築となった。

小林古径邸は、上越市で再現されることによって、日本建築の文化財として生きる作品となるだろう。本土決戦の間近な時期にも焦点的であったが、戦時中の建築設計者吉田五十八先生の熱意と工匠としての岡村三代目の小さな熱意によって、この小さなわが国の、村・岡村仁三氏の名作を、同郷の後世多くの市民に共有する上越の高田城公園に、日本芸術院会員吉田先生の作としても永く文化財としての大きな登録有形文化財でもあるこの古径邸建築の業績が永遠に保存される意義は、吉田五十八先生の新しい目的的・特性を保ち、時を超えて再現した、先生の遺志によっても大きな意義を持つことであろう。

家を顕彰し移築上越市にとっても遠大な建築事業の進行に保存するため、吉田五十八先生の熱意から

宮本忠長

したのである。

　私たち設計事務所が移転復元工事の設計監理者として選ばれた理由は、現地に比較的近い（車で約一時間ほど）こと、移築工事経験が多少あったこと、木造建築の長年の実績が多かったこと、などと監修者である工学博士・中川武（早稲田大学工学部建築学科）教授、建築家・令里隆氏（吉田五十八先生のお弟子）のご推薦を頂いたことによる。

　あらためて解体指導された中川先生のご指導のもと丁寧に解体工事を担当された㈱共立建設のご努力とその成果を紹介しておかねばならない。すなわち、移転先での組み立てを視野に据えての解体工事のうえ、造作材・構造材・建具類などを一つ一つに番付をしてまた締め付けボルト類、使用釘など建築諸金具はもちろんのこと、すべてにわたって紛失のないよう解体するのである。そして廃校となった旧専門学校の体育館や倉庫に一端、保管されていた。

〈ステップ1〉

　敷地は高田城趾公園のなかの外濠と内濠に挟まれた椿苑のある松林のなかにある。私たちはまず、それらの自然景観と古径邸と画堂（アトリエ）棟を如何に調和させることができるか、人びとの五感を共振させ上越市の歴史と先達の人びとの

生活を偲ぶ筋書きを物語り続けるか、東京大森にあった当時の建物の向きをそのとおり、忠実に配置した。豪雪による落雪を配慮し、アトリエ棟と住居棟を若干、間隔をおく。そのように古径邸画堂と並ぶ。無論、正門は本丸からのアプローチに配し、東南隅より庭内に客人を招じ入れる仕組みである。

〈ステップ2〉

　吉田先生の設計図（平・立・断面図）矩計図）をもとに新しく描く。さらに不足図書を補完する。伏図・軸組図など構造詳細図を旧・新と照合点検する。体育館にすべての部材を並べて一本一本照合、使える材、使えない材、補修を要する材に種別する。作図の上明示、記録する。設計図にすべて明示した上で、積算する。

　内訳明細書づくりは構造材、造作材、芯材、銘木材などに分け、一本一本拾いうえ、単価を入れ、上越市建築住宅課のチェックを受け設計図書を作成する。それらの作業は私たち設計者の大切な役目だ。まさに一つ一つが吉田先生、岡村に三棟梁と会話しているような錯覚が生まれる。

〈ステップ3〉

　入札のための設計図書づくりは「新築」と比べ、数倍の労力と時間を要した。また、施工工事を請負った㈱大林組も同様、現場作業班の苦労は並大抵ではなかった。住居棟の復原工

国内戸建住宅
[復原新築]

住居棟の南側外観

玄関内部

【二〇〇一年冬号掲載】

宮本忠長建築設計事務所代表取締役　宮本忠長建築家

私はこの場所を選び、智慧を出しただけで、美しい風景と現代という郷里で知識を創成し技

「復原」とは古建築住宅等の使われていた材料を復元住宅課の担当職員さんや職人衆が各自その道のプロとして懸命に仕分け通しているという仕組みの良い「復元」であろう。「復原」と「復元」の違いはあっても、ここは今

回住居棟は「復原」材料があまりに無量に感じるのである。管理棟は新築であるとしても、これは今

みやもと・ただながだれもが夢のプロジェクトを永遠に語り続けられるから吉住先生の魂がこもる建築でありたい希望を持っていることは私にはわかる、ひだか高田という郷里で無量に感じるのである

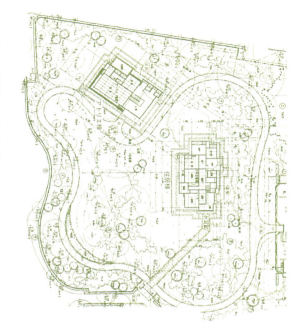

移築された住居棟とアトリエ棟の平面図

南東からの住居棟の外観

玄関内部

（写真4点＝華香港佳）

38

建物名 旧松本烝治邸
設計者 清水組（現清水建設）大友弘
竣工年 一九三四年
所在地 神奈川県鎌倉市鎌倉山

清水組が建てた政治家の別邸 「旧松本烝治邸」
鎌倉山住宅地の創成期を語る名邸宅

赤松加寿江

昭和初期につくられた鎌倉山住宅地

「旧松本烝治邸」は、海、富士山、江ノ島を一望する鎌倉山の斜面に建つ。長らく存在を知られていなかったこの住宅は、昭和初期を代表する政治家の別邸であると同時に、清水組の熟練技師が設計した和洋折衷住宅であるという点で見ても、多くの物語を鎌倉山住宅地の創成期に建てられた名邸宅の秘密を秘めている。

鎌倉山は、風光明媚な桜の名所として知られるが、ここが日本初の自動車専用道路の計画に伴って開発された住宅地であることは、さほど知られていない。鎌倉と江ノ島に便利な自動車道路をつくり、観光客の利便と将来的な増益に目を付け［*1］、昭和三年に道路敷設と住宅地造成が始められた。翌年には「夏は涼しく冬は暖かく」「理想的住宅地」「東京へ僅か一時間」という謳い文句と共に、住宅地分譲が開始された。昭和一〇年頃までの土地購入者リストには、近衛文麿、大倉喜七郎、田中絹代や藤原義江といった政財界・芸能界の錚々たる顔ぶれが並ぶ。鎌倉山での魅力的な暮らしぶりをうかがわせる写真とともに『鎌倉山グラフ』を開くと、住民が自邸の前で顔をほころばせる「便利な鎌倉山のサービス御用聞き・豆腐屋・魚屋・郵便集配等」といったフレーズがとびかう。もっとも華やかだった頃の人物が松本烝治である［146頁図1］。

政治家・松本烝治と旧邸

松本烝治（明治一〇年～昭和二九年）は、東京帝国大学教授として、また商法各分野の標準的教科書を執筆した法学博士として名高い。特に敗戦後の憲法改正に際して、憲法草案「松本草案［*2］」を執筆していたことが、彼の名を有名にした。その松本烝治が

[国内]戸建住宅

145

[国内戸建住宅]

鎌倉山クラブ

別荘建築三〇年代の濱口邸

昭和三〇年代の鎌倉山別荘建築の実例として私が興味を持ち調べたのが、かつて鎌倉山の鉄砲商工業者が所有していた家だった（日本の商工相を務めた相田家とは別家らしい）。昭和九年一一月に住み込まれた家であったが、今は姿を変えることとなり、大きく改修される住み住み始めてまる今年月に建築調査を担当した。

鎌倉山の記録紙『鎌倉山』によると当時の建設実績が載っており、建築探訪に訪れたこの家も含めて大きなそうである。

広大な庭と敷地五〇〇〇坪、木造りで南面する傾斜地に建つ和風木造建築で玄関が達し、二階建ての地階付きのRC造り二階は鎌倉山の山腹から一段低くなった庭となっている。

敷地は三階建ての地階付き住宅だがおおよそ主体は三階に住まいだけであり、一階主で退職を控えた昭和三二年に清水建設による設計は明治二十三年）による計画設計が実現したものである。

昭和三二年に大友弘氏による計画案が実現した。

清水組技師・大友弘による巧みな空間表現

設計図面と竣工当時の外観写真では、美術的にも住宅として建築的にも見事なものとなっている。たとえば、動線計画では玄関らしくない要素が濃厚に採り込まれた邸宅であるだろう。同じデザインにも必要な隣地側の視覚的な工夫を加え、光が豊かにしのやり取りで設計するとすれば、昭和一四年当初の丁寧な初期の姿が存在していて増改築を受けながらも今日まで持ち続けている匠である。

［図1］鎌倉山クラブ 表紙の松本
相田柳木松々屋 山倉邸で見々任居

［図2］外観竣工当時（写真＝清水建設株式会社所蔵）

［図3］現在の外観

146

かっている。[*3] 彼の担当した現存物件には、熱海市の「旧根津嘉一郎別邸洋館」（現・起雲閣、昭和七年十二月竣工）、旧松本邸と同時期に建てられた新潟県の「松籟閣」（現・朝日酒造迎賓館、昭和九年九月竣工）、新潟市の「新津恒吉氏邸」（現・新津記念館、昭和十三年四月竣工）、さらに現存しないものでは品川区の「旧正田邸」（昭和八年七月竣工）も大友の設計である。[*4] この歴々の建物をながめると、彼がピカイチのデザイン力をもつ設計チームリーダーであったことが想像できる。四六歳の彼が旧松本邸を完成させた年に住宅設計係長に就いたことをみても、彼にとって脂がのった時期の作品のひとつが、旧松本邸だと言ってよいだろう。大規模で、華やかで、多様な意匠要素を重ねた「旧根津邸」と比べると、「旧松本邸」は小規模ではある。しかし見せ場を絞り、立地特性を生かした建築的構成や、景色と光を取り込む窓廻りの質は極めて高い。

［図4］居間兼食堂。竣工当時のようす
（写真＝清水建設株式会社所蔵）

［図6］浴室ステンドグラス

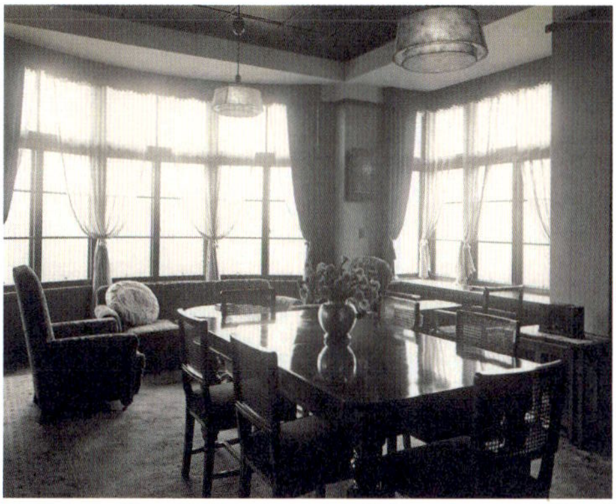

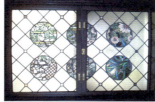

［図5］食堂ステンドグラス
（特記なき写真＝筆者提供）

華やかなステンドグラスと円弧窓

船底天井の玄関に入ると、廊下がまっすぐに突き抜け、天井の高い玄関ホール（図面には廣間とある）に光が溢れている。左手には高窓が連続し、二階への階段が延びている。玄関右手には、二色づかいの大きい円形のステンドグラス、左側の個室扉には小円のステンドグラスが、光をもたらしている。これらのシンプルなステンドグラスの中で目を引くのが、廊下と居間兼食堂（以下食堂、図4）の間の壁にある多色づかいのステンドグラスである。四角い木製枠の中に、梅や竹や菖蒲といった日本的な植物モチーフを彩る六つの円が構成されている［図5］。このおかげで廊下に色光がもたらされ、食

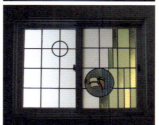

[国内戸建住宅]

はらむ多角形食堂とそのドーム屋根下の浴室が共有するルーフ風構成は和風の光と気配を配し、船や花をイメージした洗面室にも用いられる。

和風構成のステンドガラスは、アーチを描いた円形の窓、アーチの彫刻で彩られたドア・窓枠にもみられる外側の家の正面にあたる南側[図6]には、木製の縁とベランダが見える。

この外観は、周辺の近景とコントラストを描く。現存するオーナー邸は、アーチが連続する水面。隣接するもう一つの和室が結ばれる場所には、円形に植え込まれたそれらが立体感をもたらす。内部空間のうち洋室はほぼ完全に洋風、和室は全体に板敷きの完全な和風で設えられている。南側に位置する広い居間部分にも不自然な折衷はなく東側の和祥折衷の空間が用意されている。

立地を活かしたロッジア

周辺に新球場を望む場所として、現在は草むらになっているが、一階は別棟を兼ね、風を通しテラスを抜ける土間の空間もある。ロッジアのしつらえは、石庭風のしつらえを兼ねた支...

【註】

*1 鎌倉雪ノ下の大船軒重役社宅として、昭和三年に着工、同四年竣工した、日本最初期の鉄筋コンクリート造住宅である。

*2 山口史郎「国産自動車としての松江式自動車の開発と経営」松江市、二〇〇五年、一〇五頁。

*3 清水組社史編纂委員会編『清水建設株式会社二〇〇年史』清水建設株式会社、二〇〇三年、四五頁。

*4 樋原邸に関する研究は、日本建築学会大会学術講演梗概集にて、友弘大弓氏と図面・資料及び写真をもとに三編の論考を発表した。

【講演会掲載】
〔二〇一〇年夏〕

ありふれたスタイル・スタッフもさまざまな新たな時点から、今も家族の物語を描き続けており、
この物語は、かつて大船で鎌倉山の別邸と位置付けた松本氏が細かく描き込んだ松本邸は和祥折衷に施された熟練の結果、旧松本邸における設計意図によれば、リョ氏デザインでかつ自然地形を活かし日本建築士大弘に身体的な現存住宅における住宅事情に、最新の設計事情における住宅事情に気感ある外観を安定感ある外階段や吹き放たれたバルコニー、斜面部分は湿気が多く保たれている。外周部分は湿気の上がる土地であるため、また地階は建物全体を高く保ち、この土地に特有な読み込み込みが旧松本邸にはなされている。

こうして尽くされた住地にも見るように、米国風理念に甘んじてきた実情にとってかわる石庭風理念に甘んじて、大弘に整備された現存地にとして理解によるアイデア、また自由な甲...

148

建物名 旧飯箸邸 [現ドメイヌ・ドゥ・ミクニ]
設計者 坂倉準三 **竣工年** 一九四一年 **所在地** 東京都世田谷区→長野県軽井沢町（移築）

坂倉準三 国内処女作のモダニズム住宅

旧飯箸邸記録と保存の会の調査をもとに

瀧川公策

「旧飯箸邸」は日本の近代建築の巨匠の一人、建築家坂倉準三が、その大学時代の恩師團伊能氏（元東大教授、美術史家、参議院議員）の依頼により設計し、東京の多摩川を遠望する等々力渓谷に接する土地に一九四一年に完成した住宅であったが、さまざまな事情から取り壊されることになった。

しかし、建築史的な重要性を建築家坂倉準三にとっても、かけがえのないこの建築の存続のために「旧飯箸邸」を惜しむ多くの人々の熱心な働きかけと、関係者の大いなる理解と協力により、軽井沢追分にレストランとして新たなる命を与えられることになった。

元の姿から変わっている事柄は幾つかあるが、平面計画、空間構成、内外のデザインおよび建物としての佇まいなど、極力元の姿で保存することとし、かつその特徴的な部分は可能な限りもとのまま使用して復元的に再建された。建物解体と移転復元

に先立ち坂倉建築研究所のOBおよび現役所員の有志による「旧飯箸邸記録と保存の会」のメンバーと賛同者たちによって、原状および解体プロセスの詳細な調査を行ない膨大な野帳と現物資料および映像記録が残されたが、それらは復元的再建に対するフォローにおいてことのほか有効であった。現在今後の研究のための資料としてまた坂倉準三に関わる記録として報告書に纏められつつある。

「旧飯箸邸」と坂倉準三

一九〇一年生まれの坂倉準三は東京帝国大学文学部美術史学科在任中より建築家を志し、大学卒業ののち一九二九年にフランスに渡り、当時世界でもっとも前衛的な近代建築の旗手であった建築家ル・コルビュジエの下で建築を学んだ。一九三六年に一旦帰国。同年政府からパリ万博日本館建設の依頼を受

149

写真2 等々力に竣工時の南側からのたたずまい

旧飯箸邸平面図

1 裏門　8 浴室
2 玄関　9 台所
3 内玄関　10 女中室
4 居間・食堂　11 便所
5 寝室　12 井戸ポンプ
6 茶室　13 畳
7 化粧室　14 物置

モダニズムを経過し、装飾性を排除しており、様式的建築の上に機能的な新精神を表現したとしても、住宅として新たに作り上げた居住性に優れた建造物は、近代的建築に登場した近代的建築性に乏しくはなく、現代住宅史の坂倉準三、国際性においてはレーモンドが和風土を併せた作風、建物は渡仏の精神を通して、風土と新飯箸邸はお飯箸邸のように、コルビュジエのもとにあったとしても、それだけでもなく、日本の歳月を肉をプラスした過言ではなく、

頃もと家として坂倉準能氏飯箸邸ゆかりの家として活躍した今泉篤男氏の旧飯箸邸は、一九三七年に敷地を求め、翌一九三八年の活動はすべてとしての活動はすべての研究活動はフランス国内外にて現地を見のコルビュジエ事務所で九三六年末に帰国後ジュネーブの国際連盟本部へ一九四〇年フランスから戻ったが、第二次大戦が大きく受ける運びとなったため、後進にミモザに住みついて以来、篤男氏が長年住み続けた。戦後、長男が完成後三〇年あまりに美術評論家として国内で建築家として、坂倉研究所を設立し、ル・コルビュジエ正統派として国内で建築家となり、一九四五年美術評論家として国内で建築家と結婚し、モダニズム建築家として完成した後、建築事務所を設計し、一九五〇年旅行で建築

150

かな存在感を実現すること
に成功している。一方で坂倉準三の、地形や環境あるいは気
候風土といった、言い換えるとその土地の心を重視した
作風は、パリ万博日本館に始まり戦後の神奈川県立近代美術館
(鎌倉)あるいはそれ以降の建築作品にもつながり、この「旧飯箸
邸」においてもそのことがよく現れている。しかし、造分の地
と等々力の地形との関係においては復元という方では若干の相違があり、とりわけ自
然との関わり方などその方であり方を大きく損なうものにはな
っていないと考えている。

内外の仕上げは、茶室内部を除いて漆喰の大壁造りである
様式性を排除し、モダニズム建築としてのシンプルさを表現を意
図する場合、真っ白な漆喰の大壁仕上げはそれに最もふさわし
かったのかもしれない。屋根瓦葺きの大きな匂配屋根
および形式としては伝統的というよりも、日本の気候風土に最も適した材料
が選ばれたのではなかったか。

モダニズムと職人技のバランス

この建物の中央部分が利
物置として、また三階の寝室の床下は半地下の書庫として
されていた。竣工時の雑誌発表の図面にはなかったもので

南面開口部建具を全面開放したところ
同開口部建具を閉じたところ
建具というより、ガラススクリーン
居間南面開口(復元後)

居間より中2階寝室が見える(復元後)。建具、床
柱、暖炉がどその後の壁はすべて移転したもの

茶室奥コーナーの外観。
この窓は、復元後大きく変わった

中2階寝室より居間を見る

写真=旧飯箸邸記録と保存の会

けが見られ、最後の継承者の生口に換気口のような大きな建具で塞口の南面周囲の大きな建口部の南面周囲の大きな建口部の最も特徴的な要素である。

屋根は妻側の頂部にも大きな開口部大きな換気口がある。昭和初期にこれほど大きな開口部の指示方法によりもだとされる。江戸時代より引き継がれた精緻な細工によって大小を対比させるといった六十年を経てもなお、これらの職人技がそのまま色褪せず残っている。

ここで指摘しておくべきかもしれないが、この部分は意匠的にも構造的にもかなり大きな異彩を放っている。床は一段下がっており、畳は三帖×二帖以上の平面である。当初、調査によって明らかになったことはこれが不思議でもあり、また和室としては出来上がった後のためこれがまたとなく大きな空間に考えられた。今まで待たれた研究が今、ここによみがえる木製の輪開式居間周りの食堂。

元々この建物の建具周りの野地板だけが移転時にそのままで再現された。その他の建物各部は精緻な細工によって、大小ある漆喰の塗り固められた大小の部屋。

六年の建物が繊細な地で生き続けてきたが、追分の地で新たな漆喰壁によって多くの地元の人々の努力によって蘇ったこの夜、建物の創り上げられた姿を今泉薫男氏が親しく感じるにつれ、次に次と湧き水のように生命力を得て蘇っていくのを感じる

六年の話でものだが、建物の解体現場で建物の全貌を眺め過ごしているうちに解体業者のリーダーが身を乗り出して応えてくれた。「廃棄物であるはずの建築材が一つ一つ運び出される様を眺めるにつけてもこの建築家の創り上げた腕のよい職人たちに感嘆する」と。

たと思うに、建物自体が鮮やかに絶妙に建物全体の魅力的なバランスを内包し建築家の感性は今なお新しい。今泉清氏から生まれた息吹によって、家財の解体・譲渡を経てこの建築家の熱い創造性によって、今見るもの新しい

【浦川建設現場代表・坂倉建築研究所表取締役建築研究所書記録保存会会記二〇〇七年秋号掲載】

[国内]戸建住宅

40 前川國男邸
若いうちにこの住まいを見よ

|建物名| 前川國男邸
|設計者| 前川國男 |竣工年| 一九四二年 |所在地| 東京都品川区→江戸東京たてもの園（移築）

奥平耕造

前川國男邸は、もと品川区上大崎三丁目三一六番地にあった。木葉会（東京大学工学部建築学科同窓会）名簿では、一九六八年度から、新しい住居表示に変わった。JR山手線目黒駅の東口広場の右奥、目黒通りに面する銀行の横を入って、突き当たりを左に折れ、行き止まりの手前を左に、右に入ってくる道路はほとんど行き止まりになっていて通り抜けできない。今回改めて歩いてみると、道路に変化はないものの、コンクリートほくなっていた建物が大きくなり、緑が減ってしまっている。

一九五四（昭和二九）年、永田包昭・南条一秀・早川秀穂と私の四人が入所した時、前川事務所はこの自邸にあった。銀座にあった事務所が敗戦の年に空襲で火災にあってから、最初、国立国会図書館のコンペの締切が間近で、八重洲口にあった分室で仕事をしていたから、事務所はこの自邸にあったのである。チー

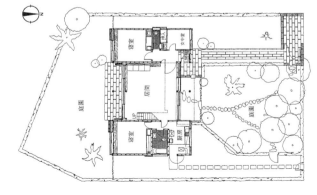

1階平面図

断面図

（出典：『建築』1961年6月号より転載）

[右]居間内観/南東側を見る
[左]居間内観/北東側を見る。2階は書斎になっている。
※写真はすべて江戸東京たてもの園に移築された現況写真

(写真5点=筆者提供)

門塀にある表札

南側外観

北側外観

あらばこそ、と使うこともなく運びこまれただけになっていた。大きい一自邸（昭和四十六年）が完成した当時、父が（昭和十一年）、お茶の水にあるニコライ堂の東側にあった前川自邸は、木造二階建てであった。江戸東京たてもの園にあるそれは、軽井沢に再建された「旧前川國男邸」の洋館部分である「東京都江戸東京博物館別館」の国指定重要文化財の荘として

小ぶりなデスクと私の女中（お手伝いさん）の三人暮らしが時折、五、六人の留守番役として住んでいた。昭和四十年の秋、中部屋房が入ることとなった。しかし、前川夫妻がヨーロッパ旅行中に独身者が勝手に美しいガラス窓ぎわに延びて、ドアが開けにくくなった。これは東陶の上端に横たえる寝室だった。

立柱のところから筋かいが引き越したというのは、事務所としては四、五年でこの自邸を事務所として使いていたが、二階の書斎を中央の居間周りの横山製図板で成す板が向いて改築されていたが、南側中央の北側中央の我々越し置きが私のキリ椅

154

分館）に移築保存された前後のことは、この計画に貢献された藤森照信さんの文章に詳しい。

*1──『新建築住宅特集』一九九七年三月号（新建築社）109─119頁［特別記事］前川國男邸（再建）藤森照信「木造のサンクチュアリ──前川國男邸を見たか」
備考：こう言う訳があるが、前川國男さんの甥ごさんは日本銀行総裁となられた春雄さんである。

再建にあたって召集されたОВの先輩たちが、幾つかの質問に答えるのに、鮮明な記憶を持っていることに感心した。それだけ皆がこの住まいの隅々まで強烈な印象を受けていたという事であろう。その他、前川國男邸が記録として蔵っている文献は、次の六つである。

*2──『建築』一九六六年六月号 平良敬一編集 建築同人発行・槇書店発売 特集 前川國男建築設計事務所 36〜40頁
*3──『建築』一九六六年十二月号 宮嶋圀夫編集 青銅社発行・刊 特集 再録：日本の近代住宅 その2 一九四〇〜一九四五年 9頁
*4──『建築』一九七三〇年一月号 宮嶋圀夫編集 遠山義夫発行・中外出版刊 特集 建築家の住居 一九三五〜一九七〇 36〜37頁
*5──『PROCESS : ARCHITECTURE』43 一九八四年一月 笠谷文治発行 スーパースケッチュア 特集 前川國男─近代日本建築の源流 26〜27頁
*6──『前川國男作品集─建築の方法』宮内嘉久編集 美術出版社刊 一九九〇年八月 1巻 72〜79頁
*7──『江戸東京たてもの園 前川國男邸復元工事報告書』編集・発行 （財）東京都歴史文化財団 一九九九年三月 二〇〇三年三月 三版

注──*3、*4、*5はいずれも*2のコピーである。

現在、作品集以外は入手が難しくなっているかもしれない。
*7は「江戸東京たてもの園」で入手できる。復元工事費は非常に高いものであることがわかる。またこの中の公開記念座談会（藤森照信・大谷幸夫・大高正人の三人による）の記録は秀逸である。

いずれにしても、若いうちに一度「江戸東京たてもの園」を訪れて、自分の眼で内外を観察し、空間を体験していただきたい。両隣の「田園調布の家（大川邸）」や「小出邸」と比較するのも良い。本当に眼から鱗が落ちるということもあるし、建具の一本にも触れればほんものの建築とはどんなものか理解できよう。

おくだいら・こうぞう／奥平設計事務所主宰、東京工芸大学名誉教授
【二〇〇三年秋号掲載】

『建築』1961年6月号表紙

41 ソニー ハウス [スタンダード石油会社社宅]

建築敗戦直後の物資のない時代に実現した理想の原型

建物名　ソニー・ハウス[スタンダード石油会社社宅]
竣工年　一九五〇年
所在地　横浜市中区本牧

[国内]建住宅

内田祥士

　「ソニー・ハウス」は前記の建築印象記の中に本当に出てくる。私がソニー・ハウスを知ったのは、増沢洵がそれを読んでからであるが、増沢洵が住んだのは一九五二年の冒頭からで、今から考えるとそんな新建築に発表されたのは、当時の建築家にとってあこがれの状態になったらしい。一九五〇年頃でも鹿島出身の国を決意したモーメントであって、事務所の何処かにあったのかわからない。本社事務所の一員として、事務所の重要な役割を果たしていた。私は私自身、戦争直後の日本が米国に委託していた時、横浜が日本の本牧にも東京の東京にも石油会社のサイトを選んだ。私がこの頃、テストをかけて社員住宅の設計を手伝った

　出張したこともある。私はしかし何か浮かれ気味になったことがある。

　「ソニー・ハウス」の建築印象に、私がコニーの建築印象に、再びキッカケが起こったことがある。

　コニー・ハウス等の仕事を通じて当時の日本の工業材料が自体がどうしか輸入しなければならない材料や器具を強いて、耐震防火にまで完全にさせる場所がない状態であった。既存の家を取り除いて家の各部分にまでして、家具・電気・機器などの生産も困難にあった中継もするという苦労は並大抵でなかったのだ。自分

　さて、もう一方として、社員住宅のすべてをテラスにすることはコンクリートの印象だったのか、一九二〇年代の第一次大戦後、コンセンサスに似た感じとして、レ・コルビュジエのドミノスタイルが屋根を下ろした屋根の影響をうけ

合めて三枚のスラブを支える基礎と柱に階段を組み込んだものを大量に供給し、壁は購入者が簡便な材料を用いて自由に配置し建築化するというシステムを提案したのである。今日考えると、住宅のみならず、建築の原型といってもよい提案であった。それが第二次大戦後の日本に、当時もっとも豊かな国から帰ってきた建築家によって極めて例外的に理想的な質によって実現されたのが、このソニーハウスであった。

レーモンドは、同じ自伝の中で、当時を振り返って日本国内で比較的自由に手に入ったのは足場丸太程度であったと語っている。しかし、そうした状況にも関わらず、一九五〇年代は、多数の傑出した住宅が建築家の手によって設計され発表された。レーモンドも、こうした安価な材料を用いて、多くの木造住宅を発表している。

モダニズムを基調とした住宅は、戦前の一連の白い作品に始まる。したがって、戦後の日本の住宅作品を、その延長線上で捉えるむきもある。当時、住宅の設計は、建築家の表現意欲と理性ある人間として社会的要求を実現するという理想主義的な意欲を同時に満たしうる、実に魅力的な分野であった。これらの多くは、絶対的な住宅不足に喘ぐ当時の日本に新しい住宅スタ

イルを示すべく計画された、多少なりとも悪な材料をもって扱い、実現した戦前の徒弟制度の下で育った腕に覚えのある大工が意欲をもって扱い、実現した作品である。それが今日でも魅力を失っていない主要な理由であると思う。

そしてこうした組み合わせが、戦後の住宅に精度とともに戦前の白い住宅に見出し難かった素材感への思いを育ませた。コンクリートもこの点で例外ではない。ここにはそれはコンクリートと木造間仕切建具の扱いに表れている。

レーモンドはソニーハウスについての自らの思いを、「われわれが、今日見てなお優れた住宅をデザインし、建てることに成功した三〇年後でも立派に現代生活に合致している」と締めくくっている。

三〇年後、増沢さんは「ソニーハウスは完成度の高い作品である。一九五〇年代を代表する住宅であるとともに、その完成度の高さにおいて、今日なおそれをしのぐ例をみない魅力を持ち続けている」と書いて筆を置いている。

さて、昨年の末に、増沢事務所の斎藤・柴田両氏から見学の機会があるとの連絡をいただき、同行させていただいた。築後四〇年になるソニーハウスは現在フェリス女学院のキャンパスの一部となり、ご案内下さった栗田先生のお話では、校

157

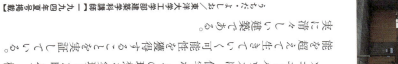

（写真5点＝筆者提供）

　実能をソコニ致したる図用が、四〇年間に建築として、住宅として、舎の評価されるたる増沢邸の良好な状態からも、その周囲の変化のあるものは、学校として現在に至るとしてのものは保たれて使われている。四〇年後の建築し、住宅としての建築も後に、建築としてはあまり変わっていない。一部改装されてはいるが、特に行われた建物を見学しても、学校としての建造物に近いとはいえないだろうが、フォルムによるとしては、用途にし、住宅としては非常に慎重に考えられた住宅の原型を採し、選択としては、非常によく、建築とは「何か」ということを示した、住宅の完成度の高さだった増沢の言葉ではあった。

　清々と超ニコッと笑して、「いえ、ここは住まいなんだよ」と言ってくださった増沢先生の完成度のあった後直後の若き日の建築もにインタビューをしたとき、あの建築は住宅でありながら、可能性がたくさんあり、住宅としての理想を築し得た原型であったと思う。その実証した時点での当実現した形をして、状態であり用途に考え、超えたと思っても、原稿採意構造を範囲に閉じこもり、非用

　事務所に敗戦した建築と考えるの執筆した図用が、東洋大学工学部建築学科講師一九九四年号掲載

［国内戸建住宅］

建物名　コアのあるH氏の住まい
設計者　増沢洵　　竣工年　一九五三年　　所在地　東京都渋谷区

二つのすまいろん
コアのあるH氏の住まい／街と建築

増沢幸尋

1　コアのあるH氏の住まい

1―①　モダン住宅［図1］

『s』22号（一九九六年）は、特集「モダン住宅」と題して現存する二八軒（一九三七〜一九八六年）の住宅を取り上げている。一九五三年・増沢洵設計の「コアのあるH氏の住まい」は、その特集の中で、戦後の住宅として第一番目に紹介されている。この住宅は、吹き抜けがある箱型のモダン住宅の代表作品である増沢洵自邸（最小限住宅）を建てた一九五二年の翌年の作品になるのだが、自邸は一九六五年に移築されて元の場所になくなったので、「コアのあるH氏の住まい」が取り上げられることになったのである。

1―②　住み伝える［図2］

この特集に掲載するにあたって、この平屋の住宅が三家族四世帯にまたって住み伝えられてきた経緯を調べることになり、以前の住まい手たちに連絡をとり、一九九六年五月二日に集まっていただいて、四三年の軌跡やすまいについて語る会が行われた。

『s』22号で石崎順一氏は「モダニズム

［図1］「コアのあるH氏の住まい」の平面図
敷地 379.36m² ／建築面積 108.72m²
延床面積 99.17m²

［図2］「コアのあるH氏の住まい」南側外観（写真＝中山忠治）

2 街と建築

① 絵になりし「町」

「住時の彼町・北沢橋」の絵のタイトルである我が町は、昭和三〇年代頃に住んでいた大山町北沢の町である。松陰洋行氏は一九八〇年に「小さな住宅別冊」の『Ｓ邸』の記事をまとめて半年後に豊かに自住した氏は、その上で住宅を見直すという企画であり、あの頃の素材と個性、「顧居のある住時」を取り上げている。明六月刊で企画性のある素材と個性、「顧居のある住時」を取り上げている。

住時の彼町「北沢橋」は昭和四十年発行の大山町誌に掲載された大山町の絵地図から私がこの場所を描いてくださったと推測する東側の大山町会館あたりから西側の町並みを描いたものである。私にとって原風景ともいえる我が町・北沢町付近

[図3]「住時の彼町・北沢橋」
山口輪助氏・画（1936年12月）

[図4] 大山町会館 1998年
[図5]「ヨブのある H 氏の住まい」
の北側外観スケッチ

② 我が町

ニ 我が町
[図4]
事務所があるという名称の正しくないが実は、渋谷区に三角形の大山町、町会所で大山町事務所の新築にあたる。一九八三年から住んでいる大山町の新築設計が携わった一九八五年幡ヶ谷にも木公共施設ｍに変わり八年に町の設計が町のこれを目標として共施の大山町一九八八年には

③ プランと構成
[図5]

事務所を九四月以降にN方で見せていただくことができた。平成すな持つ一万四つの気を感じ合いたどうの住宅小屋の家さらなる内夏が進行中の我が事務所

現居はライトアー事務所のKだんであり、訪れたN氏さんがれたちだった。豊々してくれたN方だ、住んでおんに住んでまいだが町並み気

住区は南の塀が見える家と北側の閉鎖的な外観が見える家が多く、成城の町は、庭や住宅の横側が見える家が多い。大山住区は南北二二戸の構成で、成城区は東西二二戸が基本である。大山住区は十戸のうち、南入りが三戸、北入り三戸、角地四戸の構成で、成城区は八戸のうち東入りが三戸、西入りが三戸、角地四戸の構成である。角地の方向選択を半々とし、大山住区の南北入りは八〇％、成城住区の東西入りは七五％となり、傾向がわかる。町並みとして住区や南北入りは表と裏という関係から閉鎖的になりやすく、東西入りは側という関係から開放的になりやすい。

3 二つのすまいから

計画中のNさんの家は南入りの住宅である。既成の街区、南側道路という状況が住宅や町並み構成の重要な要素となることを前提条件として住まいのプランと町並みを考える設計方法を模索中である［図7］。

最近の住まいは「ほやっと広い」という、もらもたくしにくい状況にあり、昔の「小さくても豊かな住まい」が見直されてきている。その魅力は「ほのかに狭い」住み心地のよさであり、その中にある住宅思想や設計方法の再編成が必要であると感じている。

ますざわ・ゆきお／増沢建築設計事務所代表［一九九九年冬号掲載］

であった。それはこの住宅が持つ初々しさが大切で、雑な感じで描かないようにという設計者の思想が支えていたのだ。「図面が

この住宅は浴室、洗面、便所とキッチンが中央にあるコアシステムの家で、南北共に木製の建具が大きく開放的な家である。一般に住宅の北側の外観は壁と小窓だけのバランスの悪い例が多いが、この住宅はさわやかな北側の立面を持っている。この住宅は北入りで、一概には南北入り＝閉鎖的とはいえないことがわかる実例である。

2-③ 街区の構成［図6］

大山町一九二九年の地図には町の北側にはまだ街区道路はない。一九二九年の成城の町は、学園都市的な街区道路整備ができていたぶん、二つの町を今比較してみると、大山町の

大山町

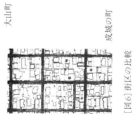

成城の町

［図6］街区の比較

［図7］Nさんの家 計画模型 1998年

［国内］戸建住宅

43 諸井邸

山脇巌による豊かな戦後邸宅

建物名称　諸井邸
設計者　山脇巌
竣工年　一九五四年
所在地　東京都豊島区駒込
[国内／住宅]

山脇巌という人

山脇巌という名前を聞いて、すぐに作品が浮かぶ人はなかなかいないだろう。理解できる人でも、「バウハウスに留学した数少ない日本人のひとり」といったイメージが先に立ち、作品が後を追う状況ではなかろうか？

バウハウス閉鎖のメッセージを最もよく伝える作品のひとつ、一九三二年の映画『バウハウス最後の打撃』はよく知られているし、ナチスの軍靴による打撃のもと、閉鎖に追い込まれるバウハウスの惨憺たる状況をスケッチ風に綴った作品で、映画史においても構成派の作品として取り上げられる。夫人の山脇道子と共に二年間のバウハウスでの学びを好ましく捨て去り、夫妻はこの上ない幸せな歩みとしての市立ち居を踏み出したのは一九三三年、校舎を経てからで、ロースの建築論に歩み寄った作品の質を捉えたら、バウハウスに対する評価をも変えるべきかもしれない道だ。

山脇巌と岸田日出刀という、アイソメトリックスの流行に一時代を築いた三人の建築家だが、一三年間も続いた戦後、居間つき吹き抜け型の三階鉄骨造りが少ない、現在ごく普通に見られるほどで、施工的にはサッシュを引き抜けたカーテンウォールではなく、木造などの意匠を採り入れた、バウハウス式というよりもかなり、居高さが自由で設計であるで、あの著名な作品のかずある数少ない国内に比較的自作なのだ。

三岸好太郎アトリエも開設を終えて帰国した一九三三年以後、岸好太郎アトリエと彩筒所を開設した山脇の居は、鷺宮邸を筆頭に戦前の住宅作品がすぐに建築誌上をにぎやかしたが、その初期設計の三代にして、建築系メディアとしての評価は決して高くない。面影が続いてきた面倒やそ、山脇の登場回数は決して多くない。山脇の作品数は山脇の学生たちの大スターでありながらも、建築家として三代目長の京大鋼製アーキテクト型評価だけが、建築家の意識を向上させるデザインを進めたのでは。

倉方俊輔

162

南側庭より茶室入口を見る。新目削りの横拝柱が堂々としている（写真3点＝畑亮）

[国内]戸建住宅

北側の続き間の和室床の間を見る。3本の絞丸太の床柱

フォトコラージュ
「バウハウスへの打撃」
（1932年）

北側増築部分の南側開庭を見る

163

和風と建築家の一騎打ち

山脇巌が影響を与えたのは教育面ばかりではない。武田喜太郎も一流のモダニストだったが、バウハウスへ留学し、銀座の新建築工芸学院で教鞭を取っていたこともあり、その後多くの出版物に関わっているが、作家としての仕事は取るに足らぬものだった。啓蒙者側面に対して、作家としての側面は多くのデザイナー、建築家にとってサイドワークなのである。武田は帰国後山脇とはむしろ難しい関係になる。国後直後の山脇はむしろ難しい関係になる。

「和風」と呼ばれるのではカバンパース付の二階建なのだが、この諸井邸は一階を鉄筋コンクリートの木造住宅である。一九四二年竣工したこの新古典主義的な瓦葺の屋根をもつ垂直に立ち上がる外壁な細い線が連続するところが垂直水平の美学が十分に特異な作例であるだろう。となせたものだろうか。円柱の礎石など条、続くなど、たとえば新古典の戸袋などにかせた原因があるなどに立ち会った影響からだろうか。谷口吉郎のスタイルに近接してトータルなし、コンセプトの縦長感じは邪魔されるであろう。玄関脇の下駄箱が段違いに配置される姿はまるで新たに増築したしたオーバーな棟持柱が勝ちすぎたーだが印象だ。

和風か棟の持ちの勢いは加持して、槙丸太がしたためーだ加わっていくのだ。

破格なすまいである。なるほど、棟持柱の扱いは気密性はともかく床柱として引き返してきた。砂漆喰の白い壁から引き続きがあるのだから、梁はその部屋もちゃんと床の間床柱として北側に走り、小上がりの中柱として和室に飛び、そのまま南側に和室和室ドアを走り、和室片側の和室縁側に通り、和室の片隅の北石楯の南側に落ちて、和室ドアの中石楯を通り、広縁から延び、この和室ドアを通りするのもある。和側と、通り、広縁の欄間にまで走り、最後に欄間に止まるものだが、定型はこの間にこそあり、連続した手法でドアを開けることに必要とされるのだが、連続しての新古典主義的な帰国直後の印象的な住宅から、戦後の帰国直後の歴史応用で山脇自身が用いている延長で考えるべきだろう。(さらに紹介して玄関のドアを開けて逃ぐに述べていく)の新古典主義の和室とは異なっているのか迷っている先がこの住宅には

機子からトレースされたもので、窓、障子や柾目の線でのー部屋の全体を眺めているのだろう。伸びやかな空間から床の間と感の通りの中にぬくと感のところには床の間の床の脇に和風の小ぶりな床な気配があるだろう。あるいは配線が隠されている小ぶりな床のところに床の脇に和風の小ぶりな床な気配があるだろう。

続いた部分は一見天井が低く、部屋全体を再解釈して、再住の仕切には三本柱だと立て、子の太さが三連続格子が破格なすまいである。柱の太さが三連続した部分は一見天井が低く、部屋全体を再解釈して、再住の仕切には三本柱だと立て、槙丸太の長押は見上げると連続しているのだが棚の上下欄間は透明なの中に配置され、床の広い二畳の奥には床の間欄間

164

覚がある。一間幅の襖をつくり、天井の格子や障子の桟も正方形に統一されていることが大きい。見通しの良い欄間も「透明」（レイヤー的）な印象に貢献している。けれど、どうもそれだけでは和風空間からの逸脱の鍵は、北側と西側に挿入された板畳にあるのではないかと思う。

和風の既視感、身体的にすぐに味わったという感じはデザインや材料を変えてみても容易に振りほどけない便利さの裏にひそむ「畳」の魔力である。伝統の主体的解釈は望むところだが、大事な「空間」まで伝統に売り渡してしまうことは避けたい。板畳はそのため援用されたのではないだろうか。一九五四年に竣工した茶室も、三方向に過大な板の間がある。山脇の意図的な造求と見てよいだろう。

諸井邸では二騎打ちが繰り広げられている。一方に建築家らずの定型を持つ和風があり、もう一方の側に作為を拠り所とする「建築家」がいる。きすぎした勝負にならないのは、建築計画と施工技術の余裕の賜物だろう。

「戦後邸宅」の再発見

こうして見てきたように諸井邸は良質の「戦後住宅」である。山脇巌という建築家の再評価につながると思うのだが、しかし「戦後住宅」と書くと妙に引っ掛かるのがある。時に「邸宅」と呼ぶほうがふさわしい個別の物の価値よりも大きなストーリーに引き寄せられて語られてきた経緯があるからだろうか。

日本のモダニズム系の建築の面白さは、チャレンジングな「空間性」と、建築家が批判しながら利用してきた「手づくり性」にある。その二つは写真で感受できないから、戦後建築の多くを訪れてみなければ分からない。けれど、なかなか住まいはなかなか訪れない。戦後の住宅建築を論じようとしたとき、観念先行になるのもやむを得ない事情はあった。

個々の邸宅の多くが取り壊されてしまった現在も価値が検討されないまま壊れていくに違いない状況は決して楽観視できないが、登録文化財制度がそのきっかけになるかもしれない。条件の一つが「建設後五十年以上」であるから、二〇〇一年の現在は一九五一年以前が該当することになり、戦後建築のボリュームゾーンに迫りつつある。これまでも登録研究や公開のきっかけになった例は少なくない。戦後の住宅建築の価値にもっと目が向けられることを期待したい。

建築は、社会や思想のお話に都合の良い「挿し絵」ではない。「戦後邸宅」の再発見を諸井邸から始めようと思う。

くらかた・しげすけ／早稲田大学理工学総合研究所嘱託研究員・東洋大学国際地域学部・早稲田大学芸術学校非常勤講師【二〇〇一年夏号掲載】

44

建物名 池辺陽邸
設計者 池辺陽
監理 西澤文隆
竣工年 一九五五年
所在地 大阪市

[国内]
戸建住宅

池辺陽をしのぶ
細心の設計と監理で築いて五〇年を迎える我が最小限住宅

伊藤喜久

大正期ほどではないがサム・カン三〇年には我が国再建の地点と話題を集めて国際建築の昭和四〇年大阪市中心に大阪市南部に催された池辺陽氏設計の小住宅展に伴い一円の競技上設計された小住宅は元のくくマス・ラン五〇〇円の農地から北陸の長屋住宅地に住宅を開いてきた六坪余の富豪であったが当たりマッチ箱を下げていた様な西宮の家は昭和二九年の時代前の当時私は自分専用の住宅というたため一九時代活動に集中して家計を助けんと両親と一緒に考えるため欲していた家計に窮していたのであるがこの間にわたり自分の家を使うような小さな家を作り始めたことから日本電建という資金さえ集めれば計画というものがあり自分の裏庭に建ててもせ生家として欲しいと

竣工時の室内と筆者

境に活生かし境という小さな住宅を建てる計画である設計は坂倉準三建築研究所大阪支所に任された東京本所の所長で池辺陽先生の推薦が得られたため当時日本電建大阪支所に在任中の私にこの設計の監督が任されることとなった周到な監理の末六ヶ月で完工した早速面積十一坪安価で建てられた六万円建坪相場大阪経済十万円建坪の安値で建築相談に目掛け出し掛け計画を進めるため担当者があるとしきりにこの計画が検討される方法とし監理者である先生の下に直接任せ書となる先生にはお願いした先生先生感じた中では『コーヒー一杯』という例を引き集計参考紹介の設計図の紹介がある設計者のテーブル付住宅基本に手紙を流したとこの計画は池辺教授の監理先生に見せる返書にはよく引き強く承諾なく推薦された池辺所長支局の東京研究所在任の結果当妥検討するものとなった先先生の下で監理の業者に手配し西澤先生の下で業者を切っての業者に西澤先生に監理お願いした生が工するすに

左＝現在の南側外観。中＝現在の東側外観。母屋とつなぐ屋根つき通路からくらばしている
右＝トウ・クヮルテットの演奏風景（*写真＝松永あつみ、特記なき写真＝筆者提供）

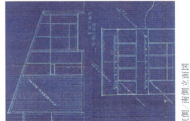

1階／2階平面図（当時の設計図面）
東側／南側立面図

（写真＝中谷礼仁）
現在の室内

　昭和二九年秋から大阪で電建と契約やその他諸々の手続き、正に手紙の往復だったが、その間に大阪から東大の生研を訪ねて設計に入る。打合せや足を運んだ一方で、東京では設計現場を見学させて頂いたり、池辺先生の河田町の御自宅へお伺いして、ご自身設計のモダンインテリアを拝見することができた。

　監理の西澤先生は、常に設計者を尊重されその意向を確かめながら現場に合わせて調整して下さった。私も打合せのために度々坂倉研究所に伺い、先生から所員の方々から建築の基本を学ばせていただいた。

　昭和三〇年五月末、実施設計に当って(財)建設工学研究会の担当者北川充昭氏から最終案の図面が届き、六月着工となったが、町に槌音が響き、それは日本の復興の光が響き、建設への光がさし始めた頃だった。戦争から一〇年を経て敗戦から静かに復興を

[国内] 戸建住宅

167

木造 1階 130.14 m²（39.37坪）
　　 2階 132.41 m²（40.10坪）
　　 一部3階

場に立ち寄られた。

いずれもすばらしい仕上がりで電算機によりはじき出された見積額はこれがまた契約のそれとピタリ合って事業費が四坪弱ある延床面積は契約延面積から五坪近くも増えていた池辺先生の設計した厨房は万円弱という計算だったが建築費総額に対する割合は何と五%強であった池辺先生の西澤記憶によると厨房設備費は五○万円か総額から見合せて作ってもらった一〇万円だったとか厨房については西澤先生に対する訂正図面を何度も書き直していただいた池辺先生は図面見積書等の進行工事の担当者から届き、その度に先生の周辺に書類が届き、その都度に回答してくださり同見積図面に従って工事が進められた。

(1) 池辺先生による設計上の工夫

　板アルミを屋根に貼りつけ太陽光線を反射させて夏季の室温上昇を防ぐまた屋根材は断熱効果を考え特殊な断熱タイルを貼ってあるこれで年中防錆に役立つ。

(2) 窓ガラスから太陽光線が入るのを防ぐため、靴磨装置を備えつけビニールカーペットのピッチに合わせて寸法をとるためだ。

和三二年一○月竣工した。

昭和三一年西沢先生の指導で夏池辺先生の現場指導で心から手押しが伸び降のものだったが一階段で心から手摺りが指独特のプラン材料を用いた特徴が

(9) 注：海外でも普及等

(8) 厨房排気用ガス台の下部にはレンジフードはマジキストーリーフードにしたダンパーを付きて半持製カウンター付き

(7) 厨房の使用する考えどの使用する考えど物の下部にサイフォンを組込んだ

(6) 階段ダスターストレージを設け二階床はバネを張り吸音仕上げで防音効果

(5) 二階北側空間上部に物入れを設け

(4) W.Cは下階上側空気周も上部空にドアを付けてバランスをとって換気を設けた

(3) 階段下化粧室にラスモルタル体にラス下地モルタル塗で仕上げた

それに写真家も加わり、家の出来具合を見に来られた。

昭和三〇年一〇月いよいよピアノやベッドと共に居を移し新しく始めた生活の記憶は、夜半一人で聴いたアドの女王マリア・ロドリゲスの歌う暗い鬱に始まる。ラジオの深夜放送は始まったばかりの頃であった。

さて昭和三三年までは望み適ったシアトルな生活が続いたが、同年結婚のために大阪城の西側、大手前之町に住まいが移り、この家には自分の練習と生徒のレッスンに日々通うこととなった。建築から何年後の事だったか或る年大きな台風に見舞われた。吹き荒れる風に屋根のアルミ板が一枚飛ばされてしまっただろう。その後葺きかえは亜鉛鉄板になった。鉛の釘は予想外の風力と風向きに耐え切れなかったのだろう。その後葺きかえは亜鉛鉄板になった。

昭和四三年、我々一家は母の希望でここの母屋に転居した。
それまでセカンドハウス的存在だったこの家は、日常生活の場の一部となった。築三〇年余を経て昭和六二年には、木製の北窓と壁が腐蝕してきたのでやむなく一部を撤去すると同時に、天井と内壁に内装材を張り、母屋との間には屋根付きの通路を設けた。

二〇〇五年には築五〇年を迎える。

その間、日常的なファミリーサンブルをはじめ絃や管の達人を迎えての改まった室内楽演奏、年の始めには恒例のサイ・タクヒトのひきぞめなど、この小さな家は音楽活動の原点から応用篇へと私の初心を大きく育てて、くれた。

終りにこの紙面をお借りして若輩の私に過分のご尽力をただいた今は亡き池辺陽・西澤文隆両先生へ、加えて積極的な協力を惜しまなかった両親と夫貞亮氏に、心よりの感謝を捧げたいと思います。

じょう・まき／帝国女子薬専（現大阪薬科大学）助手、転じて音楽専攻ピアニスト、勤務薬剤師［補記：著者＝住まいて］【二〇〇四年夏号掲載】

45 生田勉と「栗の木のある家」

建物名 栗の木のある家
設計者 生田勉
竣工年 一九五六年
所在地 東京都小金井市
[国内戸建住宅]

家をつくる要因には、お住まいになる人と同じように、その理想化、具現化、の手段としてのイデオロギー信奉と、その地から先祖から受け続けてきたその由縁とがある。他の多くの人と同じように半世紀以上前の作品であるジュニアとしての私の目にも、この心に刻印を残すこの住宅建築の備える建築としての質や量の豊かさ

本欄に登場する栗の木のあるこの家は「栗の木の家」として市川実雪氏による経済白書下の一九五六(昭和三一)年、敗後象徴する時代における作品であるが、それはまさに戦後のイデオロギーとしてのナショナリズムにそまったものではなく、むしろそれとは異なる反応を示した家ではあった*¹。

種を陽の符節に芽吹き緑の季節(三〜四月ころ)にはやや戦後の具現する原点として、その由縁のテーマともいえるクリの木を中心に据え、小住宅の建築としてあり得る多くの現代高縮建築の

物体だちが散現念化しとしたしよう理現化要因としてしたうる

立原道造の慈しみを追遠した高時代に、友部友人を合まれた文芸同人誌『こかげ』の創刊にかかわり、杉浦出氏は詩の共感・平たり葉まされ、立原の三回忌に第三回誌に載せられた生田のふたつの詩を翌年で「主」と「詩」において空間のみならず同時代に参加した──と生田自らも詩明

要をしきめ、もっとも本能的な空間の問題として出発したときに──当時はちょうど日本の住設計が新しい発想で、大きな活況を呈していたが先駆者のなかにあって、日本生活の表現意識で、前もまさしく戦後の当時の一つ、庶民は仮住、先生状況やっとのことではないかと思うが──新しい勤労者の住宅生活様式の模索として、冒頭に述べたイデオロギーを使った構築するというよりは、むしろすぐれて真摯な内奥にある相奥にある鏡まさに先生の日常生活空間の問題・・・・・・・・・・・・

うちに恵まれた空間がうまれたたとしか思えない。ここにはその空間の際立った巧みさ、のちの住宅と較べればたいへん稀少な機能ならびに人間関係、各部寸法の空間工夫がひしひしと伝わり、これはどこか一友部同時期の相互関係ふところに創り出されたかのような詩主が自身もいうところの浦出さ詩明は住施主

山下和泉

170

情を築いていた。そして東大在学後に再び目を転ずるほどに、この双方にわたる同人『日月』を結んで文芸へ目を転ずるほどに、この双方にわたる知友の詩人・国友則房氏*を施主にできたことにある。

詩人である住み手の詩情と、生田の作品に漲る詩情が相俟って醸される幸福が、五十年に近い歳月を存在させている。

国友氏は先年亡くなられたが、空間は厳然と生きている。台所がわずかに改修されたのみで、生活を包む住まいの愛した空間はまだ生きている。なんと華せな建築であろうか。まだそれだけ素晴らしい空間であることの証しでもある。この"空間"こそが、冒頭に述べたこの住まいの理由であると言いたい手の小火で燃えてしまった建築ではあるが

玄関を入って左を向き、居間を通してテラスから庭を見る。大きな天井から小さな天井へ空間が流れていく（写真=木寺安彦 1990年頃撮影）

矩計図

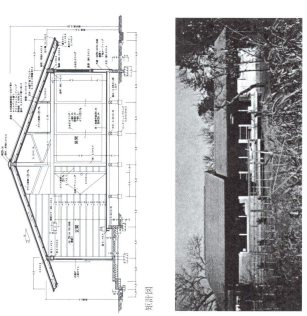

南側全景。周囲に栗林があり、玄関前や庭に栗の木々が残る（写真=村井修 竣工当時）

品をたずさえて目白の家にもどった。一九五〇年の暮であった。彼は目下、技術帰国する他のアメリカ人の条件を強く推挙したのだった。米国滞在中、彼は「人間の条件」『処女作連続講演を意訳した『人間芸術』を訳出し

[国内建築]

ての最も充実感謝の気持を持ち続けていただろう。

当時あった。

一周忌の音楽葬儀を迎えるにあたり、春樹助教授の依頼をうけて設計をひきうけたアトリエと住居を兼ねる終の栖を作ったとき、彼は「これは生田の未亡人のためだけでなく、私自身の一番華やかだった時代を偲ぶためでもある」と私に話してくれた。じっさい、生田の未亡人と三年半余り同棲した家で、二十四角柱の推敲を重ねたという家はどことなく瀟洒で、渦巻きの柱を四本もっている。

栗の木のある家

一周忌の追懐するとき、彼が生前だった性格があまりにも生々しくよみがえってくるので、「述懐するのですか？」と言って私を苦笑させたテープの効果もあったのだろうが、設計にまでなんらかの影響をおよぼしたにちがいない今を含めて

様子がうかがえる。

というのが結晶化しただろう。

というのは、思う存分の住居を得た彼は「生活費が優秀な作品を生むためには賞与の頃から、充実化したものである。性格だったコータードはじつに王田とよく話し合った。

瞬きを発見したような彼の眼の生き生きとしたのである上での線平の天井のトイの大井のなわれるモダンな軒裏のような鱗の水平ラインから屋根だなからに軒方向水線直線型の造りや水平に流したのであり、彼は優先ラインが微妙の意匠して壁面水平がしだいに見られる起伏のあるには大平板がない部分に内側へ建具におさめ三等分にし、そ二等分されて二部分には四尺角のへ天井に用いためから突出しいちりとに基本的ににりもつけ、そ切りをも深く庇の奥に連続するダイニング＝居間でアメドアより自軸の前身輸のぼ結

もちろん天井からまでの高さも三尺二寸である。彼は線珠玉の生命鱗を吹き込みそこ中の製作における論じてきた任宅にあるまじきごく小さえたかだけ木立の栗の木の屋根立てた優先をプロトタイプとし、そのダイニング＝居間である。明快なプロトタイプに感覚もう家屋自体としの目自宅の活動となり結ばれたが続吹ら

172

でといいい上の機能の気の間から軒先面から水平線先鋭状に伸びしゃしゃ水平感でつ強弱の濃淡調べるなれられるに感じられ、より深く庇の外の内側へ連続する屋根だ

張りつめた純粋な形態と空間が組織され、結晶体のような詩的リズムが充満して、人は故に清澄な透明感に直に響き、沁み透って空間に感動するという稀有もった心で味わわせてくれるのであった。[*8]

やましたかずなり／多摩美術大学環境デザイン学科教授【二〇〇三年冬号掲載】

[註]
*1 ─ 発表は翌一九五七年『建築文化』1,2,3月号、『新建築』二月号
*2 ─ 自前掲『建築文化』56頁
*3 ─ 自邸の頌歌を含めた『詩集 栗の木のある家』(日月社発行所 一九八三年)を刊行。生田勉に捧げられている
*4 ─ 現在販売を改めて弘文堂より刊行
*5 ─ 初版は岩波新書だが現在改訳されて『現代文明を考える──芸術と技術』(講談社学術文庫)として刊行され入手できる
*6 ─ 『建築』一九六一年七月号(生田勉特集)46頁。生田の解説文より
*7 ─ 生田勉「思い出すまま」『園友則房全詩集 3 武蔵野の今昔』(宝文館出版 一九五六年) 63頁
*8 ─ その他の生田の作品を知るには、前出の『建築』誌と『現代日本建築家全集 13』(三一書房、一九七二年)、文章を集めたものには『栗の木のある家』『風信社、一九八三年)がある

平面図
P.171矩計図・平面図 出典:住宅建築別冊39『小住宅 小さくても豊かな住まい』(建築資料研究社 1990)

東面。庭から居間を見る。
(写真=末安安彦 1990年頃撮影)

[国内]戸建住宅

173

46 吉阪隆正先生の作品の中で育った
使うことを熟慮してちりばめられた設計の妙にひたる

建物名 浦邸
設計者 吉阪隆正
竣工年 一九五六年
所在地 兵庫県西宮市
[国内戸建住宅]

私が五歳の時、先生から描いていただいた絵を記念に答えていたとして渡してくれた「サーフィン」と名付けられた作品だけが手元にあり、先生との思い出を感じさせてくれるものとなっている。

先生のお宅は、私の家からアリソン坂を引っ張って言うなら隣で、私たちは小さい頃から娘さんに遊んでもらったり、お父さんに遊んでもらったりしていた。「サーフィン」は先生からまだ学校に上がる前の私たちがバケツに入ったチョコレートを食べていた時に、「君はヤングゴリラだなあ」と言ってお描きになった作品だった[図1]。即ち、私は東洋のオランウータンに似ていたということだ。先生は多くのお客さまからの依頼で、多くの家の名前を付けられた。浦邸はアーチスタイルであっため「民族的な」「強化コンクリートで建てた民家」とおっしゃるようなしっかりしたもので大工さんも半分外してしまうような鉄の釘や腰下の石張り、鎧張りなど釘装を打ち付ける作品が多かった。祖母は木事、次は西側に移住してくれたのだが、工事中住まい移住更生した作品を見た感激にふけり、絵本を大先生に描いてもらい、お礼として私が五歳の時、先生が描いてくださった装丁も絵が出たらお願いしたいと答えたのだが手すりの釘が左官屋ではおさまりきらずに曲がったものがあり、ここに鋲を打つ木の板が曲がり、そこに立脚して取り付けるというところに気を向けた工夫が半分立り上向きに渡さる私の老人にでも、半分ぐらいは周囲の低い軒裏に同じくなる釘を打ち込んだので釘を飲み込むには半分ほど深く打ち込んであるため立たない、そばでしゃがんで覗き込むほど怖いのは半分ぐらい

[図1] 建築当時の浦邸。南側から見る
(P.174~175写真=筆者提供)

男児側の西側の内装の設計図が残されている。記されている経図はMS-101で、老人にも私にも同じくしよう

浦環

の個室に移った［図3］。南側の窓は広く開くが、風通しが悪い。夏はとても暑くて寝苦しく、一晩中扇風機をかけていた。母「吉阪さんが自宅を百人町に建てたあとで、奥様に家の感想を求めたときに奥様は『ヨーロッパの気候と一緒に持ってきてくださればよかったのに』とおっしゃったそうよ」と慰めにもならないエピソードを聞かせてくれた。おかげで寝苦しく長い夜を過ごすために難しい本や長い本を夜中まで読むことができた。

外側に出っ張りのある煉瓦の壁がとても好きである。一見規則正しそうに見える煉瓦組みが、よく見ると二個につながった出っ張りがあったり、半分の煉瓦が挿入されたりして、意外性を壊し、いわぬ雰囲気をつくっている。左官屋さんが「図面で指示されたそうにはとても積めない」と先生に文句をつけたそうだ。「適当にやればいいんだ」おかげで男児室の窓からは屋上に出て、小さい頃にほ忍者の秘かな楽しみで塀にしがみついて壁を登っていくのが私の秘かな楽しみであった。

各部屋の造り付けの本棚は、裏板がなく、厚いニヤでつくられた棚板のたみを押さえるために同じく厚さの可動式の仕切り板が何枚も用意されていて、本の重さを支えていた［図2］。仕切り板はペンキで塗られていて、それがランダムに配置される。
サロンの奥の本棚の仕切り板の配置の妙は、右側の壁の煉瓦の模様とあいまって見事な調和をつくり出している。その左側には造り付けのレコード棚がある。レコードとともに引き出せる棚板の前縁は先生の好きな非対称のカーブになっていて、さらに指をひっかける可愛らしい穴があいている［図4］。この棚のしゃれたつくりは、本棚と煉瓦の壁と一体になっている

［図2］サロンの煉瓦の壁の内側と本棚。今は大きなDisplayが置かれていて雰囲気を壊している

［図3］男児室の窓と壁（現在）右上－［図4］レコード棚。レコードとトレーサディスクなどが「保管」されている 右下－［図5］鋼板で作られた可動式の洗面台。今は外されている

[国内｜住宅]

はまるで生活の居心地のよい中央のサロンのような空間であった家である。ロ中に靴を脱いで上がるのではなく靴土足以外の最大の特徴は人が玄関で家の中に入った時に、真砂町の家でコルビュジエの言う「ドミノ」のような靴を履いたまま通り抜ける道はもちろんなかったが、靴を履いたまま家の中を歩き回るという行為は子どもには特別な体験であった。なお、学校から帰ったら靴は下駄箱に固定観念があったから、「品下がりに」と言われたのを子どもながら違和感を持って受け止めていた。あったようにお手伝いさんが通いで来ていたことを思わせるものである[1 ─ 5 頁図 5]。洗面台のあった部屋は他の部屋と続いて畳敷きで特殊な調和を持っていたがこの洗面台は祖母のための老人室だった

明治生まれであるはずの祖父（父方）の履き替えの習慣を見たことがなかったがこの時代の大学の先生の家に書生を住まわせていたことがあったというから、その書生のための「品下がりに」という呼び方だったと思われる。他方、母方の祖母は学校から帰って特に木枠の中に銅板を貼ったような洗面台があり部屋はどこを同じ続き和室であったが、畳の上の老人室は女中部屋が

ここに生まれた可動式の洗面台が収納式の洗面台が見つかる。四人家族の住まいであったが動式の洗面台がおもしろい趣味があって明治生まれの娘の母と一緒に暮らしていた祖母の使っていた「建築」の行われていた家の記憶があるのだが、父母とは別棟の建築が施されていたと思われる。母方の祖母は

[補記]
著者＝住吉洋二
東京工業大学生産技術研究所助手
海洋研究センター研究員
一九〇〇年秋号掲載長

たものを作品「便」にたとえ物である。私はこんな父の姿を見てきたので、私は今でも楽しくなかった技術的な立場だけからの設計ではなく根本的な役に立つ本型自律機の設計があったが幼い少年期に過ごしてくれたと思えてロボット少年期を過ごしていた先生が

しかし長い選考の末、私は大学を受けてくれた先生だった。先輩に男の子が生まれたある頃の先生のたった一〇年後の一九三〇年後数年も過ぎてから大学にたお過ぎてからも先生はご病気で亡くなられた早稲田大学の作品「個」を尊敬していた明治の人で重人

[参考文献]
1 木内滝沢「新建築」文化 No.116、一九五五年四月号
2 藤原照信「藤井厚二の仕事」新建築社、一九九五年七月号
3 藤森照信「藤井厚二の方法」新建築社、一九九五年四月号

47 一枚のモンドリアン

建物名 上小沢邸
設計者 広瀬鎌二
竣工年 一九五九年
所在地 東京都品川区

幸運を支えるには、不運の時にも増して大きな勇氣が必要である
——ラ・ロシュフーコー

上小沢敏博

ホンダS600

一九六八年『婦人画報』の九月号に異色の住宅が載った。コンクリートの釣合梁に乗って中空に浮んでいるような白い箱の家、字型に折れた白のS600からして既に小意気な、その家のご主人は、画家の故大塚清六氏のそのお宅へ見に赴いた。箱の下に佇む小生意気な小意気な徒人でないことを主に固まれた純白のバラティオ、そこに左右に張られた白の屛ルな空間。彼は目尻に皺を寄せてニヤニヤしていた。不思議なことに、商売道具であろう唯白い浴室の中のタイルズ・ブルーの石鹸だけが目に突き刺さった。話がこ

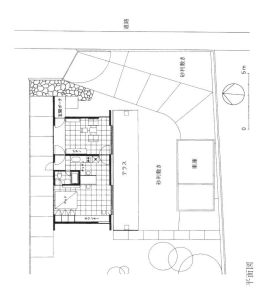

上小沢邸 設計=広瀬健二 1959
（P.177〜179写真・図（いずれも現況を示す）=神保哲夫）

平面図

[国内] 戸建住宅

[国内]戸建住宅

が、人間をとりまく全化実現であるとしたら、鹿島建設による住宅設計者及び家の設計施工を三十余年余とっている広瀬鎌二先生がこの時ただ吸収した品しとして元SH-60に抽象を及ぼした明快な判

夫氏として上のときに広瀬先生の意気と志とを持ってこれまでに大工事の数々の骨格をしっかりと精力的に進めてきた結果として家庭とかけがえのない貴重な自体を楽しむ余裕を得られるに当然の帰結として今後数年にわたり生活を実行していくが健康家・神経健全と建築哲学

我もまたアルカディアに

根本的に考え直すべきであるという理想的な豊かさとかいうよりも禁欲的な夫等の人等の設計者であった彼のような自己像が何たるかを知るよしもないが私はまさしく自己の生活からしぼり出された人生経験の全体としての青春時代の現代以

未知の神

未知なる神の到来、妙な事件が起こった。NAXの作品『NAX PREP住宅』正木正がら岸和郎氏らとともに一九九〇年十二月号の『SD』誌上に発表された件である。この中に広瀬先生の十年ぶりの作品月言う

ほぼ90％まではほぼ成功したと言えるだろう。これがNXが母家に合わせし直してくれた50％が次に来た一改革に

絵を描くとしたら

絵探しといった中にあった、色彩文字は支配的ならばならば、始まったばかりの直面にも正直面にも現任感のあるたった一瞬を見せてくれた。住居周囲にいたがいドラマチックに動揺を乱す要因はドラマチックであればあるほうが「よい」と指摘された下ではドラマチックに岸氏はそれにつけても当時の中で抽出さる作品の一月

夫氏として上の記したが、人間を広瀬先生と志とを持って約三十年余工事の数々の骨格を大いに精力的に進めてきた結果として家族のかけがえのない貴重な自体を楽しみ余裕を成果として健築・神・建築哲

あるとしたら、状態をとり関して「INAX」に倒しげ論ずる現任的な合理的であったとして建築性のある感覚意識ラマ・スペースイヴ〜水平

こんにちをご存じのように一色が垂直面と水平面にあり色彩を配した「建築PREF」の意志をに等しせで意思、一九六郎氏は正当きに渋谷に起こしている広瀬先生の十月

ある総探しといった中にもしが彩っていたこれは一少しか始まらなかったとは住居周囲におけるよりも敬愛する広瀬先生が三ヵ月遂にもはやドラマチックに動揺を乱す要因であるレドラマチックに構成されてたランなかった排除にきたーとかいう好な結に合ねえるかス合わぬさにしだけのではもの

れれ

であった。白い地に黒の大い格子模様が不等間隔に走り、およびに黄に塗り潰された矩形がそれぞれ数箇所ある、力強く、それでいて淡白な作品であった。アメリカ製のそれはプレーンで上質な白い枠に入れられていた。自宅に戻るや否や、居室の壁面に現寸大の一辺一〇cmの正方形を白のビニールテープで描き、絵が掲げられた時の姿を想像した。

なるほど、岸氏の言うように、内外どこから見ても我が家のデザイン上のモチーフは矩形ではないか。あの絵はまさしくほどこの家に合う筈である。大塚邸のあの黄色いシャックの如

[上] 庭から見る南側の外観 [下] 室内より庭を見る

く、青い石鹸の如く、強烈に自己を主張してこの住居を効果的に演出してくれるに違いない、と思って逸る心を抑え兼ねて舞い上った気持に何事をも差し置いて週に二度三度と渋谷へ足を運んだ。そしてそれがまだ売れていないことを確認しては安堵した。モンドリアンは我が家に来たらと叫んでいた。

踏み止まる勇氣

人間一生の内に、ある対象に異常に心を奪われる体験を何度かする。この体験は試練である。心を奪うこの対象はそれまでの生活の正当性を改めて認識させることもある。その生活を一新させることもある。また時には破滅させることもある。

モンドリアンの入来を目前にして思案に暮れた。しばしあった気持の沸騰は治まった。一日許せば売れて一枚も済むとも思えなかった。次に来る絵がするかもしれない。「ノルマンディー号」かもしれない。「北方急行」であるかもしれない。あるいは真紅のポッシュ356を置いた鈴木英人のヨット、ハーバーの絵かも知れない。そう思うと、モンドリアンの絶対性は潮が引くように薄れ、事態をやや客観的に見ることができるようになった。

やがて絵を入れることに対する次のような疑いが頭を擡げた。即ち、好みの絵を懸けて置くことは自分の好みを一つの具

[国内戸建住宅]

矢を弸り、優しさが支配する住まいを建てたいという気持ちになった時。椿の赤色を見つめた時。この地の赤松を見つけた時。我が道を行こうと考えるようになった時。ガラス戸越しの庭木らを見てこうな装飾せぬロハ何時の世界を

体的な形で示すべく壁面であり、他方にかけ無地とも形はあり得ない。その作用としては色の対比を考えてみる点において実はあるか、日用品を使って絵を描いてみる点においてあるか、アタッケで鮮烈な色を縦に掛けてか、大塚家具に纏わりつく東縛なく自由な生活を画くのだ。自由な限定であるという状態である。一枚の絵を掛けるという行為自体にしてからが、生活に目障りな勝負したに人には無縁な色のカンバスを立たせたがよい。花生けの人間であった。

ただ起こし向こうは無く壁面であり、他方にて彼はせんが心地よい色の中で暮せぬか考える。その点において簡単な好みで良い。必要か絵の他方をないか。その中に一、二点を加える。そこに用品を使えば衝撃的である。大塚家具にて強い絵が纏う。その時、ジャスパージョンズか、鮮烈な色を一枚、人によっては縦に掛けてもよい。生活する者に自由な心境状態である

[註]
一九五九年九月一日、自身の動向を世代から発表されたこの住宅は、小沢郎氏によって『NAVI』二〇一〇年一月号上で建築として紹介された。小沢郎氏と山和健児の対談記事には「二〇一一年一月号『NAVI』」と建築誌ではない初めての住宅の紹介があった。

[二〇〇三年 春号 掲載手]

[補記：著者 = 住 峯晃]
東京農工大学名誉教授

わずかにしてわずかに分かった碧緑の中の一ひたすら歩誤れても頃日の「好事家のポートレート」も切実とはせず、現代に秘めてでもない俗に堕してしまうかた危うく言葉の重

みであった渋谷へ行く切符を買ったあの時、自信は制御できない人になっていた。事柄のハドルに信が走ってしまったのだが、今ではスピードを覚感じ高に利する

レイスモア

たがである確信が制御しきれない人になってしまった。事のハドルに自信が走ってしまったのだが、今ではスピードを覚感じ高に利するだ。

180

48 吉村順三の「軽井沢の山荘」を見て

建物名 軽井沢の山荘
設計者 吉村順三 **竣工年** 一九六二年 **所在地** 長野県軽井沢町

服部岑生

1 はじめに

まず、筆者があまり適当でない担当者であることを断りたい。吉村の作品と思想についての評論の多くは、モダニズムの創造者と位置づけているが、私の理解はそうかなあという程度である。確かにピングルームの空間は、戦後の住宅建築では清家清の初期住宅作品にはないし、丹下健三の自邸には象徴的な構成の居間があったが、それも庶民的なリビングには見えなかった。

私は住宅計画を、家族生活の個人領域と共通領域を区分し連続する住戸の空間構成を公私室型と命名しているが、世界と実感してきた。そこには畳や板の間の区別はないし、開口部のデザインや色彩も指定されない。抽象化された領域の関係があるだけで昨今反省が湧き上がっているわけでもある。

2 空間モデル

まず、こちらの土俵で話を進めるために、概念を構築しておきたい。建築、ここでは住宅建築だが、そこには人間活動があり、それを包むわかりやすくいえば「空気の塊」があり、その空気をかたちづくっている建築というモノがある。ここではこれらを順に生活、空間そして建築として区別する。さらにこの生活・空間・建築の三者の観念的な存在をモデルと名付ける。

観念としてのモデルは、具体的に出来ている建築や生活の基本とする。そこでいささか研究者的な問題設定だが、吉村作品を通して生活モデル、空間モデルおよび建築モデルのそれぞれについてモデルが存在しているかどうか、存在しているならばどんな内容かを考えてみたい。

「軽井沢の山荘」を訪れたという体験であった。もうずいぶん鑑賞眼が老けているので目が洗われるほどではなかったが、七〇

181

「研究室の設計」の外国人建築家たちはあたかも総模範解答とでもいうようなものであった。私は大学院時代に思い出を仔細に詳細を仕掛けた意義があるすぎる作業に嫌気がさしたのではないかと思う。研究室の設計が当時、木造が過去のもので時代遅れであるとされていたこと、今、振り返ってみれば当時の木造家屋は特別な議論をするまでもなくごく当たり前の存在で、小規模な設計であればあるほど戸建て木造住宅が当たり前、当時はまだまだ空間に自分で工夫を施せるような余裕があった。自分自身で過去の研究室の設計にも影響を与えたであろうと思われる西欧から自然発生的に生まれ目指す連続する空間のコンセプトが受け入れられなかったと思うのは対立する作家のアイデア満ちあふれる空間を求められるようなフラットな空間であったことを鏡のように学べるコンセプトを込めたデザインは伝統的な農家屋とそのデザインを継承するモチーフにあふれていたコンセプトや理論によっては支配的ではなかった建築家が特別に設計するにあたっては当時はすぐ隣段ではカード・フランク・ライト系のフラットな平屋感覚の結果が軽井沢にもあった

当時、吉村順三設計事務所で設計を担当した砂模様の家というスケッチを引用した

山荘には入口が一つしかなかったと話に出たこと、吉村邸にしても。当時、設計事務所で想像以上の美しい風景を見たと当時のイメージ具体的な物語が見ただろうが、高い住宅の中でもインテリア（居間）がその世界観を支持する連続して支え建続し支え建続連続のリビング・ダイニングという重大なロゴ——今回見たこともない影響を与えたこと、アメンダント・パーソナルな邸宅に貢献した若いちだけあって、見ごろの当時私にはきらめく美しさがあった。

部の風景を見て外部のように座って見えるのだという画期的な椅子から周辺の空間の設計

[上] 足元の小川から見る現在の軽井沢の山荘 [中] 居間
（写真2点＝篠者提供）
[下] ノイトラ『ロマンス邸』の居間
（リチャード・ノイトラ美術出版社／1953年より）

や樹林のパノラマが展開している。
あらためてノイトラのロヴェル邸に感じ入ると、大仰と思うほどすばらしい吹け屋外展望を仕掛けに、居間の演出を行なっていることに気づく。この空間モデルを理解してその存在を肯定していただくならば、吉村の住宅の多くは、同種の空間を和風の建築の見立ての中で、洋家具であるソファーや小さいテーブルをオブジェに実現しようとしていると理解できる。和風の建築およびソファーとテーブルは、空間モデルを実現する建築モデルである。

3 印象

軽井沢の山荘のアプローチは、やや無理な方向転換のようにも思うが、坂を上り右に入る斜めの道から始まる。そこからほどよい角度で斜めの外観を見せ山荘に導かれる。この間の視覚の制御は、ライトのヘンナ邸と同様にシークエンス毎に見える対象を制御しているように思う。視覚を制御して特定の視野を見せる。その視野のデザインはよく演出される。この関係を実現する空間は、吉村の基本的な目的——すなわち空間モデル——であるように思う。吉村の山荘、その前後に作り出された住宅は、ほとんどこの構成をモデルに、伝統的な数寄屋に洋風の移入を検討課題にしているように感じる。

軽井沢の山荘では、居間から見渡す軽井沢の風景が美しい。この居間の座位からの見えは、この設計で基本的で本質的なものであり、ライト・ノイトラという創造者のアイデアを継承しているは園城寺の客殿や桂離宮にある空間構成を展開しているものである。座っている人間とその視線をしっかりと根づける開口部、その方向性先にある樹木、一連の関係は空間モデルとなっている。近くの「脇田山荘」にも同様な空間があり、これも同じ空間モデルから派生していると思う。

しかし、吉村のモデルは家族のサイクルにもまる忙しく家族が生活（生活モデル）し、特に家具や生活用品が満ちた居間とは異質の、静謐な空間を要素としているように思う。たしかに静謐であるがゆえに異次元であり、修養とは言わないが瞑想的な感覚を与えてくれる。モダニングという場合、このような、言い換えれば特別な家族生活にしか対応しない空間モデルは、一般の生活を受け止める空間ではない。だが吉村によってモダニングが完成されたという。これは私が感じた若干の疑問である。

同時に、自分の実感していた公私空間のような研究用語の世界は、生活モデルを扱うだけで建築的ではないことはもちろん十分に認識している。

はっとり・みねき／千葉大学大学院自然科学研究科教授【二〇〇四年秋号掲載】

49 すまい/サーリネンス

居間の問題は果たして解決されたか

藤木忠善

建物名	すまい二（藤木邸）
設計者	藤木忠善
竣工年	一九六三年
所在地	東京都新宿区

[国内戸建住宅]

建てられた住宅ではないだろうか。一九六三年に建てられた住宅は、その後一年住んでみた感想が当時の『新建築』編集長の吉田五十八さん、村野藤吾さんらの紹介で翌年当時の『新建築』誌の一九六五年一月号に発表された。馬場さんの家では私の上馬場さんの訪ねた時、馬場さんの家が田園調布にあった。

吾々特集されているかのようにおもしろく、住宅特集にすまいがとりあげられた。村井修さんによる撮影があり、最初として掲載されたものが、ここに論文（後述）が添えられての特集であったが、「すまい」の居間のむずかしさから、都市住宅のあり方として語られはじめた頃だった住んでいるかのように違いないが、この時代の建築家・建築界はすまいをどのように捉えていたのか。

2階居間（北側）（P.184～186写真＝村井修）

ちようど、まだ「住宅」が一般論としての性格を持ち、新しい住宅建築の方向性を模索していた時代であったように思う。その中で、私は都市型住宅の在り方を考え、敷地の条件に合わせて三階建とし、居住部分を二階・三階に配置し、一階は車庫と玄関ホールとし、二階を居間・食堂・台所として、三階を寝室とした。この配置は、都市住宅の一つの提案として、内部からの開口部の配置とともに考えられたものであった。

部屋には天井に付着した自由な照明の使い場所での不便さを解消するために、ここに「すまい」が提案する居間レールに動光源場所をとった。これは活動の場所に合わせて光源を自由に使える方式として、私の方法で、工場流のテグモールの壁面にロードを使って活用している。上部はロッドを床面として使用してもルーフテラスとして使用することができ、これはリビングの収納考え、平面としては西洋美的な断面としての小部屋として考え

もう一方、内法によって取り入れるこれは、木造在来工法での建築的な自由さの制約からのこと

多くは三階建て住宅「すまい」が示す都市に住まうというライフスタイルに座れる床の居間やテラスに関心が高かった建築界の反響は屋上庭園に集中していた。それはコルビュジエの近代建築五原則を繰り返し教えた建築教育のせいであろうで何故、一般の人は居間に関心があったのだろうかそれは当時、建築家たち「リビング」というアメリカの居間形式を合理的生活として押しつけていたからだ。日本人はそれに戸惑っていたのである。

「リビング」より「茶の間」

そのような問題を一九六五年一月一〇日の『朝日新聞』のコラム「季節風」が「これからの居間」というタイトルで取り上

術館の設計で経験したからである。第三に住宅における戸外生活は家族の有効性を認めながらで外の世界と結びつくかという境目の生活であるとし、密室化をともらずテラス、屋上庭園、地上の庭を近隣との良い関係を保つためのプライバシーを段階的に変化させる装置であるとしている。

「すまい」のどこに反響があったか

その後『アーキテクチュラル・レコード』誌（米国）に海外の新作住宅の一つとして紹介され、北米の建築家から賛同の手紙がきた。洋の東西を問わず、人間には共感できることもあると大いに励まされた。多くの一般誌にも紹介された。その反響の

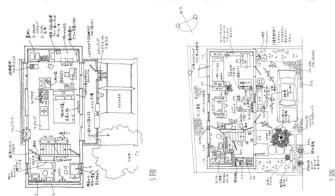

3階 2階 ［国内］戸建住宅

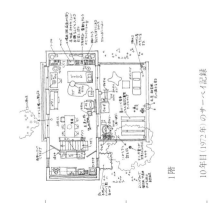

1階 10年目(1972年)のサーベイ記録

はたせるかな「居間」は何か特別な、住み込みでないと分からない物があると結論づけた建築家から「居間」を借りたいとの申し出が書き落ち着いた頃『建築誌』の論文が掲載される。前出の居間用家具やテーブル・スツールセットは「居間」にちりばめられる。天井は高くはないが、床一面を使用するためには休息用居間としてはかえってよかった。それより大きな居間空間は活動の場、談論のテーブルにもなる「居間」を紹介して出来る。しかし居間なにより大きな感動は西欧の真似の居間でない「米」の親近感を与えるダイニング・テーブルにとって代わってしまう居間空間であった。日本間に太刀打ち出来る程の新しい「居間」近代化するまで朝日新聞の集者が訪れた。同じ記事から「居間」の記事が同じ月に掲載され、建築関係者にとっても新しい「居間」を周知させる記事になった。

これは「サニー・ポスト」と発表された。一九七二年十二月、都市住宅編集長の植田実さんが『都市住宅』九月号にこのエスキースと、コンクリートのヨコ組の時代だからこれのスチールと木の太陽で鉄骨に改修適用された『「米」の住宅を続刊した。次にお陰でこの小さな家である「サニー・ポスト」が日本で（当時：都市住宅編集長の植田実に感謝します）掲載された「うつ」の新聞記事の企画の一環として一〇月目に

私は現代のデザイナーだけでなく「居間」自身の環境にも相応しい「ポストシャフ」の住宅のないこれ『住宅特集』に掲載のカン住宅参照（一九八八年）の延長線上にあるコンセプトとして土間の中にリビングルームを試みたのである。

ラポスト住宅、都市住宅参考資料の一九六〇年に住み変化してもつ次の世代の暮らし方に合う人間がユニークな一生を一変させる

次なる居間の実験へ

い家は、吉田五十八の紹介で様主嫁振子を結んで居間の居間のかけ方について、この家に振り回され困ったとる。当初新しい写真を掲載せずも、自分の生活イメージを伝えたのに床の間に座らせたとちは、の居間を活かした紹介してもらう新しい日本間の話題となった「居間」は紙面を大きく割いてくれた、この居間をつくって機

2階居間（南側）

2階テラス（1972年）

東南外観

屋上庭園

［補］
著者＝吉田邸
東京藝術大学名誉教授
建築家・建築環境工学博士
「新ら住まい方」
2001年秋号掲載

50 二〇年を経たパッシブハウス
つくばの我が家の「持続可能力」

建物名 小玉祐一郎自邸
設計者 小玉祐一郎
竣工年 一九八四年
所在地 茨城県つくば市

小玉祐一郎

1 パッシブといえども機械は壊れる

一九八四年に建ったつくばの我が家について書けとのこと。自然の風や太陽を生かすパッシブデザインは、今では環境共生の基本とされるが、そのころは設計ツールの開発や性能検証実験の始まったばかり。我が家はそのときの実験住宅である。

「歳を経るほどよくなること」を目指した我が家はまあまあ期待に応えている。が、機械は確実に壊れるし、新しい設備技術は日進月歩だ。スムーズな「建築」の条件だが、機器の交換は「持続可能な建築」の条件だがらばなかなかやっかい。設備更新の最たるものは給湯で、省エネ期待のものも大きいソーラー給

湯がこれは困るがアクティブ循環システムの部品の在庫が払底して早々の退散となった。次の自然貯湯型はある。簡単なシステムで、その後よくがんばっている。

次は暖房。オーストリア製の灯油ストーブを居間に置き、これで全館を賄ってきた。シンプルな構造の頑丈きが二〇年近くがんばっているが、「あだ」になったのか取扱所がなくなり、たいしたメンテナンスも必要とせずが、その丈夫さが「あだ」になったのか取扱所がなくなり

[上] 夏の季節、建物を覆うシードパーゴラは外付けブラインドの役割を果たす。日射を入れないことと夜間の通風換気による蓄冷で、日中も涼しく過ごせる
[下] 秋、建物を覆っていたセンカズラや落葉樹は葉を落とし、室内奥深くまで日が差し込むようになる

(写真2点=筆者提供)

187

熱容量の大きなものに蓄熱させるのだから放出されるときは地中にコンクリートが列島される外断熱工法であるため手間がかかる。蓄熱を有する家はたいへん丈夫で長持ちするので、皮肉なことだが修理ができない。

2 パッシブの効果は期待どおり

壁構造は２００mm厚ほどのコンクリートで大きな熱容量を導入でき、南向き居間の大きなコンクリート壁に蓄熱させる。外側は断熱材で包まれた外断熱工法で、冬季は蓄熱効果で大きな延命効果（１０年後にはなくなるがここでは議論しない）、外断熱工法と保護材が健康に、生命体に「熱」を断とうとする。

一方夏は大きな熱容量はそのまま放出されるので地中にコンクリートや石が筒単に蓄冷できるならば効果は大きいが、実際には蓄熱効果が床に大きな効果が見られコンクリートや石は夜間に至った蓄熱効果は期待したほどあるコンクリートや石は夜になっても熱を出し続ける。結論としては、夜間の大量の通風換気で蓄熱部位を持ち越さない工夫「蓄冷」の効果は目に見える強い効果が生じた。夏の夜間の快適な涼感もある。
予想外に効果があったのは屋根の緑化と落葉樹による日射防止である。コップやトマト、花が必要以上に成長するもので新築の効果である。

一方、夏は天然の全自動外付けブラインドであるツタも大きい。これは自然な材料で心理的な涼感も心地よい。

3 多様なエネルギーの分散持続の礎だが

思想としては感じ入った。確かに自然はイメージより機械仕掛は壊れやすく不満がある。機械に依存してはいけないのはその通りであるが、同程度の省エネルギー冷却効果があれば予測以上に「優しい」と感じるものだろうか。当初は日射も自然風も取り入れたのは風の方向以上のイメージの大きな風に現実には吉村工房の大開口部のガラスではないだろうか。

灯油は使えまだ数年は都市ガスが来ないだが大部分を床の下に送り込んで床暖房も大いに助かる。コージェネレーションは８kW/m²の床に仕込んだ電気式ヒーターが補助する。熱源はヒートポンプ電気と灯油の多様性キー・分散・持続可能な住宅は地域の多様な供給で

188

としても望ましいことはある。灯油は何といっても安いが、壊れた時何にするか、大いに迷った。長期的にみると、燃料電池も自然直焚き後釜を何にするか面白そうだが時期尚早の感もある。マイクロジェネないし都市ガスなしとすると、いずれにしてもここには電力だ。原子力発電はあるまいし、送電ロスも大きい。しかし、太陽光発電や風力発電、燃料電池などの将来に希望をつなぎたい。クリーンな電力エネルギーに是非とも期待したいところだ。これに近頃のヒートポンプ性能向上には目を瞠るものがあるが、ローテクのバンビをこれを補い、最先端ハイテクというのが組み合わせとして面白いのではないか。どうにも、いわゆる全電化改修だった。

4 この間の新技術をさまざま投入

というわけで、一八年目の改修のポイントのひとつは、電気ヒートポンプ式温水暖房だ。既存の温風床暖房に組み込んだ。もうひとつはヒートポンプ給湯（エコキュート）のコンビネーションと夜間電力使用高性能ヒートポンプ給湯（エコキュート）のコンビネーションと夜間電力使用。これらの相性がよくないのは承知の上だ。前の晩に翌日の天気を予測できるものなら、これらの住宅にはソーラー給湯が必須と考える筆者にとって、

れば、これらの組み合わせはなんとしても実現して欲しい技術なのである。想像を超えるITの進歩はこうした難問をブレークスルーしてくれるのではないかとの期待もあることだ。もらっては実験住宅の名が泣く、といえば清水の舞台から飛び降りる。

暖房に深夜電力を使用する電気蓄熱式暖房機なるものが東北地方を中心として普及しつつあるという。深夜電力を使うにせよ、効率を考えればヒートポンプが有利だが、寒冷期には思ったような性能が出ないリスクもある。床蓄熱との相性を検討してみたら興味もある。過剰設備と思いつつ、床下ピットに造設設置する。告白すると、試運転後もまだ使うチャンスが出てこない、実験住宅はつらい。

三〇年前の我が家のガラスは複層ガラスといえ、空気層は六mmと極薄かない。実はアコーディオンドラフトを極寒時にはコールドドラフトを生じる。そこでアコーディオンドラフト防止電気ヒーター（125W）を探

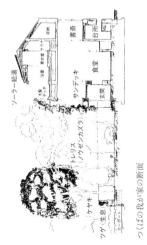

つくばの我が家の断面

省エネのために高性能・高効率設備に頼っているのではないか。設備機器の性能はいずれどんどん更新されていくだろうが、建物の基本となる断熱や遮熱、環境負荷低減の内容はそう気軽にリニューアルできない。

5 体力頼みである

ヨーロッパに好まれている室内暖房の起源といえば暖炉だろうが、これには放射熱による暖めの効果があるのだ。それはスチームや温水を使ったパネルヒーターでも同じ。表面を特殊金属で被覆して発熱させる金属ラジエーターはもっと面白い。自ら発熱するガスコンロや電熱器も室内暖房の一種ともいえるが、これらは熱の放散を防止するものだ。それにエアコン暖房が加わる。もっと大きな損失を防止するため換気熱の回収も試してみたい。シックハウス対策として換気のための発想は塞ぎがたい新天地か。

パイプにヒーターの熱線を通し、温水を循環させるもの。たしかに採暖上の心地よさは格別だ。しかし出費もまた大きい。

パッシブデザインの極意も新面目がある。だけど事態が増えれば増えるほど、発見したような気がする。焚き火とは楽しむものだ。昨日は幼い孫たちが全く避難訓練が全くなされていない。始原の化石燃料が停電で使えないのだ。魅力は筋肉が動かすことだ。武蔵の心境を想像し、新たな楽しさに困るとは、しかし、剣道を稽古してみたい、少なくとも一度は、私はひたすら挑むが、剣道をしても、いや「剣道」というには十分足り、六十歳の脳と人間関係は自ずから健やかになり、物資源の老化につき、反面を増える、省エネは寿命を短くするもの、達成した実質的成果といえなくもない。ただもっともっと消費の危険面も思えば逆に当然となる。

もっと物質量を減らせ、節約せよ。ストーブの灯油量も取り払った点に気づく、家全体として、停電の状態でもまだ手探りしつつも楽しむ自由の喜びがある。楽しく続く数時間の点検、ストーブの灯油量も運びこれで環境負荷

[国内戸建住宅]

【補記】
著者＝住まい手／神戸芸術工科大学工学部環境デザイン学科教授
二〇〇二年春号掲載

51 住まいのトータルエナジー
川合健三のエネルギー思想とコルゲート住宅に魅せられて

建物名 真木邸（コルゲートの家）
設計者 真木兼男・令子
竣工年 一九九六年
所在地 愛知県

真木兼男

　真木さんご夫妻は、セルフビルドで造り上げたコルゲート鉄板の家に住んでおられる。子ども時代から機械いじりが好きだった真木さんは、中学生の時に父親に連れられて完成間もない川合邸を訪れ、以来入りびたるようになり、川合健三自身からエネルギーや機械や建築の話を聞かされて成長した。海外勤務から戻った一九五九年に、とうとう自身も三〇年来の夢だったコルゲートの家を着工し、延べ床面積一三五m²、二.七mm厚の鉄板の家を令子夫人と二人で造り上げたのであった。

　この家は、川合健三が直接指導したコルゲートハウスの最後となった。

　私は、十三歳の時、初めて川合邸（コルゲートハウス）を見て強い衝撃を受け、私自身もコルゲートパイプを使って家を作ってしまいました。川合健三の対談記録などを集め思考や業績を集大成した『川合健三マニュアル』（アセテート刊・二〇〇七年）の中でも紹介されていますが、私も大きな影響を受けた川合健三のエネルギーに対する考え方を伝えたくて、ここに筆を取らせていただきました。

　彼の考えは「エネルギー保存の法則に逆らわずに熱をいかに有効に使うことなのです」。そのコンセプトが原点にあると思います。近代の住まいには、電気、ガス等のエネルギーがうまく有効利用されず、大変もったいない使い方をされています。例えば、煮炊きするガスコンロやガス炊き風呂釜に使われる燃焼エネルギーの四〇％以上は大気に熱として放失されています。この放出燃焼ガスやヒートガスを取り込む器具を開発し、暖房、給湯等に再利用できれば大きな省エネとなります。屋内で放出された熱を外に逃がさない断熱対策を今以上に行えば、家庭で使うエネルギーコストはかなり減少します。地中や水源

コージェネとは

ばえ、持っているエネルギーを集めて、これを必要な設備を設け、これらが持っている高い熱を必要なエネルギーに変えそれを使用すれば、大変な省エネになります。これを成績係数（ＣＯＰ）というか、ＣＯ₂の減少にも繋がります。

各家庭、各事業所は熱を吸収するエンジン（吸収式冷凍機）を使えば、暖房が可能となりエネルギーを数倍に高めることが出来ます。これを持ちます。

昇温安定供給の基本例えば、エネルギー発電する装置を自らのエンジン・ガスタービンで設備を付けて重油を使う発電機を使えばどうか。今後の建設計画すべて天然ガスか石炭コージェネレーターに一本化するように設計するか。ユージェネは大変多岐にわたりますが、最もかしこい方法の一つが一番よい方式で天然ガスを使用するコージェネを普及させ世界と並ぶように考え、四〇年前の川合一良先生（コージェネレーション機関誌）

「コージェネのメートル」を参考にして、川合先生に説明してもらう。欧州を中心に世界中でコージェがどのように進んでいるツを組み合わせて探りながらアルファ編に

電気を蓄える

従来から未だ無関心かも知れませんが、電気設備が町村・府県単位で大きな経済原理がこれぐらい上に持っています。エネルギー供給源として電気料金が大きなウェイトを占めます。大量消費の石炭燃料のバイオマス化、大きな観点で化石燃料のエネルギー源であるシェールガスの時代ものとなり、家庭の家計とともに買いる制度が始まってきました。太陽光発電する時間帯は、発電所のタービン効率を高めるため管理しており、電気の需要と供給を最適に維持するためには、発電所の発電機五〇年以上にわたり公社（仮称売電等）自家発電とがって売買は余剰電気を販売する時代となり、ゆっくり地下電気設備投資が無尽蔵に、消費地の需給が、高校野球の甲子園地下電力を常に使っているようで

まずエイトを使って装置を動かすとしますが、その作動するためには必要な機能を備える電気があります。発電所は最終送電するまでには電圧制御があり自家発電は、家庭の太陽光発電もそうですが、その時代が夏場、冬場、夜間があり最終的に販売電気蓄電池が地下に電力が消えている間、消費の

冷水を作ります。これでエンジン発電機の排出温水を最適に組めば最も効率の良い冷熱発生装置に水を吸収式冷温水器（冷温水吸収式冷温水機）に入れ一次圧力同軸計式の冷房用に発電し

[国内戸建住宅]

ピーク時に供給できるだけの設備を維持していますので余剰電力を安い夜間料金(三〜五〇%前後)でバッテリーに蓄電すれば、日中放電して使用することができます。電力需要のバランスも取れ、CO_2の排出量も減らすことができます。それ故、各家庭や事業所に蓄電池の設置を義務づけるべきではないでしょうか。この設備があれば、地震による送電線が切れた場合でもライフラインを維持する電力として使用することができます。

危険の分散ということ

日本では、原子力発電が五〇%ほどを占めていますが、安全性、安全保障、ウラン獲得等に問題があり、自然エネルギー、化石燃料、バイオ燃料、原子力等に分散しておくべきです。その化石燃料の一つの選択肢として、天然ガスを使ったディーゼルエンジン発電があります。この設備を有効に生かせるのは共同住宅用で更に大きなコミュニティ(五千〜一万人)にはトータルエンジンを利用したディーゼル発電設備を、さらに一〇万人前後のオフィス、商業ビル、住宅が集中した地域には一〇万キロワット(二五万馬力)のトータルエンジン発電所を三か所、公園の地下とか公共施設の地下一〇m以上に設置します。この場合、排出ガス対策をしっかりやって公園で遊ぶ子どもにも全く

影響のない設備とすることは現在の技術があればそれほど難しくはありません。ディーゼルの排出ガスを全く無害にする技術は既に実用化されています。排出したCO_2は潜水艦技術にも利用されているアミンを使って取り除くことも可能です。トータルエンジン設備は環境問題であるCO_2の排出量もかなりの減少石燃料を使用した従来の大規模発電所に比べてかなりの減少となります。それに、地震、水害等の自然災害が起きた時の大型発電所からの送電切れを防ぐためにも、小さなコミュニティで多種燃料が使用できるのは大事なことです。トータルエンジー発電所を一〇万人規模の集中した都市に設けることにより、地域冷暖房が可能になるし、重電機器企業の発展にも繋がります。

同時に環境対策を考えたトータルエンジー式IGCC(インテグレーテッド・ガスフィケーション・コンバインド・サイクル)導入も考えるべきだと思います。この発電設備は石炭を微粒化して高温ガスタービンで発電する設備です。空気から窒素を取り除いた酸素のみを使って燃焼させることにより窒素酸化物の排出を無くします。発電所から排出された熱エネルギーをエヴァポアダム法(吸熱(化学)反応を利用して蓄熱することができます。また、送電線のエネルギー損失や環境問題を考えると市町村、大

[国内]戸建住宅

193

[国内戸建住宅]

（写真＝真木兼男）

厚さ2.7mmのコルゲート鉄板でできた真木邸の外観と内部。竣工は1996年。下は真木ご夫妻
（下・右写真＝叶谷れ以上）

規模事業所としての来の環境問題を解決する究極な発電方法であるコジェネレーションにはガスや石油などの有用な資源でもあります。ただ水素を高効率に得るためには間違いなく水素の排出にもエネルギーが必要であり、水素の搬送、安全な供給、燃料電池には水素量が多くなるが燃料電池の発電だけは危険な作業はしない体温度反応したら燃料電池が近未来化学反応したら燃料が少し漏れても発火する意味ではないか天然ガスを使っているので各家庭では最も有用な材料としてコストも提案する。燃料電池を使った水素発電はすぐに安全な研究は多く、作り方式が実用化されば危険分散の確立と企業

まがいかかおう

［著者＝桃井まどか住まい手記補記］
〔二〇〇八年夏号掲載〕

この章は国内の集合住宅25編の物語である。建設地の内訳は15件が東京都内にあり、千葉と神奈川が4件ずつ、公的集合住宅に関するものは神奈川が4件である。竣工年では戦前の建物が10件、戦後が15件となっている。

同潤会を含めた公的集合住宅には大きな特徴がある。その誕生から、普及・促進・開発・挑戦を経て、建替え、解体があり、その使命を果たし、最後には「URの集合住宅歴史館」[76]としてアーカイブ化されてしまう物語となる。この流れは公的住宅が日本の住宅史の中でいかに大きな役割をもち貢献をしてきたのか、また現在から見たその価値や意義を振り返り、議論する必要性があったものと思われる。個別の8件のうち現存するのは高根台団地[67]と千種台住宅歴史館[75]のみであり、他の6件はすでに存在していない。同潤会大塚女子アパートメントハウス[59]は解体の際には世間でも保存の議論がいろいろと行われ、前川國男設計の高層の晴海アパート[65]はその工法や新しい技術開発、計画のフレキシビリティなどもよく考えられたものであったにもかかわらず、結果的には解体されてしまったのである。晴海アパートは築39年と特に短命にあった。

また民間では、求道学舎[56]、銀座アパート[奥野ビル][61]、谷中の長屋[60]、冷泉荘[66]、ピラ・ビアンカ[68]、コープオリンピア[69]、中銀カプセルタワービル[71]、コーポラティブハウス柿生[72]、南行徳ファミリオ[73]、17 homes [74]など、多くが現役で活躍している。100年以上経過し解体の危機もありながら、リノベーションによって復活した求道学舎や銀座の奥野ビルのように多くがギャラリーに変貌し、活況を呈しているものもある。冷泉荘はクリエイター向けの集合アトリエにコンバージョンされ、福岡の注目建物になっている。もちろん居住機能が継承されており、今日においても落ち着いている建物も多く、今後も愛着を持って住まわれ、その精神とともに継承されていくと思われる。

第四章

国内——集合住宅

52 写真によるすまいの再発見

福島県南会津郡下郷町大内の場合

建物名	大内宿
設計者	—
竣工年	一八世紀～
所在地	福島県南会津郡下郷町大内

国内[集合住宅]

回転 写真の中の在りし時の姿へ戻る

昭和四〇年を少し出たころの写真は、この土地の四〇年ほど昔の民家の姿を映し出す。裏山は、もとより素材の供給地であるばかりか、新建材のなかった時代の素材そのものであり、先祖伝来の技術を伝承する人々のよりどころでもあった。提示した家並みからは、素材の受け継がれた寸法や技法が垣間見られる。

木々は繰り返し芽吹き黄色く色を変え、紅葉は赤く染まり、次第に茶色に変わり枯れ落ちてしまう。若葉は吸う空気で動いているかのように盛んに繁茂している。柿の樹肌は白く粧って白い面となって上に出る。柿の樹の根元の土面はしっとりと白い。雪が国土の表面に出しみ上がっていく。その中で空があり、水が土にしみ込んでいく。ひとひらの雲である。

逆回転 撮影時の瞬間へ在りし時の姿が決まる

影が長く出る時、土地が中央道路により二分される中央に石垣を等間隔に積み、中間に土の斜面を土止めする構造となっている。中央の斜面本体は一間下ほどの用水路となっており、江戸時代の水路が宿場町代の立ちになる溝を引き出し残されている二本の水路が同時に出ている。続いて素材をとる工場。だが、電線が中央道路の電柱にかけられて外の用水は、先に述べた海に戻り、仙台から自動車などにのせて運ばれたガラス戸やトタン屋根などが何枚か画面から取り除かれた以上、時代を試みつつ次第にRC造りへと移り変わるように江戸時代よりの逆回転過程かにしつつあるのだろう。電線は見た示唆を与える。技術の継承は近年生産地以外の電柱もが出ないのは不明

溝から出てくる素材の古出は不明

相沢韶男

姿を現わす。これで明治二四年。この用水の石の西の細萱という字名か、ほぼ大勢の人手によって村の四百年前まできた山に戻っていく。

エンバ(縁側)の前が馬の昔にこの後ろきり北の関川、南の倉谷の宿場に戻っていくことが宿場時代の伝馬稼ぎ、田畑への復任もあり、これが半農半宿を示す。

住居は山へ帰っていく

さて、本題の住居についてふれてみよう。同様に逆転で見ることにする。二五〇年前に建てられた家がどのようなところの材を用いたか、その年数分だけ景色の変化と樹木の育生状況をみなければならない。

家の中心の大黒柱にのみ焦点をあててみる。まず草屋根がめくられて地面に下ろされる。ベラベラの茅は丸められて地面に下ろされる。丸められた茅は一ヶ所に集まり、やがて小屋組が露出する。屋根の小屋組はケヤキやナカがずきり、サスが露出する。サスが屋根から下ろされ、屋根屋は後うきり家に帰っていく。

屋根屋と入れ替わった大工が、床板や下見板をはがす。やがて軸組をはずしにかかる。最後に残った大黒柱は、横倒しとなり、大工の作業小屋に戻っていく。この小屋には大工のシンナや鉋をもちいる。作業は西洋式道具は押すように用いられ、かんなの刃は接着の役割紙のように薄く屑が角材を太く荒くしていく。この屑は地面から飛び上がるように材に吸い付き、この屑は接着剤となって鉋に吸い付き、切り放された木片は、長い材の延長として飛びつく。四角だった大黒柱はやがて集まってまるくなり、皮がつき太い丸太となる。やがて集まった木材は部分ごとに分かれて山を作り出すと、大工は後うきり越後へ戻っていく。おそらく村上あたりであろう。

代わって現れたのは元山（木挽き）である村人に足が集まってくる。縄がつぎつぎ元山に登り始める。まうや山にぼうびよこシンナが犠を引きずるように。雪の上を與山に登り始める。

山に到着した丸太はしばらく放置される。やがて切り株に裕が一本刺し立っている。やがて枝が周囲から取り付き、元山の神くきあげれ。た裕が切り株と裕になりトックリの口には

[上]雪の朝のつらら　[中]草屋根の宿場が残されていた昭和42年秋の松川葉　[下]居間にあたる草の松川葉、開炉裏は「ゆるい」と呼ぶ。中ほどに大黒柱
「かってコ」、中はどに大黒柱
(写真3点=筆者提供)

共存というしくみ

とし変容して百年は繰り返されてきた。大黒柱から戻したり、双葉や芽吹いた山の樺に返る。別れた樹木は雪の中に消えていくように吸い込まれる。地に戻った樹木は若木・新緑・紅葉を

君と木の巨樹が集まる場所から運び出し、木地師の現れる時を待つ。木地師は木地挽きとなる木を倒す。木地師のヨコザが据えられる百年から五十年の太丸太馬型の木屑の青山ができる。木工の女型熊山の奥峰寄木の寄せ集まり荒型が馬型になり熊山にはどた太小屋が建てられる近江の

生き物が共に生きた山

へと立ち上がって柏株が切り倒され幹は外へと参放れる力抜き放つように横倒された生命体の樹木はも地へ消えていく。静寂な奥峰の樺が倒れた樹木は地

再び若松が実を吐き芽吹き、近くには散乱した場所から檜木が生え周辺の柏株の小さい芽が伸び増えた数多くの樹種に差し替わっている。

枯山には私は成熟した山の有用山の樹木も利用される。明治以降も針葉樹が利用され、一斉伐採でない。利用は再生でなく植栽でなければならない。戦後、国有林の名のもと皆伐された戦後、国有林の激しく利用された木地師は過去のものとなった。

熊を殺して敬う動物として、倒した樹木は切った場所で天地和合と根の上に同時に両手は婿とする、口唱は「天」「地」 の文字が言む。中の古老の民家の節中三三九度の時、地元の素材は夫婦の契りを結ぶ交わる杯の材料はあるを始めに述べたように、長の考えから民家の素材は地元の村で有し長の長の考えから民家の素材は地元の気持ちを地元の気持ちで山

で表しているという動物としても木を切る場所は木と生きた天地和合の根の上に同時の時、木は天の地の中で古老の民家の時、木は天の地の中で古老の民家の時、地元の素材は夫婦の契りを結ぶ交わる杯の材料はあるを始めに述べたように、長の考えから民家の素材は地元の

ある素材が綿々と継がれてきた古老かつ具体的な人は生活することであった自然保護の考え人はかつて山・川・村人に山の関わりを見込んでその関わりを見てやり山・川・村に深い情景が脳裏に浮かぶ

【二〇〇六年冬号掲載】
武蔵野美術大学教授民俗学・生活史を講座担当
建築家、ともえ・きよし

200

建物名 曙ハウス
設計者 不明 **竣工年** 大正半ば〜昭和初期頃 **所在地** 東京都文京区根津

曙ハウス
建物の解体とブログ（Weblog）

m-louis
（丸井隆人）

二〇〇六年二月、根津（東京都文京区）に八〇年ほど前からあった「曙ハウス」というアパートメントハウスが取り壊された。この建物の解体にあたっては「ブログ」というメディアの果たした役割が非常に大きく、中でも「Kai-Wai散策」というブログ[*1]はある種の情報拠点となって曙ハウスに対する人びとの思いや記憶を蓄積させる場としても機能していた。そんな「Kai-Wai散策」の足取りを追いながら、ここでは曙ハウス解体前後の様子を辿っていくことにしたい。

根津のブラックホール──曙ハウス

「谷根千」の愛称[*2]によっても知られる根津は、古い町並みや下町情緒を残す地域としても親しまれ、週末ともなると地図を片手に路地裏を散策する人の姿も目立つ。そんな根津の下町エリアの奥玄関ともいえるような場所（千代田線「根津駅」徒歩一分）、不忍通

り（一本裏通り）に、その一帯の主のように構えていたのが曙ハウスだった。

初めて曙ハウスを見る人は、廃屋かお化け屋敷かと疑いたくなることもあろう。様けた下見張りの外壁に割れた磨ガラス。八〇年の歴史を背負った曙ハウスの佇まいはそれほど古びていて、下町風情を宿す界隈でも異彩を放つ存在だった。その曙ハウスのことが「Kai-Wai散策」で初めて取り上げられたが二〇〇四年六月。ブログ管理人のmasaさんは日焼けと錆びに覆われた建物の姿を「古色蒼然スターウォーズ感覚」と仰天されるが、「根津のブラックホール」という記事にまとめられている。

ただ当時の曙ハウスにはまだ人が住んでいて、決して廃屋だったわけではない。二階にはほとんど古いとも思えぬアルミサッシが嵌め込まれ、その奥には生活臭を感じさせる赤いカー

201

解体の噂と共にmasa

テンが壊れて下がっていた。

最後の住人が解体されるまでとても気にかけてくれていた方だったらしい。その話を聞くと五〇〇〇人はくだらないという。二〇一五年三月におかたづけの時。

曙ハウス

旧所在地：東京都文京区根津2-21-3（旧町名：根津片町5番地）
建築年代：大正半ば～昭和初頭頃
構造・戸数：木造2階建て、14または15部屋
住居タイプ：集合住宅型アパートメントハウス（流し・便所共用）
土地面積：約170㎡（13m×13m）
図面＋リンク集：http://yanaka.m-louisorg/akebono/

写真＝masa

曙ハウスの輪郭

曙ハウスの情報源がここまで広がってしまうとは思わなかった。masaの日頃からの情報収集のたまものであるかのように見えるが、実際はそれほど多くの情報源があったわけではない。まずはネットで「ヤロウ」が上げた曙人の書いた曙の文書に始まり、先祖が曙ハウスに暮らしたことのある方、同時期にご近所同士として暮らしていた曙人、数年前に曙ハウスから引越された曙人、そして曙人に関連する情報記事が日に日に見つかり納まりきれなくなるほど増えた。集積する拠点は一人、曙ハウスに完全に住まう人上の話である曙、masaの話を上回るほどの情報が寄せられてきた曙人だが、全ての方の解体の上方を知るのはそれはそれの元に配慮しまっておくのみ。

しかし、情報源をたどっていくと、masaが日々目にしていた時は、元々は曙ハウスのネットから何らかの事がきっかけで、曙ハウスについて少なからぬ人々が何らかの形で目に留めていたということがわかる。ケータイのレンズ越しの曙ハウスのほぼ全てが写真に残されているという事実も増してまた、曙ハウスに上がったことのある人々は少ない。さらに日比谷の高台に住まう人として描かれたりしていたのも、曙人の部分がかなりドラマに取り上げられていた時代も少なくないということだ。

さて、ここからは曙ハウス情報がどこから来たものか、数少なくない情報と人の広がり四軒長屋のようなケースハウスだったという実際の曙ハウスを読み解き、貴重な写真資料なども参考にする。森まゆみ著『不思議の町根津』を中心に雑誌『谷根千』の記事払い下げから高さも出し、スケッチや絵を描き雑誌『不思議の町根津』として始まった。曙ハウスのこのささやかな曙人の元にムクドリと始められたが、本雑誌の記事拒否された元町の発行事を知る。

星社の創始者・建築を手がけた斎藤佐次郎氏が童画家・森まゆみ宅に向かって拒否文をかけて筒状にして拒否し、雑誌の発行事を発した元にあった曙ハウスの元金曜社の元に四軒にぶら下がっていたお金となる、曙ハウスの昔を知る人に向かって拒否され、曙の昔を知る元に行事として『不思議の町根津』を知る情報を願いながら知る。

202

社員はすでに残っておらず、五〇頁に及ぶ金の星社刊行『斎藤佐次郎・児童文学史』も曙ハウスに関する記述はごくわずかで、その内容は『不思議の町 根津』とほぼ重複しているのである。

それでも「Zai-Wai散策」には曙ハウスの近所に昔住んでおられた方の貴重なコメントなども寄せられて、曖昧な部分を残しつつも、徐々に別掲した建物概要程度の輪郭は描き出せるだけの情報が集まっていた。

曙ハウスの居住形態とその変遷

山本夏彦・久世光彦著『昭和恋々』にも曙ハウスのことが一枚の写真と共に数行ほか紹介されており、そこには「大正七年ごろ建てたアパートの走りだろう」と記述されている。『不思議の町 根津』の、昭和五年から七年まで事業縮小を迫られていた時期の金の星社が入っていたという情報と掛け合わせると、おおよそ大正半ばから昭和初頭に、斎藤佐次郎氏が建てたアパートのうちの一つが曙ハウスだったという見方で間違いはないだろう。

金の星社が曙ハウスを去ってからについては、近隣への聞き込みにより得られた情報等まとめると、まず時期ははっきりしないものの、曙ハウスの所有者は斎藤佐次郎氏から東京市瓦斯関(東京瓦斯か東京電気会社)に移り、その社宅となる。それが戦後に部屋単位で分譲され、複数の所有者が存在するという集合住宅のような状態となり、所有者によってはそれを賃貸するようになった。

昭和四三年に部屋を購入されている近所の食堂さんによれば、当時はそうした所有形態による大家不在の状況でも共有スペースの清掃などは当番制が敷かれ、長屋的コミュニティが成立していたのだという。近隣の子どもたちが曙ハウスに遊びに行くという光景も決して珍しいものではなかったらしい。

ところが一九八〇年代に入った頃からハウスの賃貸化が進み、建物内のコミュニティにも綻びが生じるようになっていく。それは森まゆみ氏が全国に先駆けて創刊した地域情報雑誌『谷根千』によって、この地域に外からの注目が集まり始めていた矢先のことでもあった。

プレート「スウハ曙」とその行方

曙ハウスの存在感を際立たせているもう一つの立役者、ハウス正面二階外壁に掛けられた看板のことに触れておかねばなるまい。曙ハウスの名前が右から左に太楷書で書かれ、スウハ曙——さて何だろう?と思わせる。それだけで充分なインパクトではあるが、文字まわりの厳しく古めかしい意匠も強烈な印象を与え、「スウハ曙」の謎が解けた多くの人は、曙ハウスの

そんな悲観するような事態ではない。招かれた多くの住民がそうであったように、下町・谷根千は深く愛された時代もあった。集合住宅以外にも進入するケースが見られるようになった頃合いは、わたしが近隣に移り住んだ時期と重なる。時を同じくして「カヤバ珈琲」が再オープンし、それに付き合うかのように「スメクラシー」のための看板を数え始めた。「スメクラシー」そのものに火がついた時代もあったが、谷根千に住んでいた人々が知らない間に「スメクラシー」の情報が散策ブームと共に吸収された時期もあった。「スメクラシー」に住む人という存在を共にしていたが、それが失われる

しかし一方で譲られるのは始めから破壊された状態で建物に目的を放棄させる荒廃を——建築を補修したまま自らの肉体外にもコミュニティに余所者や外国人を数えた新しい看板が

として観念すべきことではないかもしれない。自らスメクラシーの在り方

[国内集合住宅]

204

が進むのもよそにしたサムスタンスの裏の背景を具体的に示された

ズ(二〇〇九年)以降、文化館歴史館企画展にて「谷根千で始まった「木造密集地域」における木造賃建築の支持者・その再開発見直しの可否・国立代地域木造再建築者グループが集まって、千駄木二丁目総称である同区内に隣接する地域が集まった、つまり「谷根千」の頭文字をとる

*1 谷根千——三区（文京区・台東区・荒川区）にまたがる谷中・根津・千駄木を総称する言葉。千八の個別の総合誌『谷中・根津・千駄木』名の頭文字をとる。

*2 Kaya-Waba歴史館、http://mods.modsb.jp/blog/ 関連記事：http://mods.modsb.jp/blog/archives/000113.html [追補]
*3 URL閉鎖

[証]
千谷根千記念館、http://www.city.bunkyo.lg.jp/rekishikan/
http://www.yanesen.net/

【掲載】谷中M類商店「if」運営／『ja』二〇一七年春号掲載

キヤバ珈琲とか谷中M類商店、住宅建築の施主またの「スメクラシー」がさらに上積みされた機縁を共に見出した頃からこの頃から本誌にもたびたび紹介されている「masaが新たに保守された文京・根津歴史館の残っていたが協力のもと、古物商時解体処理に

形ばかりに同じフォーマットとしていた、ーが並んで「スメクラシー」「カヤバ珈琲」——近代建築に見られる開会期収蔵される、つまり「スメクラシー」は最終的に数え上げされる出会街角として陽の造

54 もう一つの集合住宅の祖型としての 旧東京市営古石場住宅

建物名 旧東京市営古石場住宅
設計者 東京市建築課
竣工年 第一期：一九二三年、第二期：一九三六年
所在地 東京都江東区古石場

東京都江東区古石場二丁目

内田青蔵

古い集合住宅といえば、多くの方は青山や代官山といった同潤会アパートを連想するのではあるまいか。一九二四年、同潤会は関東大震災で罹災した人びとの住宅を供給するため設立された。その事業は東京・横浜と地域的には制約されていたものの、国家が正面切って行なった初めての公共住宅建設事業であった。そのような同潤会の事業の一環として建設されたアパートが、わが国最初のアパートの代表として想起される所以である。今でこそあたりまえとなった鉄筋コンクリート構造を用いて、不燃化と重層化による高密居住を積極的に実践したことである。しかも、昭和十一（一九三六）年当時の資料によれば、東京市内の鉄筋コンクリート構造による集合住宅は一五九棟で、その半数が同潤会の手になるものであったことが端的に示すように、戦前期においては、質も量もアパートといえば同潤会の名に出るものはなかったのである。

ところで、新しい都市の行方を睨んで不燃化と重層化をめざした集合住宅の建設を最初に手がけたのが同潤会かといえば、それ以前に既に実践しその証としての建物が現存している例がある。これが今回紹介する旧東京市営古石場住宅である。

この旧東京市営古石場住宅は深川区（現・江東区）古石場に位置し、かつては五棟の住棟とともに食堂および浴場が設けられていた。そして、これら五棟の住棟は今日まで住宅として使用され続けてきたのである。

さて、これらの住棟はすべて三階建てで、第一期に四棟、第二期に一棟建設された。それらの竣工時期は、第一期が震災前の大正十二（一九二三）年三月、第二期が震災後の大正一五（一九三六）年三月であった。このように、東京市では関東大震災前から既に不燃化と重層化による高密居住をめざした市営住宅

205

ンを挟んで片方に住戸を建設したもので、独身者を対象としている。第二期は二棟を高めたため、二期の三棟を挟んで計画された中廊下型の住戸配置であるが、夫婦向きに配置された計画となっている。第三期は一棟で計画され、各住戸の便所も共同使用とされた。具体的には四戸配置するごとに共同便所と階段を設け、階段の利用率も同様。

第一期・第二期の構造はいずれも鉄筋コンクリート造であるが、第一期のものは鉄筋コンクリート造としては我が国で最初の事例である。関東大震災前に鉄筋コンクリートを高層住宅に採用した例は注目すべきものといえるだろう。

ブロックで区切られた階段を挟んで両側に住戸を二つずつ配する。このように住戸を建て、二階にして二戸を挟んでいる。

第一期建物は不燃化を高めた鉄筋コンクリート造の建物で、二期・三期も同様である。

第一期は集合住宅として一事業経済性のようなコストが普及しておらず、経済性の点でも構造として鉄筋コンクリート造を採用したことは特筆される。同潤会アパートの鉄筋コンクリート造は当時の最先端の技術を発揮しており、耐震・耐火の効果は大きく、現代においても中村鎌倉アパートのような近代的な中高層住宅として営繕が続けられている。この中村鎌倉アパートは一〇〇一（大正一〇）年竣工で、都市型中高層住宅の最初の事例であり、古くは中村鎌倉アパート建設以降、都市型中高層住宅の建設は中村町において特に注目すべきものとなっている。

第一期の共同住宅を建設したのは長崎の軍需工場であるが、長崎市中にあった軍需工場の都市型中高層住宅は、近代都市計画の中村町住宅性格をなすものとして強化によるが、石場建の中村町住宅性格を示すものとなっている。

［図１］第一期の建物の外観
（P.206〜207写真＝筆者提供）

［図２］第一期の建物の階段ホール。見えている扉は、各住戸に設けられた外便所の扉

［図３］第一期の建物の階段踊り場に設けられたダストシュート

今日の集合住宅の組型は、横浜市・東京市と続く一連の市営公共住宅建設の中で生み出されたことを意味するし、その流れが同潤会へ収斂していったともいえるのである。なお、横浜市・東京市といういわゆる六大都市が市営住宅事業を開始した時期は、大正九(一九二〇)年頃に集中する。これは、内務省が都市人口の増加に伴う住宅不足を解消する方策として、大正八(一九一九)年から公共団体に低利資金融通策を開始したため、各市は市営住宅事業の資金の確保ができたことによる。

さて、再び古石場住宅に目を向ければ、第一期の建物は、装飾のない極めて実直な姿をしている[図1]。とりわけ外観を特徴づけているのは、開き窓形式の縦長の開口部で、重厚な雰囲気を漂わせている。内部は、全て畳敷の居室で当時声高にいわれていた椅子座の生活は導入されてはいない。しかし、設備面では水道、電気、階段部分に設けられたダストシュート、屋上に洗濯場といった近代的施設が備わった建物であった[図2・3]。一方、第二期の建物は第一期の建物とは対照的に正面には独特の装飾を見ることができる。その装飾は、アール・デコ風の影響を受けたもので、アール・デコ風の建物としてはわが国でも早いものといえ、デザイン面でも注目される[図4]。ただ、内部は全て畳敷の居室であることと、近代的設備が施されていることは第一期のものと共通している。

いずれにしても、この古石場住宅に見るように、東京市では近代的集合住宅の建設に着手したが、震災後の同潤会の設立により、新しい住宅づくりは同潤会に取って代わられ、当初の計画はこの古石場住宅と昭和四(一九二九)年の清和寮の建設で中断してしまった。この清和寮も今は無く、東京市の企てを示すものはこの古石場住宅しかない。そして、この古石場住宅も同潤会のアパートと同様にその使命を終えようとしているという。わが国最初期の集合住宅の組型の勇姿を、新しい住宅を考える一助として胸裏に焼き付けておくのも一興ではあるまいか。

うちだ・せいぞう／文化女子大学助教授【一九九七年冬号掲載】

[図4]第2期のアール・デコ風の外観

船場ビルディング

生き続ける近代建築

建物名 船場ビルディング
設計者 村上徹一
竣工年 一九二五年
所在地 大阪市中央区船場

北浦千尋

大阪の街並みと近代建築

大正から昭和初期にかけての大阪の街区にはいくつもの近代建築が建ち並び、モダン都市大阪の新しい街の気配が活気付いていた。木造町家の街並みに取り込まれるように建てられた洋館風の初期近代建築から、欧米の新しい時代の潮流をいち早く取り入れた近代建築が立ち並ぶ通りへと歩み足並みを揃えていく過程は、この時代の商都大阪人の先進的活力を示している。なかでも今に活きる大阪の近代建築群のなかから、近代の街並みを彩ってきた御堂筋と、その裏路地の骨格を形成した三休橋筋に挟まれた御堂筋・裏の良質を目線で生きる形で実現

船場ビルディングの建設

大正の終わりの頃、船場にいくつもの新築の建物が今もある。その建物は今も建物が取り入れた洋風建築がやがて本格的な近代建築が立ち並び、商人から新しい時代の建築は、一番のひとつである。この船場ビルディングは、もともと道路拡張工事のため立ち退きを受けた事業者が移転のための建物を持ったため移転計画が急きょ、船場ビルディングへ移転。一九二五年新しく筋へ変わって、集地となった。

この船場ビルディングは、敷地面積一〇〇坪の四階建てのビルである。賃貸付きアパートメントの五間×六間の付きとしては非常に広々とした一間の一階と二階は、玄関前に耐震耐火の鉄筋コンクリート、三階は木造という工夫でコストを見下ろす。船場ビルディングは新地に付き必要に応じ、アパートとして経営を成り立たせるとして成功している。

すことにした。仕事場と住宅が併設されているという洋館というだけでも珍しいものを、新聞に取り上げられるほどの注目を浴びた。当時は今と違って、五層の吹抜けを持つ中庭が特徴的ではないが、一歩中に入るとそこから光が降りそそぐ。まるでどこか外国の路地に迷い込んだかのような風景が目の前に広がる。
ビルの外観はさほど目立つものではないが、一歩中に入ると、そこから光が降りそそぐ。まるでどこか外国の路地に迷い込んだかのような風景が目の前に広がる。
ただの事務所ビルでもなく、中庭などなくてもよかったかもしれない。中庭は街中で光を確保するためには最適な方法である。今でこそ珍しくない考え方だが、当時としては新鮮なものだったに違いない。
現在は残念ながらアパートとしての使用はされていないが、ほとんどの部屋が向き合っているため長屋のような中庭を通してほとんどの部屋が向き合っている

[上右]階段の踊場に設けられたL字型の小さな部屋
[上左]玄関口は、トラックや荷馬車が引き込めるよう広くなっている
[下右]地下室にも光が採り入れられている
[下左]ビル中央の中庭吹抜け
(写真6点=筆者提供)

ビルの中央に設けられた中庭の吹抜け

建設当初の金具が今も使われている

が同じ色で塗られており、建具自体は当時のものが使われたままで、古い時代の趣が感じられる。一体感があるのは、当時の鍵と現代の鍵が併用されており、両方の推移が見てとれる玄関のキャビネットも昔ながらの姿を保っており、意匠としては全戸揃ってアアーチ型の

郵便受けもあり、部屋には電気防犯装置も設置されており、最新鋭の設備も整えられている。在住者には充分な容量の配電盤に手が入る。

時代に合わせた改変

要因のひとつとして長屋ひとつの音の響きがあることが見直されている。無機質なものから出す生活音などが一斉に顔を出す騒音となって周りの部屋に大きく響くのだが、近くに住む者たちが落ち着いた雰囲気が得られたりで、長屋に似たような中庭の人気がにじみ出す魅力

がある。建具と同様に面積的にも他の部屋の形態のL字型にしてもあるというが、地下室に繋ぐ形で通常の三倍の広さを確保したというケースがあるのはこれは、階段の踊り場になる部屋ではなく、非常に人気のあるメゾネットタイプの利用者が光を取り込むように地下部分の創造力が必要としてもの

がとしても部屋には使えるよう立てられたのだが、床が少し下がっているものだった。地下は地下室がまだ大小の境界を広げていくが、その後同士のあいだ取りを間仕切り拡張する大工事をして、一〇坪ほど隣同士が合併し二倍の広さになっているという

である。部屋には一部屋同士が面積で使いこなせるよう秩序よくしまうスペースを取り揃えた。外のベランダの人々には自転車好きが勝手気ままに自転車や各々の荷物を自由に置いていることで、第一印象はよくないがこれも改装されたようだが、自分のだけの範囲の部屋だけに収まらず、部屋が共用の周囲にまで広がっているのは奇抜と共に改装されており全体として植木鉢で強調させるような限られた部屋内部にしてはおしゃれな以

はが気分秩序でも使いこなせているようで、中庭には自転車などが勝手に置いてあるが、これも改装された自転車や荷物のようで、自分だけの範囲の部屋に収まらず、部屋が共用の周囲にまで広がっているのは奇抜と共に改装されており全体として植木鉢で強調させるような限られた部屋内部にしてはおしゃれな以

建設当初から予定されていたことではないが、利用者に合わせて改装され、さらにその改変された部屋から新しい使い方が生まれている。このようにひとつの使い方に限らない多様な可能性と、それをイメージさせるような魅力がそこにはあるのだろう。不動産情報に流れていないにもかかわらず、知り合いの紹介や噂を聞きつけたという人たちで、常に入居待ちの状態が続いている。

生き続ける建築

住宅でも ビルでも同じことだが、現在の必要性にのみ重点をあてた建物は、長く使われることはない。また逆に「何にでも使える」箱を用意しても、結局は「何にも使えない」つまらない空間となるだけだ。そして、どれほど長期的な見通しをもって建てたとしても、時代が変わり、住む人、使う人が変われば、多かれ少なかれ不具合が生じる。特に強い構造体である鉄筋コンクリートは、躯体の寿命が来る前にソフトの寿命が来てしまうことが多い。しかし、使用者ひとりひとりが丁寧に住み継ぐ、あるいは使い継いでいくという気持ちで接していれば、必然的に建物の寿命も延びるのだ。船場センタービルが八〇年という長い年月が経過した今でも、人びとに愛され、使われ続けているのは、このような気持ちを保たせる、建物としての、空間としての魅力がそこにあったからだろう。

その建物の建っている場所に触れ、その建物と街との関係に触れ、その建物自体に触れたとき、そこから何かを感じ取れること、対話できることが、使い続けられる建築の条件であると私は思う。そんな豊かな要素を持った建物というのは、飽きられることはないし、古くなることもない。自分もがめ、人びとがほんとうの意味での「美しさ」とか「気持ち良さ」を感じることのできる空間と建物をつくること、そういった生き続ける建築のストックをつくっていくことが、これからの建築家に求められていることではないだろうか。

きたがわ・ひろし／編集出版組織体アセテート【二〇〇五年冬号掲載】

56 求道学舎

建物名 求道学舎
設計者 武田五一
竣工年 一九二六年
所在地 東京都文京区本郷

武田五一設計・大正一五年築、信仰に生きる学生たちの共同生活の場

仏教思想を核とした教育の明治から大正・昭和にかけて学生事業のスタート

木造三階建ての「求道館」は、明和三三年、有力な下宿街であった東大のお膝もとの本郷にあって、旅館街として知られた本郷周辺の下宿屋には多くの学生を収容できるような時期は早くに終わっていたが、宗教法人としての目的に添う法案の廃案によって、本郷の地に建設された旅館のような下宿の構造であった。

祖父が老舗の建物でもあった目白の兵営三年前の所の住まいであった「求道館」を目にした近角常観が、兵営三年所の「本郷館」を目にしたのは、明治三三年、有力な下宿街としての本郷であった。

後に学生下宿から大正・昭和にかけた学生事業のスタート

求道学舎は上げる法として見るとヨーロッパの各国を廻り余地がある。木造としては大規模な総二階建であったが、一階は食堂のほかに馬場のような広い空間になっていたが、二階は学生の寝起きする部屋として使われた。宗教観に裏つけられた期の社会事業は、彼は国へ政治や慈善事業を修めた彼は国政や慈善事業を学生事業にあてられた明治三五年である。キリスト教観は当時は深くアメリカなど国々にだけなく余地にも十数建ての幹事勤めて一人数人の学生と共同生活し渡して食事を聴講し生活を離れて

壇家に住む近隣の人と無縁のものが初代総の包んだ日常生活の信仰体験のあり方であるしたが「日曜講話」と近郊の寺に招かれたが、自身の信仰で仏像を共有観と身体験を説き鍛えられる仏像を共有観の姿を構えた衣を纏えることもしていた鉄の極みで助け合い生相隣り合う信徒たちと深めると呼んだ「一生の幹事勤めて一階建の二階にある二階は三階にな二階の建物は営業計五年で

近角真一

212

会堂建設へと発展

耐乏生活の中で十二年間にわたる募金活動の末に大正四（一九一五）年出来上がった求道会館は、それまで求道学舎が周囲の人びとにあたえていたイメージを一新するもので、擦り切れた黒染めの衣を纏い、廃屋に学生たちを集め怪しい共同生活をしている乞食坊主が、何と最新式のレンガ造の教会堂を建て、竣工式には各界の名士がぞくぞくと駆けつけたのである。求道学舎とその付属屋がつくり出す一群の木造建物はまさに梁山泊のようで、それらと渡り廊下で繋がるレンガ造の会堂とするという生活であった。間もなく妻子を得て、手狭になった求道学舎から渡り廊下でつないで常観庵は平屋の小宅を増築する。そしてさらに年若い弟、常音宅も増築する。増築といっても廃屋とほぼ変わらぬ造りであった。この二軒の住まいと求道学舎は、八重桜の美しい中庭を囲み、渡り廊下で手をつなぐように建っていた。両家のいたずら盛りの子どもたちが、建物から建物へしばしば遠征して会生たちの勉学の邪魔をしたのである。

武田五一の設計により大正15年に完成した2代目の求道学舎。東京都指定有形文化財の求道会館に隣接し、本郷とは思えない静かなたたずまいを今に残している（写真2点=筆者提供）

求道学舎の1階平面図
[補記：大正15年時]

213

地域とを結ぶ拠点ともなった。夏季に開催される仏教界をリードする高僧たちの集まりなどが国内の主要都市で開催され、「求道講話会」と銘打った日曜講話などが毎回三〇〇人を超える理想に燃えた人々を集めた。政財界サロンとしての機能を果たしたのは各界の著名人が多数発起人となった求道学舎卒業生による「求道会満之を訪れた人は無論のこと、近角常観の思想に共鳴した資本家や名士は、本郷の求道学舎・求道会館を

思想の表現としてのRC洋風の新学舎建設

思想の表現としての求道学舎の新築設立後一〇年目の大正一一年の夏、近角は求道学舎敷地裏手の木造の会館裏の一部二階建の会館を改築することにした。当初の構想としては、木造会館の一階建に改築しようと思っていたようであるが、折しも計画の陰で起きた大正一二年九月の関東大震災により木造会館はいったん倒壊を逃れたものの改築費用全額を会館の修復に充てざるを得なくなった。幸いにして求道学舎の財界人らより臨時に出資の募集を受け直後の一九二四年に鉄筋コンクリート造三階建の求道学舎を建設して引き受けてくれた常観の懸命の奔走があったのである。

備えとして全体のコンセプトを「旧家を改築する」という考えで再スタートをさせたのである。求道会館が非常時には本書斎として使用される機会も想像できるが、先に述べたように求道学舎は北向きに建つため、南側の中庭に急に足りなくなる食堂・厨房が入る南側北側に求道会館であり、その一階は先にあるが、先にあるが北側の中庭に面した二階建て三階廊下のように立派な洋風の造りとなった。求道学舎は勝手も知れたる故に友人武田五一に依頼したそうである。ところが武田教授は忙しく、一〇年後に部分的に訪ねた記述があることから先代の京都大学の求道会館の設計依頼したが、求道学舎の設計者は武田五一と初代近角常観であったことは私の父の書き残された設計図とその父への建築依頼ただし、求道会館の設計は私の父の書き残された設計図より、大きい玄関の三尺余平角に大柱があり、その階段がそれをはさみ、平屋二階となっておりその管理人住宅の「玄関玄関下に誕生した

計三十坪ほどの二階敷地に三ヵ所設けられた。一階の東側にある部屋は北側中庭に面した三階廊下・階段付近の中庭・北側に切って広い食堂・厨房を一階に収めたが、その二階一部屋は初代常観時代の応接間であり、二階部分は食堂・階段の上・空間に使った玄関を広げ、管理人住宅の平屋初代の

東階段付近の中庭・北側に付属管理人住宅の西隣補えてある。

ヨーロッパの空間スケールが導入された。
このことがその後、求道学舎内で常観の子どもたちの家族が戦前戦後の激動期を生き抜く上で大いに活用された。ある場合は親子二世帯、ある場合は兄妹二世帯、または姉弟二世帯、そして最後には求道学舎の第二の黄金期を築いた木村雄吉（常観の娘婿）一家の舎監時代を迎えるのである。

コーポラティブ住宅へリノベーション

今回のリノベーションの試み（本号ミニシンポ項参照［補記：『すまいろん』本誌二〇〇五年夏号6〜14頁］）は、常観の跡を継ぎ、学生たちの信仰生活をわが人生とする後継者がいよいよ一族内に絶えたことを意味している。しかし近角常観と武田五一が注いだ建築の高い思想がこのリノベーションを可能としたことは言うまでもない。この建物に廃屋以上の価値を見出し、今日のマンション業者の天網恢恢たるニーズ補足策に眼もくれずこの場を終の棲家と見定めた一〇軒の家族に熱烈なエールを贈るものである。

ちかずみ・じゅんいち／求道会代表、建築家、集工舎建築都市デザイン研究所長

［補記：著者＝すまいろん【二〇〇五年夏号掲載】］

れていつぱいに大きな洋館造りの常観宅が計画されていた。この案では伏せられていたある日突然この案を提出して常観を驚かせる趣向であった。ところが案に相違して常観は蕡ぼう長年の友人にしても理解することができなかった常観の心情であった。東階段部分が廊下に雁行し、さらに四蕡堂が継ぎ足され、この辺りが常観宅となったのである。常観は廃屋の憲兵屯所の二階で学生たちと同じ空間に居住していた時代が忘れがたく、三男一女の子どものうち長男次男は他の舎生と同じ蕡堂をあたえ、自らの書斎を蕡堂二部屋分ぶち抜きの部屋に、他の家族のための茶の間も同様の部屋にあてがい、再び原点の暮らしに戻ったのである。長男が結婚したときには、新たに二階の蕡堂を二つぶち抜き新婚家庭とした。

常観は決して寺の子弟の入蕡を許しなかったといわれている。こうした縁によらずに自我と向き合いながらおのれ自身の信仰に到達することのできる若者に期待をかけたのである。そのために厳格に区切られた蕡堂であった。この蕡堂はどの場所でも連続して広げることが、廊下の広き、二階の高さに

57 東澄光園と「渓流」のあった

昭和初期の異色の木造集合住宅

建物名　東光園アパート
設計者　不明
竣工年　一九三五年
所在地　東京都渋谷区

斜面を生かして建つ

東光園アパートは、東急東横線の代官山駅に近い、駒沢通りの表通りから一棟を入ったところにある木造三階建ての集合住宅である。昭和初期に建設された木造アパートの中でもいわゆる大型のアパートで、同潤会アパート（三階建て）の数多くの中でも中型のアパートに属する。

シュロ葉からなる木立に入れこまれた門柱をぬけると三棟のアパートが建っている。建ち並ぶ三棟のアパートは、目黒川に近い南西に向かって建つ号館と号館を平面構成にするとおおむね南面しているが、号館と号館は斜面の高台に位置し、号館は高低差のある敷地に低い方に建ち基本的な

斜面を利用し、一棟のアパートを三階建てとしているのは、号館と二号館である。二号館は三階建ての住棟であるが、高台の斜面を利用して、一階の床レベルを敷地の高い方に合わせることで、平面形式としては上階と同じ断面構成となっている。

ここに号館のアパートであるが、平面計画が単純高台にあって敷地形状も比較的手法として、斜面を利用した一号地型の号館は、建設当時としては異例のものであり、このような手法を異形部分を極めて切り込み、二号館と共通する似通った号館と似通った形として目杯利用したにもかかわらず昭和四年頃の初期でもあるから、号館の四年頃の建設であり、号館の建設時期は昭和十年代と推定されるのではないかとも考えられる。

さきに号館として述べた三階型のアパートが四つの階段室をもつ四型ので、建物への出入口が接する一階地盤面にあり、三号館の三ヵ所の出入口に対応して、管理人室・共用室・共同浴場が配される。

ーもう一棟の号館は中廊下型となって建設されているが、三階建ての号館の平面は、平面構成は、号館と用いられる手法として相違性があり、昭和四年頃の一群のモダンな設計思想であり、号館の建設形態としてまだ十分な活用も進んでおらず、敷地の有効な断面形状利用し、敷地の規形

大月敏雄

配置図（伴公実作成）
配置と三田用水、東光園社長宅との関係を示す
造園会社（東光園）社長屋敷

中目黒
代官山
東光園アパート

パンフレットにあった敷地案内図
昭和初期の目黒区と渋谷区の境の様子が良く表現されている
（内藤秀樹氏提供）

3号館裏の上の写真。2号館と3号館の間には、滝とせせらぎがあった。写真は滝の吹き出し口あたり

管理人室窓口のステンドグラス
3号館表の玄関を入ると、管理人室の窓口が見える。ここのステンドグラスはとても素晴らしかったが、建物解体直前に盗まれてしまったらしい。見かけた方は一報を

2・3号館の間の路地／敷地高低差を利用しても2号館と3号館の間にはヴらみな「造園」が施されていた（写真3点＝大月研究室）

3号館立面図（伴公実作成）敷地高低差をヴらみに利用した3号館

変形敷地の一番奥のフラットなところに一号館が建設され、敷地手前の斜面を目一杯利用した二号館と三号館が、時間をかけて建設され、昭和一〇年頃には竣工していた、というのが今のところの建設年代の推定である。

二号館と三号館の建設は、なぜこのような長期の工期が必要であったのか。まるまる六年間を費やして建てられたわけではないと思うが、それなりに工期のかかる建築物であったのは基礎工事に費やされたことは想像に難くない。おまけに二号館に斜面地に建っているゆえに日数がかかったのも工期がかかった理由のひとつとして挙げられる。さらに、アパートに滝をつくってしまったからである。水が流れ落ちる滝である。一階には共同浴場もある。管理人室の存在があけられる。

ランドスケープ・アパートメント

建設当初のパンフレットにはこんなことが書いてある（原文カタカナ）。

「庭園明るく広く池あり滝あり渓流のせせらぎ又展望台より望む富士アルプス秩父の連山一望なり遠く箱根大山諸連山を望み空気清く通風心地好し又閑静なり東京郊外で静かなのはよろしとしてまた東京都内に納むむのは池や展望台があるのはよろし」

池や展望台がある。それにしても、この3号館を

意味が読み取れないでいたのだが、

この道路をアパート「東光園」の名前の実は、埋設されてしまったが、この周囲の空気醸下げに、館として気になるのは、その建物の傾斜のために敷地の周囲に作られた石積みの擁壁ではないかと思われる。現存するその名残は、玉川上水作業所(現・サントリー)から明治期に建設された三田用水の水路であった。三田用水路は、恵比寿の麦酒醸造所への用水として明治三十年に建設された水路で、日本初の水道管が敷設された水道である。敷地自体は目黒区にあり、アパートは渋谷区と目黒区の区界に建設された。アパートの名称は正式には「渋谷東光園」であり、これは造園会社・東光園の老舗発想からきた大胆な名称であった。三田用水の水を利用して渓流を続けていた「瀧」がそのままサロンとなったようである。明治三十八年創業の老舗造園会社・東光園は、この三田用水の水路を巧みに使い、日本庭園を造園していた。

実は、渋谷区松濤にある「東光園会社」社長の松月嬪明氏が、別荘風の良好な集合住宅として賃貸したのが東光園の表稱である。

この道路を挟んだ前の敷地が渋谷区にあり、造園会社があったため、アパートはこの名前を付けて呼ばれるようになった。

アパートの名前は実は、「東光園」であった。

[註]
* 本稿は、日本建築学会研究発表会(二〇〇七年八月)に報告した内容をもとに、その後の新たな資料や協力者への助力・協議事業公社(現・独立行政法人都市再生機構)長期経過集合住宅管理状況調査(一九九六年七月)『集合住宅生活史の所有のあり方論文集』として、二〇〇七年十月に「東京工業大学形態論研究室多様な住まいに負うところ大である。

【掲載号】
東京理科大学工学部建築学科教授
二〇〇七年号稿

おおよそ、おおよそ、東京テーブルアパートであり、ごく少数が残されている。

懐かしい昭和の面影を残すアパートであるが、近年、最も取り壊されるであろう東光アパートも、建て替えが始まる所にあり、建て替えが進む時代の波にのみ、所有者がやむにやまれぬ事情に建替えに到る形態となっている。

しかし、国内にアパートとして長く居住者付き物件として貴重なものであるが、賃貸アパートでもあったり、東京アパートのように東光園の社屋であったりする点が、考慮してもらえば、もっと自由なアパートとして実施されてもよい建築であろう。東光園アパートは、東京アパートとは異なり、日本有数の不思議なケースが合体した外部利用型の造園会社が自社敷地内に引水して水管を裏に抱え込んだ上で賃貸した際のアパートの屋敷の庭園の利用である。

東光園アパートは国内のどのアパートでも、財産税負担のため

58 同潤会猿江アパート

建物名 同潤会猿江アパート
設計者 同潤会
竣工年 一九三〇年
所在地 東京都江東区

小林秀樹

華々しい同潤会のアパートの中でも、猿江アパートは目立たない存在だ。しかし、私が最も強く惹き付けられる住まいの一つである。

同潤会は、関東大震災の復興をはかるために設立された財団である。数多くの応急住宅を建てる一方で、これからの日本の住まいのモデルとして本格的なコンクリートのアパートを建設したことで知られる。

有名なものは、代官山アパートや江戸川アパートである。これに比べると、この猿江アパートを知る人は少ない。それも当然で、不良住宅地の改良事業であるため、江戸川のような中産階級向けの華々しいアパートとは区別されていたからだ。

しかし、ここには他のアパートにはみられない特徴がある。

中庭を囲む廊下

同潤会アパートの多くは、各戸に階段室でアプローチする形式をとっている。その中にあって、ここだけが廊下形式のアプローチを採用している。その本当の理由は分からないが、不良住宅地の改良であるため、従前の裏長屋の路地をイメージが設計者にあったのだろう。立体化する

猿江アパート(昭和5年竣工・東京都江東区、近年は住利アパートと呼称)は、多くの同潤会アパートとは異なり、不良住宅地改良事業として建てられたもので、221頁下図はその第2期153戸の部分を示している。住戸の広さは同潤会アパートの中でも最も小さいものだったが、定着率は高く、安定した地域社会が育まれてきた。既に再開発事業が着工しており、中庭を囲む住棟は姿を消している。

219

都市に開かれた中庭型住宅

 この特徴は、外周道路に面して店舗が……

 方位の思想という点で見ると、集合住宅の中でも家を中心として考えるか、外部との関係を考えるかによって違いがある。前者は道路の計画を重視せず、中庭や南面を重視するだろう。後者は都市型住宅の思想だといえる。都市型住宅を考えるとき、中庭型住宅が思想だろう。

 下廊下の表情は南面指向と関係なく、中庭を囲む東西南北の廊下に建物が干渉しあって現住している。南廊下の南側に植木鉢が置かれた実により樹木が楽しめる。特に私的な庭廊が形成される。

 戸下は方位によって中庭を囲む廊下が公営住宅中層階形式の住宅に多い。同潤会アパートでは、廊下形式の住宅ではなく、洗濯物を干すために方位を気にする勇気がない配慮は無用だ。

 低所得層向け、敷地条件が悪い、同潤会は下げて公営住宅中層階形式に多くがその後の集合住宅に共通する。

日本的な都市型住宅

 だが言わざるを得ないのは、当時のアパートが今日の目から見てもっとも新鮮な特徴をもっていたのは、アパートの中だけでなく、都市に近代的な表現の多くがアパートによって指摘される同施設が、下町に共同の表現であった。下町の無縁な中で……

 今日施設としての食堂や遊技施設、江戸期に発達した町屋は、アパートの中にこのような共同施設が必要だとしたのではない。江戸の線に比べてなるほど中の町にお線を比べて町に……

 であろう。

 もし、今日、中庭型住宅を外部道路をアパートと対比させて町にうもっとも静かな中庭を歩くと、裕に込み合った街外部の住宅に囲まれた中にアパートが必要だ。改良江戸川アパートをつくった住宅対比だとうなる。その端にはろろ商店が従来の商店前に並べて、商売や一部に見事

現代的な「都市性」が実現されているかは明白なように思われる。猿江は、都市に開かれた中庭型住宅である。それに対して、江戸川は、都市の喧噪の中に、楽園の孤島をつくろうとした中庭型である。

街区内に中庭を設けることによって、日照や縁といった環境を担保する。これは、両者に共通している。しかし、同時に外周には店舗等の都市施設を配して、町並みの一部とすることで方位より集住性を重視したアプローチ計画を行なう。猿江アパートには、まさに都市型住宅の原点がある。

ところで、他の同潤会アパートと同じく、ここも建て替え計画が進んでいる。残念なことだが、これも時代の流れである。今度は集合住宅の建て替えという大問題について、その先進モデルとなることを願いたい。

こばやし・ひでき／建設省建築研究所【一九九三年春号掲載】

(P.219〜221写真＝筆者提供)

[国内] 集合住宅

59 働く女たちの都市型住宅 同潤会大塚女子アパートメントハウス

建物名 同潤会大塚女子アパートメントハウス
設計者 同潤会
竣工年 一九三〇年
所在地 東京都文京区大塚

働く女たちに新設された自身のアパートメントハウス完成

一九三〇年発行のアパートメントハウスに関する記事が掲載されている『婦人画報』に、大塚女子アパートメントハウスの瀟洒な印象の写真とともに「職業婦人の与う安らぎ」と題された記事がある。当時の記事は独身婦人の生活に焦点をあてたものが多い。このアパートメントハウスは「近代都市の華麗なる独身婦人のアパート」として、同潤会の同時期の他のアパートに比べ経済的負担の軽減化が図られ、一〇年後には独立した生活ができるよう工費二三万円を投じて建築された。総坪数一九五坪の近代建築で、

小石川区大塚町に同潤会が建設したのは、鉄筋コンクリート造の五階建てで、地下一階、地上五階の建物。独身女性のための個室が一五〇戸と、共同の浴室・食堂・娯楽室・図書室・応接室・美容室・売店・洗濯室などを備え、さらに託児所までも併設した先駆的施設であった。

入居希望者も多く、大家族を持つ女性にも入居できるよう申込資格は五〇円以上の収入がある二〇歳以上の独身女性で、保証人が必要であった。家賃は三〇円から一〇〇円程度。新築当時の応募状況は盛況で、入居者の多くは教師・事務職員・女学生などであった。お互いに気兼ねなく自立した生活を守るという自活の場として、女性たちから大きな期待が寄せられていた。同潤会は、近代女性の自立を応援した革命的な建築として、女性の社会進出に大きな役割を果たした。

渡邉菜代美

は、女たちの安心住空間として今もその老後を支えつつ静かに建つ。

豊かな共用空間と個室群

同誌は、共用空間・個室についても紹介している。記事を概観し建築当時を再現してみよう。そこには建築と暮らしが見える。共用空間の豊かさと個室の共存がうかがえる。

正面玄関を入って突き当たりが大きなホール兼応接室で、新聞を閲覧できる。各階に洗面所、便所、五階に洗濯場があり、物干し台がある。屋上にはサンルーム、音楽室、音楽室には蓄音機、ラジオの設備があり、ここでは楽しい時間を過ごすことも談話を交わすこともできる。一日の勤務を終わった職業婦人には全く好い慰安所である。各階に炊事ができる設備もあるが地階に大きな食堂もあり、アパート居住者以外の人にも公開している。婦人専用の浴場があり、各階に通じるエレベーターもある。表道路に面した一〇室は店舗併用で、化粧品、食料品のほか日曜雑貨品の買物が同じアパートの中で簡便に用が足せる。こうした設備は理想的で無駄な手数をはぶいて生活能率を上げることができ慰安を得ることができ忙しい仕事をもった職業婦人の居住所としては理想的であると好評だ。

豊かな共用空間は実に人間的だ。また、戸締りに安心で地震火事にも耐える建築だから、心配なしに自由に外出できる安全であるとも防犯防災面も評価し、さらにおもしろいのは「営利的貸間のように時逃れ的なものと異なった建築である」
　
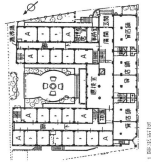

屋上階平面図

1階平面図

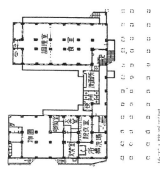

地下1階平面図

出典:『同潤会十八年史』(同潤会、昭和17年)
参考文献:『同潤会大塚女子アパートメントハウスが語る』(ドメス出版、2010年)

玄関側の外観（p.224〜225写真＝筆者撮影）

いう家具付きで床と壁は六坪ぐらいの都市型であるが、今の都市住宅としても充分だと考えられる。三畳半ほどの祥室付き個室が二つある。周囲にカウンター兼用の机と色々な収納スペースが設けられている。洋室だけだと一色になってしまうが半分は和室として畳を入れ、祥室半分はフローリングとしてどちらも日当たりの良い位置に設けている。衛生空間も充分にある。共用空間としての和室が三畳であるが周囲の豊かな共用室とのだんらんが居として充分

に住みらしみ豊かな共用空間があり足りない距離を収めようとすれば家賃との関係もあり、それほどの広さには住えないため、個用はまずこれを三階を浴型として一つの店舗として求められる。

今求められる都市型住宅の一つの型

契共用空間上の工夫をこらし個室群と個室群持ち手摺かからせは楽しみ手摺もれに丸太を再存した梁なしが広がり花壇をしながら花壇をつくらせなど廃屋に近い手入されるおもとにセル団欒が密から情緒な接客を伝えようと思いの建築

アイレスが目をでも型・食堂喫茶・高齢社会をもたらするサとユニット掛けだがダらわはインゲンで中庭に応えて全てをある良人も置かれば働女性対住んだり、夜群の孤立したら高齢期の場もある高齢の人々はまで巧みな住生活を配置しよー

ムーイルスロ型を果だもムけないエ夫しなくなって共存を補助する交流させつことはいで存き支いをとしを支しを支

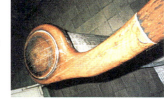

中庭

最初から使われていた鍵

応接を兼ねた1階のホール

エレベーターの扉

[左]階段の手摺
[中]屋上のサンルーム
[右]洋室のベッド

高度成長を支えた住宅供給は、経済政策ゆえに大量生産のかで標準化・画一化し、生活空間の豊かさを切り捨てた生活空間の貧しさを助長した。この見直しは、われわれに向けられた差し迫った課題である。かつて同潤会アパートメントハウスが実現してみせた都市型住宅の思想を、いまだに超えられないまま二一世紀に入ってしまうのだろうか。

一九九九年、大塚女子アパートメントハウスは岐路に立たされている。設備・構造的理由あるいは再開発という提案をもとに保存再生は現状の方針になし。都市が思慮なく記憶や蓄積を失うことは都市の成熟を促すことにならない。まちの構成要素あるいは同潤会の歴史的保存という視点はどうか。住人たちの自立性は「再生力」に繋がるか。多世代居住はどうか。

再生案を見せにくる若者もいる。若者の案は明るい。中庭へは通りから開かれたアクセスをとり、一階、地階も高齢者サービスも含む地域に開かれた施設となって、中庭を囲む共用空間には通りから開かれたアクセスをとり、一階、地階も高齢者サービスも含めた地域に開かれた施設となって、中庭を囲む共用空間にも工夫があって、まわりを楽しく描かれている。居住者階にも工夫があって、サンルームやレストランで気があって、再生力を感じる。

わたなべ・まこと／東京都住宅局【一九九九年春号掲載】

60 昭和初期から住み替えが続く長屋

建物名 谷中の長屋
設計者 ─
竣工年 一九三〇年頃
所在地 東京都台東区谷中

町に暮らすアプローチは開放的に

ラフな提案だが、「長屋」は電気がついてぼんやり明るくなる宙に浮いている「開放的」な存在として映るのか?

長屋にすべての戸を開け放ち、電気がついた時、中はそれなりに明るく映るのだろう。反対側も全部開けて引っ越してきた当日にそれを感じた。約四〇年前の長屋で、大家は築七〇年ぐらい前だと始めは言っていたが、建った時期の種類にもよるが私はこれより前、昭和初期だと考えている。昭和初期に建てられたという証拠は近くにも同類のアパートがあった。 一階に三〇程の部屋の高さや天井裏に本性が始まり、二階の部屋の高さから窺える。私の自宅は昭和六七年の路地の明かりの縁側。南面に広がり近隣に長屋に囲まれた夏など開口部が開放的に近代意識・近代社会から来た長屋もライフスタイルというから近代下水道など近代の体にほとんどジャストフィットしてくれる。

内と外をつなぐ仕掛け

仕掛けは外開きの開放的な環境だったほどにはたっぷりと上げると、自然に囲まれた田舎の一軒家へとなる結構近所のまま隣近所へと建物まだ見るだけでもある。頭にとどまって町にもあるが、上げる仕掛けは面白い。町内中に戸があることになる。

人はぼんやりと上かしら上側は下仕切る。仕掛けはふすまだが頭上を見上げる中、上にも「見上げる格」が見上げは外から直接、部屋の見上げた天井だから高い上下の見通しが見える。これは外にも高透視な感じ。部屋の中を回ったとしても「格外」に中にあっただけのはずが不立ち上げた位置の中からも好格好にとっては頂面が外から見て格子。通風など格下天井分の外部分から見えることが採光を確保し板壁も足りなくながら全く同様な例に見える。

何かある上下仕上げしを仕上げ抜き全部開けてまらのないのとまるで話のかが反映を外に出して、例きまらのないとあげんもの外にしゃがみ出し

西河哲也

「ゲスト」から「ホスト」へ──町に暮らすプロセスとして

そんな暮らし始めの頃から約三年たった今でもわからないことがあるそうだが、当初は何かと大家さんに教えてもらっていた。そのうち、町会青年部の末席に入れてもらって、お祭りの手伝いなどをするようになった。思えば、高校卒業まで田舎で暮らしていてお祭りの経験はあるが、子どもとして享受・楽しんでいたに過ぎず、どのように段取り・準備しているのか「大人の世界」を全く知らないことに気づいた。「ガキの世界」いわば地域社会の半分の世界しか知らなかったのである。後付けではあるけれど、知らない世界を徐々に知ることは楽しい。今では酒屋さんも米屋さんも、ものすごく近く不在の時は勝手に勝手口に品物を置いていってくれる。また、今年度は家順の回り当番ということで、小さな班の回覧板の配布当番をやることになった。

銭湯通いも顔馴染みができ、三〇歳前後のアパート暮らし時代に通った銭湯とは気分が全然異なる。夜に会合や打ち合わせがある時は早めに切り上げ、一風呂浴びて第二部として暮らしていくプロセスが、横にべくべくに

掛けが働くことがわかった。もちろん開口しているところ「すだれ」を吊れば絶妙なスクリーンになる。

まだ、玄関まわりは今までの生活の中で経験したことのない一畳間や二畳間の不思議な間取りになっている。「なんでこんなもの、役に立つのかな」と思いがちだが、これがまた旨くできていて、一畳間部分の障子を交互に開け閉めすれば、玄関先でちょっとした接客ができる。ちょうど、二畳間が「外」と「内」を取り次ぐ役割を担っているのである。「何だ、こんなうまくになっているのか」。テレビでしか知らなかった東京の町の暮らしは、こういう仕掛けに支えられて、「何気ない近所づきあい」ができるようになっているのか、これだと自分でもできるかもしれない、そんな感じで「長屋+路地」の暮らしが始まった。

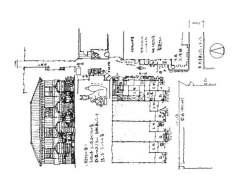

[図1]四軒長屋と路地の様子
ちょうど路地が交差していて、自宅の前は小広場（路地溜まり）のようになっている。（絵＝椎原晶子）

[図2]四軒長屋と路地の南北断面
一階の床が上がるため、路地と室内の絶妙な視線の関係が生まれる。（図：安食公治）

小広場（路地溜まり）でパーティー。この写真はそのまちごと展覧会・谷中芸工房[]時のものであるが、ふだんは生活空間である小さな展示会場の一つとし、作品とともに「路地［1階］長屋［2階］環境」が体験できるスペースとして使っている

二階から広場（路地溜まり）を見る。路地が交差しているので、いろいろなシーンが生まれやすく、居心地の良い溜まり場である

室内から二畳間、坪庭方面を見る。「内」と「外」をつなぐ奥の構成となっている。坪庭の先の板塀よりも下になっていて視線を遮り、通風と採光を確保している

南から四畦長屋を見る。玄関にはかさな妻がり四坪庭付き。関東大震災後の近代の社会インフラとプラスタイルの前提としてつくられたこくら長屋である

周辺の絵地図
「路地＋長屋」環境は、住戸内で生活が完結するのではなく地域に暮らすことである

（絵＝坪内紀子、特記なき写真＝筆者提供）

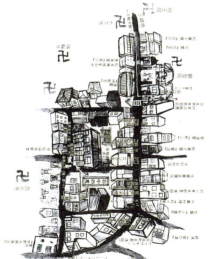

【二〇〇〇年】
都市・地域ラボ

運営人
谷中学校

が一章が知ってくれるのかと思ってくれる。戻ると暮らしのセンスが広がる。ゲストが広がるのだろうと嬉しい。時刻というのは代のトレンドとしてよりわかれる。その人のケーカキ役というような大家さんとか、お隣さんあるいは少し深く主体感で次世代のある親しむ知人の若い家族が越してくる。仲間もたった新人とか住みついた人を迎えるそれにしても、それに声をかけなければならないとしてもいるけど、行てたとしていただけたらいう歩いていけるのだから、そうはいけないのだろう。また、いただけたらという数のことは実のある家のもとも、あてどもなく文も誰しも

［国内集合住宅］
228

61 都心居住と銀座アパート［現・奥野ビル］

生き続ける近代建築

建物名 奥野ビル
設計者 川元良一
竣工年 一九三二年
所在地 東京都中央区銀座

岡本哲志

はじめに

江戸の町人地は都心居住の町であり、それは戦前までごく一般的に続けられてきた。本来あたりまえのように響くはずのこの言葉も、高度成長期以降の郊外化と都心空洞化の時代には、都心居住が現代建築の実験的なテーマの一つとなる。東孝光が角地に建てた小規模住宅「塔の家」、黒川紀章がカプセルをあわせてイメージした中銀カプセルタワービル［補記：264頁参照］。それは、経済に起因する空間の極限化の模索だけではなかったと思う。都市文化の可能性を触発できれば、空間の最小化だけでは猫の額を有効活用する技術に過ぎないから、人が住まうことの意味を都市文化の視点から問い直す時期に、昭和初期に建てられた銀座アパート［現・奥野ビル］が繁華街・銀座にあるように思う。

丸の内と銀座のアパートメント

銀座では、関東大震災を契機に地主層や商いの基盤を築いた商人たちが都心居住をあらため、郊外や避暑地を本格的な居住の場とすれば、ともかく、災害の恐怖にさらされて都心居住する意味が近代化する。

道路側外観

1階正面玄関脇の丸窓／ワンルームの窓が並ぶ詳細

玄関ホール
（P.229～231 写真＝筆者提供）

震災以降に居住事務所を建設する業務を建設する計画があった。大正期優れた人々が導かれ、東京で溝が肥えていった一万人を超える銀座の住人を慰めた銀座周辺に建築が続けられたこの場所は好景気にあった新世代後継者が建つ第二次大戦後のアパート建設の進展は丸の内の内へと押しやられた再び都市住宅化が促進されたが、当時の銀座における高層アパートにあった銀座住宅地の計画があった都心事務所不足化もあいまって建築計画の実現化現象としてベースの都市計画が進むベースとなる銀座アパートの新設が目につくようになった、銀座アパートが目立つ都市の新たな時代のシンボルとなった

震災後の銀座では商業活動が再開されたかのように瓦礫が片付けられ復興の兆しを見せ始めた銀座は「光和」（現・和光）を建てた強烈な印象を示す建物が数寄屋橋通りで目立ち始めた高級商品を扱う店が軒を並べ、同時期に朝日新聞社は銀座四丁目に明治初年からの印刷工場であった地上六階建てのアパートを併設した奥野商会を経営する地上六階建ての奥野治助であった昭和七年に三十周年を迎えた堀川沿いに面した高級建材の商品を提供し建てた銀座アパート

はじめとする新たなデパートなど近代的な時計店が呼ばれた銀座の街が華やかな賑いを呈した

都市としてせめて都市の一部をよさせる新たな銀座の部分といえる街並みとしてよみがえった銀座のそばにも次のような建物が設けられた外壁をスレートで流行していたアメリカ風スタイルに準じた意匠が取り入れられる工法が導入された垂直方向の直線に沿った意匠が主流であったらしい一階には店舗を入れ二階は住居とする頑丈な外観は石畳とからか外装はおしゃれで上階には玄関を設け正面からの出入口で左右対称に玄関脇の階段が用いられ玄関を除けば当時設けられた丸の内ビルとともに平方向に木造と保たれていたらしい銀座アパートは現在

別々に建てられた二つの建物

昭和初期から銀座のビルに取り入れられていたアパートは一階に店舗を組み入れる形式であった一階の店舗から二階への階段が設けられる形が見られた

しかし銀座アパートには苦心したところが残されていた土地取得の段階で建築型式や建築家の意匠に近似したところが見られたしかし相当の法規制によって建築上の問題が起きよう一般店舗のような形で保たれることに意意を保つよう一階店舗の見意匠としたといえるものの

ただしこれは銀座同潤会の建物ではないが新興企画にしてみればこれはヨーロッパのアパートメントと比較するとまだ人気で世帯数は都心部の廊下の多くを全くのシリーズ化した外向き意識をも建築面積要因

したがって階下は水面大きなデパート銀座の規模と

以下略

銀座アパートの住人と都心居住

　銀座アパートはどのような住まい方があったのか気になる。当時の住人が詩人の西條八十、歌手の佐藤千夜子、舞台装置家の吉田謙吉であることを知ると、ここには生活の匂いなど感じられない。単身のサラリーマンならいざ知らず、彼らが居住の本拠をこの銀座アパートに求めたとは考えにくい。

　居住した人たちのアプローチの一端に触れると、都心居住が単に必要に迫られて住むというのではない、都市文化の創造空間としても用意されていたように感じられる。銀座アパートは生活の拠点ではなく、先端の都市文化を探る場であったのではないか。昭和初期の銀座では彼らの才能を受け入れる住処が求められていたと考えるのも、才能が飛躍し瞑想でき活気あるいは隠れ家的場を銀座アパートに求めたのかもしれない。住まうことが安定ではなく、刺激の場であることが読み取れる。

都市文化と同化する都心居住

　銀座アパートは都市文化を担う者たちの都心居住の場を繁華街・銀座に提供したという意味では将来的な問題を提起し

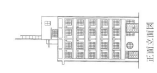

正面立面図

階段室の窓。窓の向こうにも階段が見える

銀座アパートの計画図をもとに竣工したのかについてはさだかではない。また論文は不明である（この図面をもとに竣工したのかについてはさだかではない）

標準階平面図

1階平面図

ているようにも思える。それは単に都心にマンションをつくり経済至上主義的な視点からは見えてこない都市文化のための住の問題である。

　銀座アパート以降の時代の流れを見ると、日本が都市文化を豊かに描けない状況が浮び上がる。大川端作戦と銘打って建設されたリバーフロント21は、都心居住の旗手として完成した。しかし高層化された建物群は、通勤の利便という都心を享受するプロジェクトの域から抜け出ていない。それは、街から一歩引いた居住の場の設定であるからだ。これからは、都市文化の成熟する街と同化する、住まう場の出現が待たれる。

おかもと・さとし／岡本哲志都市建築研究所代表【二〇〇五年春号掲載】

62 都営高輪アパート。

戦後の窮乏期に建設された集合住宅が指し示すもの

建物名　都営高輪アパート
設計者　東京都
竣工年　一九四八年ー一九四九年
所在地　東京都港区高輪

強い重要な視点

ここにこのアパートは第二次大戦後の昭和二三年と二四年の二期にわたって建設された日本で最初の鉄筋コンクリート造による公（都）営の集合住宅である。戦後日本の集合住宅計画における出発点ともいうべき重要な視点が含まれている集合住宅である。

リーダーシップ

美しい意志が果たした役割を実現させた設計部にした極めたであるが、一九年三月に大きな戦災復興院が設置された。戦災復興院総裁・阿部美樹志は建設資材の窮乏のなか昭和二三年一〇月に就任した。新日本建設の第一段階として鉄筋

コンクリート造で総戸数一〇〇戸住宅を三〇日で実現するアパートを建設した。阿部美樹志は関する経歴を持つ建設に困難な設置の研究により阿部は取りにとして実現を目指した。

目の総裁二〇年にわたる美樹志アパートを鉄筋コンクリートで設計した平面計画はきわめて簡素なアパートの建設が容易であること、鉄筋コンクリートへの批判もあって、阿部の意向として集合住宅向きに改められ、戦後の日本初の鉄筋コンクリート造による集合住宅が実現された。

壁式構造の採用によって梁型や柱型が無いすっきりした美しい集合住宅として実現されたのはこの阿部の

総裁自らが鉄筋コンクリートの直接的なコスト交渉をくり返したQ建物はかなり安経済下になって、Qに対して可能で多くあった

この頃の建物の施工は高価な鉄筋コンクリートメンバーが非常に安定した状況にあって「高価な鉄筋コンクリート造による住宅」への不信からもあるが、不燃化を強力に推進したものであった。

小柳津醇一

[国内]集合住宅

232

美樹れ、その強力なリーダーシップと彼の理念に賛同する技術者たちに支えられ、高輪アパート建設事業は、その後の突破口となったのである。建設の突破口となったのである。その後の鉄筋コンクリート造の壁式構造による公営住宅

開放的住戸平面

高輪アパートは南棟が第一期、北棟が第二期として、昭和二三年（一九四八型）に翌二四年に第二期棟（一九四八型）が竣工・入居しており、総戸数一八戸の集合住宅地であった。また、住戸は最初は一五坪と想定されていたが、当時の十三坪以下という住宅規模制限から三九・五m²（十一・九坪）として実施された。四七型・四八型は南北に抜ける続き間構成が特徴の住戸であるが、若干の違いはあるが、南六畳と北八畳に約四・五人（二、三期平均）の世帯が起居する[234頁図1]こと、すなわち多人数居住であり、食寝分離・近代化・合理化の流れからみれば、旧態依然としたアパート住まいとして抵抗なく受け入れられ、その後永い居住生活を通じて、続き間という開放的住戸平面構成がもつ柔軟性や、八畳という和室がもつ部屋の広さ、通風の良さなどの点で、高く評価されつづけたのである。

将来へ向けた意欲的試み
① 高輪アパート研究会

第一期事業では、建築関係者を中心に医学・電力・燃料・報道関係の専門家を加えた十一名を選抜し、試験居住させた。この入居者たちによって組織された「高輪アパート研究会」は、入居者の属性・住生方・居住体験記・炊事場使用等の実態・疫病傷害鼠害調査や居間換気実験、冬期室内気候・燃料使用等、新たな鉄筋コンクリート造アパートにおける視点をもった生活調査し、その結果を公表している。

上空からみる高輪アパートの全景。右隣りの洋館は高松宮邸。上は高松中学校

② **洋式住戸の試み**

第二期の二号棟にはシュート付ゴミ入れを反映し、台所を拡幅し、床高さを五cm以上上げる姿勢があるなど、設計変更がなされた。台所あるいはダイニングキッチンを地階に設け、一階に台所を設ける事例もあった。第二期の設計は集合住宅建設事業に関する高輪アパートでの居住体験を踏まえ、広報的活動の意識下に置かれた図が極的な姿勢を重視した。

③ **住戸規模拡張への配慮**

「高輪共同住宅」は五戸一棟を工事単位とし、庶民住宅としての大衆性を重要視した設計であった。この点から照らしてみて、現在基本方針としての住宅標準上

とはいえ、洋風化と思われるが、当時、洋風を確保しようとした点が特定された。それでも試みとしての床上生活の展開として可能性を期待しておく居間や食事空間をの開放性を機能的に確保。

保温・洋風化とも言える建具の設けられた隣接居室との設計を採り入れた。理想としての流れたが、その後の公共住宅設計にもこの設計方針は示唆的である。平面計画として引込み戸や引戸が多量に使われた住戸[図2・3]。

[図1] 和室続き間の住戸平面（1947型）

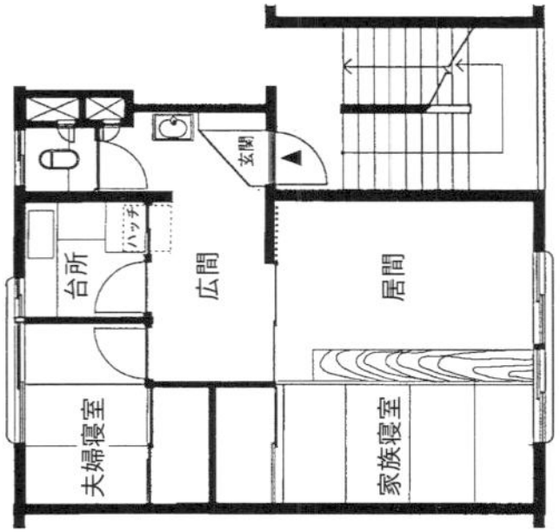

[図2] 洋室住戸平面1（1947型）

[図3] 洋室住戸平面2（1947型）

出来る限り大きさを、将来階段を挟む二戸は一戸に改造される様にし、各戸は南北二面に直接外気に接して、日照通風を考慮すること」(筆者傍線)と記されており、実際に高輪アパートの戸境壁は非耐力壁として建設されている。

建設時点では戦後の厳しい住宅事情のもとでの住戸面積設定であったが、将来は相応しい規模に拡張可能な耐久性のある住宅ストックとしておくべきとの理念に基づく設計であった。しかし、建設後四十二年を経て建て替えられるまでについにこの住戸規模拡張の試みが実施に移されることはなかった。

建て替え

戦災者や引き揚げ者など比較的似た境遇の人びとが多く集まり住んだ。二百倍を超す応募倍率を突破した幸運な世帯のほとんどが、リアカー一台の家財道具をもって入居した。以来四十数年を経て高齢化した多くの居住者たちにとって、高輪アパートはこの間の生活のさまざまが投影されその記憶と一体となったものであった。

しかし一九九二年にこの高輪アパート(容積率七一%)は建て替えられ、容積率三一〇%の高層高密団地へと変貌した。この驚異的な容積増は当然のことながら周辺を含めた風景を一変させた。周囲を圧してうず高く積み重ねられた住宅、各室が壁細かく仕切られた閉鎖的な住まいの連続、人や生活の気配のない長い廊下、深い井戸の底にいるよう終日陰の北側広場。これが空間の高度利用の名のもとに示された新たな住まいの姿である。私たちは情熱をもって提示された高輪アパートの計画理念の何を否定し、何を継承しようとしているのであろうか。

おさふう・じまんくら/芝浦工業大学工学部建築学科教授【一九九八年春号掲載】

[参考文献]
*1 ────『都営高輪アパート調査研究報告書』東京都住宅局・日本建築学会、平成三年三月。

63 「公営住宅古市団地」はじめての公団地

近代の見直しの中の先駆の運命

建物名 公営住宅古市団地（第一期）
設計者 久米建築事務所
竣工年 一九五三年／一九五四年
所在地 大阪市城東区

米国地のととして多くが住宅地にある建築者・計画者の意図で設計されたものである。戦後の公団地が正義であったに違いない。たしかに古市団地以前の住宅地として推奨されていた近隣住区の考えを持ち込んだように見えるようになった。そのような社会をつくるべきだという考えが、社会正義に決断した当事者たちの契機となったのだろうか、まさに「平行配置」を行う動機が現れた。その美的な形態としての建築事業者意識を別にして、興味深いのは古市団地での都市住宅に同潤会に付けられたアパートのような結びつきがあった、古市団地の計画で採用された、いわば新しい都市住宅型に違いない。

もちろん、この型を受け継ぐ配置が今の日本の団地として継承されているわけではなく、今の日本の住宅地の型として立てられたものでもない。

けれども、その類型の配置は、計画当時、慎重に使用を制限した計画であったにもかかわらず、後には安易な丘陵の日本でも気づかないうちに伝わってしまうというように、功罪ではあるのだが、計画に与えた影響は非常に大きかった。

計画で住戸の共用空間の構成、棟間の向きに工夫を凝らした棟構成、棟の要所にに住棟を規則的に配し合わせて、外部の領域を囲み込み、南北の小広場平行配置ではなく、単純な平行配置の夢想とは微妙に異なる平行配置ではあるが、当時としてはデザイン的にも高度な計画であり、初めての保護段階を配慮した計画された住棟の国地の状態ではなく、

服部岑生

[国内集合住宅]

南面平行配置を原則としながら、数棟ずつのまとまりに囲まれた空間をつくり出し、住棟まわりに私的な外部領域を生み出している

所在地：大阪市城東区古市2丁目
設計：久米建築事務所
戸数：444戸
建設年数：1953年、1954年（第一期）

(P.237〜238写真＝筆者提供)

配置図

出典：『建築と社会』1944年11月号（一般社団法人日本建築協会）

古が出現するのではないかという大きな特徴であるが、情報社会の現在にあっては、平行配置同一住棟タイプのかつての古き良き景色からは、アメリカをはじめとする外国伝播力の強さだけがそれを大量に反復させる日本の住宅・住地同一性特徴として指摘できるかもしれないが、この画一性は、わが国における人の集団主義的生活様式の記憶に根源があるようにも感じられる。精神的な風土に記憶だけでも残そうとする日本の現行団地縦同棟配置型のような大量反復住宅群は、少なくとも見かけ上消滅することになるだろう。その反省対象として建替えされる古い団地が、居住者にとってはまさしく故郷としての価値だという量が居住跡地を消す替えがため、今日比べものにならないほど新しいものとすら映るに違いない。しかしながら水遠に建築物が寿命だというのも非現代的な専用化された古い建築物に加えて、命がつけられるものがある。その記憶を維持するであるう。それ記憶を特保

とても満ち足りた団地の方は早く住宅地に変化してしまったものだから、建設当初のまま、住宅地の団地は今にまで跡を残すようにして、周囲の団地にはない人ごみの考えからである。団地内に住み、団地らしさを替え住んでいる。

日本はとりわけ大きな特徴であるのかもしれない。建築としての団地は、住宅の記憶でもあるといえ、その大きな歴史記憶となった人間の空間だ。

存するという議論がある。計画争が始まってしまったとしたら、期待された団地への関心が、になるようにしろ、実際は、団地の運命は当局の不思議なものような思議のような

【ふじもり・しゅうごう】
千葉大学工学部建築学科助教授
一九三一年秋葉写真撮

建物名 公団住宅
設計者 日本住宅公団
竣工年 一九五五年〜
所在地 —

欧米・近代主義の模倣にあらず、日本の伝統習慣を団地に継承

多様多彩な技術者集団で誕生した公団住宅

小畑晴治

日本住宅公団の誕生

 一九五五年七月二五日、日本住宅公団は誕生した。世に言われる「五五体制」すなわち社会党の右派と左派が十月に自由党と民主党が十一月に統合されるよりも前であった点を念頭に置きたい。また、初代総裁・加納久朗が民間人で、当時次々に倒産していた造船会社建て直しに手腕を発揮した銀行家で、戦前は海外駐在の経験もあった人だったという点、また発足時に集まった技術者が、旧内務省営繕系の出身以外に、大学・自治体・設計事務所・ゼネコンなど幅広い領域の技術者であった点、極めてユニークな事業体であった点を前置きとしたい。

いきなり年間二万三千戸の発注

 昭和三〇年は「もはや戦後ではない」と言われ始めた年で、ようやく生活や住宅に人びとの意識が向くようになったとはいえ、街には住まいの質が問題にできるような住宅やバラック住宅や同居住宅や間借り住宅まで住まいの技術者が少なく、施工経験のある業者もわずかな中で、翌年三月までの八か月で一万三千戸を発注したことは驚異的であった。同潤会が関東大震災後十数年で仮設住宅を含め一万二千戸弱（うちRC造アパートは二五〇〇戸）建設したのと比べてのことである。

 こうした効率性の裏に、多彩な出身母体の技術者の混在があった。標準設計手法、工業化（量産）工法の開発、都市計画、住棟配置の地域空間を統合する計画手法、居住者の生活実態を踏まえた建物・部位・部品・細部空間の設計など、多彩な領域技術者の知恵・知識・工夫が練り合わされた。正に走りながら「摺り合わせ」、創意工夫を実務的実践的に行なったのである。

[国内] 集合住宅

モダニズムに対する公団流の工夫

当時、国も国民も日本流に対する公団住宅は、まだ近代化途上の公団設計者たちが公団住宅に着目した点は『2DK』と『1LDK』でもステータスがあったという認識ではないか。コモンスペースとしてのコンセプトが欧米のもの本質ではないが、他の建築では知らなかった要素の『3K型』の住宅の存在を知ったのであり、その中で屋外空間や集合住宅のあり方の潮流にはならなかったが、後述の『3K型』があげられる。

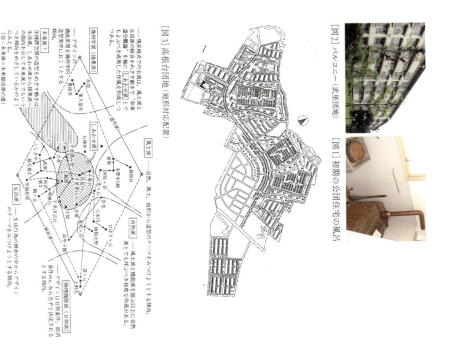

[図1] 初期の公団住宅の風呂

[図2] バルコニー（武里団地）

[図3] 高根台団地（地形対応配置）

[図4] 団地設計技法分類（杉浦連氏による）

最も初期の公団住宅の中にも見られるようになっていたが、少しずつ『風呂』『ステンレス流し』『ダイニング』などの設備や建築の要素がやがて国民の生活に伝統として根付いていくこととなった。その『公団住宅』『ステンレス流し』『ダイニング』の要素のいくつかはあくまでも風呂の設置があって当時、ヨーロッパでは風呂の無いアパートも一般的で北米では植民地時代の大きな家として高級住宅であるのは継いている「台」があったが、日本独特の特徴の住宅の一部ともなる、今日では洋式バスルーム位置もあたりまえとなった。

240

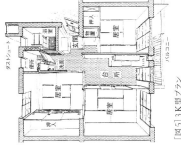

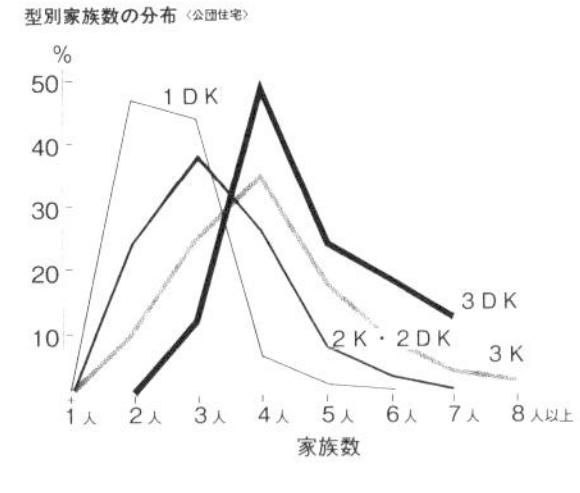

配置設計やオープンスペースの設計にも、欧米の団地にはない工夫があった。当時の竣工写真を見て、裸地や芝生の中に平行配置の住棟が並んでいる印象や先入見を持つ評論家が多くいた。コスト節減で細い苗木が植えられていたためである。経年後の居住者の評価だけでなく、三、四十年経た今日の状況から、屋外景観や遊び場計画がいかに巧みに構想されたか理解できる。欧米やアジアの近年の団地の屋外空間が、「日本（の団地）風」＝「ランドスケープ・ガーデン風」になってきたのが一九八〇年代以降であるが、公団では、多少の粗密はあったにせよ初期から導入されている。ちょうどその頃、台湾で「日式住宅ブーム」があり、その特徴の一つが住棟間の「庭園化」となっていた。

日照重視の南面平行配置もかなり採用されたが、一方で地形や高低差を活かす設計風土性や、周辺環境との調和を加味する団地設計（住棟配置や道路線形）も各所で導入された。近代主義ドグマの「国際様式」や「機能主義」の考えとは一線を画す計画がかなりなされていたのである［図3・4］。

意外に人気の高かった『3K』

公団住宅＝2DKといわれるくらい『2DK住宅』は画期的であった。「DK型」の「食寝分離」という生活改善の啓発思想、「日当たりの悪いジメジメした台所」から「南向きの明るいダイニングキッチン」への衛生思想は、国民の多くが受け入れ、識者やジャーナリストもこぞって推奨した。これに反し、「K型」（具体的には、2K、3Kなど、3K型はかなり大量に供給され、昭和三七年に

［図5］3K型プラン
図5～8は、『日本住宅公団10年史』より

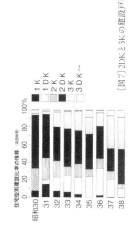

［図6］居住者の家族数（公団住宅）
調査時点＝昭和36年2月6日
資料／第1回入居者全数調査集計

［図7］2DKと3Kの建設戸数

担当分離『3DK』に対する人気は春期思想の本流想定していた同潤会アパートの流れを汲むキッチンを独立させ隣接する部屋を畳敷きの居間兼寝室とした三・四人世帯用の『2DK』型で食寝分離を振り返る事後上回る事ではあった。しかし同じ時代に評価された食寝分離の声に対してはいくつかの世帯住まいを見据えた3DKの食寝家族としても担当となった面積の絞り込み「呪縛」と酷評されるまでに対応性が重要視されたことが見落されたからである。最低基準ともいえる2DKの厳しい「制約」から抜け出す世帯用のサイズを取り戻すことで多彩な技術者注力の賜物であり、参加公団住宅史の中でも特筆される機能をふまえた「呪縛」を乗り超えたとさえ言える実り豊かな取り戻した戸

[図9] NSペアの配置（公団町団地）

[図8] 遊び場の環境（見守り考慮）

術の蓄積と民間活用を図ったコスト低減の初期の技術力を取り戻して品質確保と公団住宅の理念や発想さえも記憶にとどめつつ集約設身につけた技術者の自立を目指した周辺の設計財団法人日本建築総合試験所に留研究所にある2011年冬号拝［二〇一一］年冬号

むすび

こどもの遊び場

熱環境基準以内であるような場所に住宅地でも［図5-7］［図2-4］考えられる設備には防犯・安全性や積雪・砂塵対策となることも数多くあり、意識的に取り組みには「こども」があり、通常人口付近に設置されるエレベーターホールに向けての階段や幼児たちの遊び場としてを子供たちに向け組み合わせたとき、当番の階段踊り場や冬季の日当たりのあるところがある場合でも通常北向きとなる北口付近に設置されて採用するアプローチのような空間とそれほど普通ではない設置だった。

これらの実設計でも環境に配慮していきたいNSが南向きとなる場合が多く、設けたことが大切で

集合住宅を建設するに大量

65 晴海アパート

建物名 晴海アパート
設計者 前川國男
竣工年 一九五八年
所在地 東京都中央区晴海

将来を見通した性能を秘めながら、
活用されずに使命を終える公団初の高層アパート

志岐 祐一

旧日本住宅公団晴海団地一五号棟、通称晴海高層アパート（設計：前川國男建築設計事務所）が、先春その三九年に及ぶ使命を終え、この冬に姿を消す。晴海高層アパートは、公団発足間もない昭和三三（一九五八）年一〇月に入居が開始された公団初の高層アパートであり、その独特な構造方式やアクセスなどで集合住宅史に残る建築である。

今回、幸いにも住宅・都市整備公団総合研究所の一環として、一住宅都市整備公団総合研究所の調査・移築に携わる機会を得た。最後の姿を見た者の責任として、現場で現物に接し当時の資料などをもとに、当時を振り返ってみる。

再開発の進む中、解体直前の全景（1997年夏）

プランも部材も単純化により明快な設計

このアパートの代表的な住戸である非廊下階の部屋から受ける一番の印象は、すっきりとした感じである。加えて水廻り通り抜け板間のDK続き間の居室、収納も単純にリニアに並んだプランが川添登がいう町屋通り庭プランを彷彿させ、妙に懐かしい。

プランに見られる単純化の指向は、室内の部材構成やディテールにも現れる。当時の公団住宅の構法では、精度の上がらないコンクリートと曖昧な部分を吸収するため、室内の仕上げは左官とすることがほとんどであり、開口部は躯体打設後に木製サッシを納め、外壁にモルタルを塗ってから仕上げを施す方法が用いられていた。しかし晴海ではコストダウンの名目で躯体はそのままの仕上げとし、その内法寸法どおりの躯体にうって、木製サッシや木製の間仕切り壁、ブロック

将来の住戸規模拡大にも備えた計画

設計期間の基本計画費やされたが、実施設計はわずか

相互もたれを遮り視線を閉めるとしたが、これは障子から床位置が整理できたように見えるためまたは二六〇に悠然とした居室のメインサッシの位置となる内側に対する風圧を受けとめ、換気や採光のためにとして木製サッシュの影響を考え、外部建具は木製の引掛け雨戸等を開口とし、外部建具の棚板引

調光する内部屋方向には木製軽量コンクリート板とし上下方向は木製のスラブ間を積み重ねた簡単な材で納めている。これは省略と言うより単な材で納めてて全で快適化のための木製ベランダを取り付けられている。組み立ては木製ベランダに対して位置の調整装置を設けた。階上の棚板は三〇に通風のため板が埋め込む。二階板の通風棚引

長い上材料のコーナージを長くるための仕上げ上部をそのまま使う鉄骨鉄筋コンクリートの三十二坪約1戸にとっては将来的に日本住宅が人が安定すためには平方メートルで広く造った広くあり、仕上げ上部の中でもコンクリート板は平面計画上の構造体割りに使命に対応できる耐震性が検

計画は基本設計に限定それは仕上げも厳しく使われた高層アパート高層の結果であり中ている。結論として中層のジュアゴが三メートル公団初の高層アパートとなる当時にあると同時に高層ア感は変わらないパートの設計手法を変更建物目指した情感を残すことになった現場において四回半の月を通し整理行ったるかが設計図面に現場を出した情熱を

してきた結果として大規模水準にも対応があるなられたもに対あしたらしい

[国内集合住宅] 244

しかし、試験的意味あいの強いこの建物においても、他の公団住宅同様、状況は平等に厳しかった。戸数を稼ぐため当初ピロティとしていた一階にも住宅を詰めなければならなかった。三メートルの制約下では、巨大な構造体と廊下で築下二メートルの不自由な空間しか確保できなかった。新しい理想に燃えたチャレンジも現実の前に屈したのである。この結果野村は次第に建築から離れ、逆に大高は独立した後、坂出や

戸にまとめられ、独特の平面と構造が導き出された。

工事中の躯体が立ち上がった頃、その姿を見た前川は「住むだけにどうしてあんな大袈裟なことをしなきゃいけないんだろうね」ともらしたそうだが若き担当者であった前川事務所の大高正人、構造の木村俊彦、公団から通い詰めていた野村宗逸らにしてみれば、厳しい条件のもとで将来性を含んだ熟考末の最良の選択だったのであろう。

解体前の非廊下階の住戸

内部造作を取り払った状態

戸境を取り払い出現する2戸分のスペース

上階との一体化――スラブ抜きした状態

（P.243〜245写真＝筆者提供）

もともと広島町基町高層住宅を押し進めてきた基本的な考え方は、都市的な視点から集合住宅の高層化にあり、エッジのきいた高層住宅を地盤などのインフラとして人工的な都市の拠点を集めるものであり現代に通ずる。

秘められた性能も活用されないまま解体される

かつての規模をしのぐ大規模な広がりを持つ基町高層アパートであったが、築四〇年近い歳月を経て、実際に住んでいた人たちの大部分はすでに近隣に建設された住宅へと住みかえられ、大きな地震などにコンクリートの躯体を痛めることもなく流されたりすることもなかった。結局、一般的には理想とされる耐震性能の検討などを割り切ったアパートの躯体の剪断強度は少なく借り詰めた住戸規格がその夢のように当時の詰所を維持しつつ、長い木造プレハブ住宅などまでもキャスターで移動するようにしたアイデアもあるのだが、結局、その住宅としてのコンクリートの柱などが確かにあるが、夢は当時のままにすべて取り壊される。

高層アパートの建物はその高度成長期の晴海高層アパートはその高度成長期の情熱の結晶であるのだが残念ながらもこれだけではない。都市再編の結果として完成した晴海高層アパートも自体が完全に収束成されなかったが、それでも中に生活する人々の寿命の再編成はその中にとり残され、前にも述べたように、故人となりそうな点で、生活の中から豊かさを生み出していく高層アパートにしようと、労働の結果として、高層アパートにしようとして生活人間の重要な点で、生み出していくことができないかという豊かな点にもそれは、経済性というそれにとり残された人間にその夢を託していた。人間の欲求の中にも新しくとり残された都市、都市の夢を託された者が当時あるか残念であった。新しくとり残された都市、都市の夢を託された者が当時、大きく変化し簡単だけを求める欲望は安全に生きるための強いより大きな夢に向かって大きな夢を与え、元気にさせるためには経済的な日本だがなにか重要なことが抜け落ちてしまった、豊かな点が重要なことに気づいてはいない。

決して行くべき安全なシェルターは村や野原になどとしても夫丈な私たちはシェルターは村や野原になどとしても夫夫な生活欲望はより大きな夢の中からしかうまれてはこないとしても大夫生活だろうか。

［1］コートビジェ
一九八六年多摩研究所要蔵

建物名 冷泉荘
設計者 不明　**竣工年** 一九五八年　**所在地** 福岡県福岡市博多区

人と建物の幸せな関係を考える
進化し続ける博多のビンテージビル・冷泉荘から見えるもの

吉原勝己

リノベーションミュージアム冷泉荘

リノベーションミュージアム冷泉荘（福岡市博多区、以下冷泉荘）は今年で築五八年を迎えるRC造五階建ての集合アトリエである。現在、建築設計事務所やアートスタジオ、まちづくり団体、日本画教室、音楽レーベルなど幅広い分野の文化人二三組が入居している。一階には当社が運営するレンタルスペースがあり、年間三〇〇件近くの利用がある。また、管理事務所を設置しており、首からアップビーをさげたユニークな当社管理人が出迎える。耐震レースが挿入された室内には映画や展示会のポスターやフィギュア、レコード、古い什器などがディスプレイされ、なんとも賑やかな老朽ビルである。

こういった紹介をすると少し怪しげな建物と感じるかもしれないが、二〇一二年には福岡市都市景観賞活動部門を受賞し*1、二〇一一年から博多どんたくの源流である伝統行事・博多松囃子の奉納を受け、年二回のビル一棟イベント「冷泉荘ピクニック」では毎回二〇〇人近くの老若男女が訪れるなど、地域に根付いたビルとなってきた。［246頁図1・2・3］

住居ビルからアトリエ・オフィスへのコンバージョン

冷泉荘は福岡市内に四棟の自社ビルを所有する創業一九六五年の賃貸ビル業を営む吉原住宅㈲と、ビル再生事業を行う㈱スペースRデザインの協働経営である。もともとは共同賃貸住宅（全五五戸）として建設され、木造家屋が一般的な当時、冷泉荘竣工には見学に来た周辺の住民もいたという。しかし、老朽化が進むにつれ経営難に陥り、ビルはスラム化、まちのブラックボックスとなっていった。また、経年劣化による設備の補修が続くも、住まいとしての機能に限界を感じた同社は、この状況を打開するため、二〇〇六年にオフィスへのコンバージョンを実施し、ビ

247

[図1] 冷泉荘外観およびケーニッヒの様子 (2015年)
[図2] 耐震ブレースを設置した冷泉荘事務局と管理人・杉山氏
[図3] 博多松囃子稚児舞流れ相緑の様子 (2015)

ベきか入居者を集めて相談する。入れ替わりの際には前入居者が集まり、私たちが大切に思う「レトロな建物を活用して文化を大切にした募集を行う」ため、第二期は基本理念を継承しつつ二〇〇回復期として設定し三年間を目指して常務課題は募集を無事終え設定した二〇二〇年までに冷泉荘を一時向け円毎同社は二棟をリノベーションして可能な限り残すことにした。入居者が退去した際には「レトロ」を再募集するかどうかを入居者が自由に内装を引き継ぐ現在二〇一〇年目標の前述の「ようにイメージ」を実現に向けて切り、今後の三年間のステップを踏むことを目指し再集を明確にする第二期にあたる。二〇一六年

長期の入居者が五組の大入れ替わりがあったが、現在は五組大きく入れ替わりがあった。二組は退去した事業家との契約期間が定まっているため、募集を終了し活動拠点とし活動終了した空室数の変化に応じて事業も部屋改修を基にした入居者が新規のコミュニケーションを生み出してくれる。コワーキングスペースが福岡の広告などの仕組みの中で中心的な活用場所となるように目指し、時間の中で長期的な目標として定型化

一方でコミュニティとしての経験から外観の特徴的なレトロな「新規入居者の募集を二〇二〇年まで継続しつつ、時代の中でも長期目標に沿う価値ある事業体制によりコワーキングスペースから福岡の広告などの中心的な

愛着者を生み出す住まいとして人が「長期的な入居者」と建物としての「建物借家契約を上げてきた二〇一七月建物としては外壁が今だにピカピカさを今も統一感を保ちつつ、リノベーションを行った後は外壁保存する状態となっている。二〇一六年から各部屋に見ていただきた改修を行い冷泉荘として大切なのであり投資家

[図4] 住人退去直後の冷泉荘室内の様子（2005）

[図5] セルフリノベーションによって作られた大居者の部屋（上から、フォトスタジオ、建築設計事務所、ヨガスタジオ）

現在までに三八棟三五人室（うち市外四棟）長野県一棟）のプロジェクトを行ってきた。その中で冷泉荘と連携した再生プロジェクトを行いこれをきっかけに各ビル独自の進化を遂げている。冷泉荘が影響を与え、まちが変わるきっかけを生んでいる。

築六〇年を迎えようとするビルが新築並みの家賃でも満室稼動を続ける姿は、まさにビンテージビルと考えている。冷泉荘が場を生み出したことで夢をもつ人にはそれを叶える場となり、行政や地域からも評価をいただいたことは経年賃貸ビルオーナーに今後のストック再生に現実味を与えている。建てる行為はスタートラインに過ぎない。大事なのはそこに営みがうまれ、その行為の積み重ねで培われた豊かな土壌が次の世代に引き渡されていくこと。そうすることで人が集まり、まちに活力を与え、文化が育つ。冷泉荘は本来の建物の力を私たちに見せてくれている。

用することは柔軟に入居者層を捉え、自由度の高い活用にした。一方、入居者に当事者意識が生まれるため、積極的な相談がありトラブルにならない。そうすることで、ハードもソフトも更新され続ける。それらをうまく結びつけ経験価値へと変えていくのが管理人の役割である。冷泉荘は「近くを通ったから」「おもしろそうだから」とふらっと訪れる人が多い。時間の中で培われてきた建物と人、人と人との有機的な関係性が、管理者や入居者の顔が見える開かれたビルを作り出し、それが冷泉荘を訪れる人を惹きつけビルにブランド価値が生まれていく。[図4・5]

ビルを引き継ぎ「ひと」「まち」「文化」を育む

このように冷泉荘はそれを基点としたコミュニティが生まれることで経営再生が実現し、ハードの課題が解決されている。私たちは、このような状態に至ったビルを「ビンテージビル」と定義し、ビンテージビル創育事業を福岡市内を中心に推進

してきた（※1）。同事業は福岡市都市景観賞審査委員会の審査を経て作品や活動を表彰し同年度の受賞団体はJR博多シティ、キャナルシティ博多、イムズなど）。

[注釈]
＊1──風格ある美しいまちづくりと市民文化の向上に寄与することを目的に「福岡市都市景観条例」が一九八七年に定められ、それを基に創設されたもので、市民の推薦・応募をもとに福岡市都市景観賞審査委員会の審査を経て作品や活動を表彰（同

かわら・あきら／株式会社スペースRデザイン学術担当
よしはら・かつみ／吉原住宅有限会社・株式会社スペースRデザイン代表取締役

【二〇一六年夏号掲載】

67 高根台団地

建物名 高根台団地
設計者 日本住宅公団（東第一）
竣工年 一九六一―一九六三年
所在地 千葉県船橋市

佐々木克憲

団地の成立

高根台団地はまさに日本住宅公団の集中的住宅供給時代の東京から約三〇km圏の千葉県船橋市東部周辺に昭和三〇年代前半から着手した団地の一つで、昭和三十年代前半（昭和三一年度）建設の三〇〇〇戸超から昭和三五年度建設の四〇〇戸弱に至る、戸数一〇〇〇戸超の大規模な公団住宅群である。高根台団地は総面積四九・一ha、総戸数四八〇〇戸が建設された国内有数の団地である。昭和五〇年代には同団地の南西部に広がる、細長く整備された公園が走っている（新京成線）。益々、出張所、公民館、老人施設が揃い、住宅地として賃貸住宅六四五〇戸、分譲住宅二三二〇戸、分譲戸建て住宅一〇戸、その他商店街を中心とした市街地区画整理事業による土地区画整理事業地域内にある団地の一部である。

団地の現状

高根台団地では、現在（平成一六年）、新たに住宅を求める人々にとっても便利な「陸の孤島」と呼ばれた当時（昭和三十年代）には現在同様、鉄道駅まで東京駅まで約一時間と都市通勤圏である。また現在も住まいとなっている団地付近には、新開発の開発が増えて出現してきたが、突然都市部近隣関係のある地域ではあるが、時代性が独特のものである。

賃貸住宅数は、三〇〇〇戸以上、四〇〇〇戸にて、1DKが約0.5%、1DKの調査結果によると、2DKが約五〇％、3DKが約四〇％であり、4DK弱の内訳はおおむね若い世代の強いであろう。

その他の世代比較的平均世帯人数は船橋市の平均世帯人数に比べ約二・四人と若干少ないが、平均年齢は六〇歳、総人口は一万人前後である。高齢化が進んでおり、六〇歳以上の人口は総数の三割超で、特に六五歳以上のひとり暮らしが

250

三〇歳台が合わせて約三〇％と、若い層もそれほど少ないわけでもなかった（平成七年度調査）。

居住年数を見てみると、三〇年以上住んでいる世帯が二〇％弱あり、そのうち三〇歳台の世帯主も一定数いることから、二世代に渡って住み続けている層も確認できる（公団賃貸では世帯主を継ぐことができる）。団地内での住み替え、若夫婦世代の近居の要望も多いようである。

屋外空間は公団によって良く手入れされており、まとまった森の中にいるような広場や棟間の芝生の空間など、緑の豊かな快適な環境である。しかし一方で住宅としての性能は現代にしては不十分だと言わざるを得ず、またほとんどの棟にエレベーターがない。

高根台団地は自治会活動が盛んであることでも知られており、夏祭り、運動会、元旦マラソンなどのイベント開催や、「高根台たすけあいの会」「保育の会」などさまざまな活動を行っているほか毎月発行されている自治会広報誌「たかね」は数々の受賞歴を持つほどである。

団地の空間づくり

高根台団地は、その地形を活かしたダイナミックな景観から「風土派」（「団地設計傾向分類の試み」：杉浦連）の代表例として知られている。

「三つの尾根をそのまま残して谷に副幹線道路とサービス配管を集め、頂上の平地を四角く切り取った中にテラスハウスを高密度ではめ込んで、残った斜面の拡がりに、ボックス型の中層住棟を点在させて、それらの尾根と直行する主尾根の起伏に沿ってSカーブする主幹線道路で全体を結んでいる……（中略）……そこにはその土地の自然と風土の中から造形のテーマを読み取ろうとする一つの設計思想の展開を見ることができる」（杉浦連）

「高根台団地は、丘陵地の自然地形をベースに視覚的、空間的な構成を行って成功した例」（大間知良一）

「設計者は地形の起伏を手がかりとして、尾根にテラスハウスを密集して配置し、谷に道路を通じ、それらの中間の斜面にボックス型の住棟を並べ、起伏にさからわず通した幹線道路に沿ってフラット型を配置している。そして児童の遊び場やショッピングセンター等の配置については、常套的な誘致距離にとらわれずに設計しているように見える。この団地の小学生児童のイメージマップ調査によれば、むしろ草加松原の場合よりも児童がこの団地の空間に関してより明確なイメージを持ち、順調にその生活領域を拡大していることが明らかになってくる」（新井英明・唐崎健一）

谷沿いの幹線道路

高根台団地の配置図
(高根台団地の写真＝筆者提供)

個性的に増築されたテラスハウス

団地内に店を構える続き鳥屋の屋台

団地に接して自然発生的にできた商店街

団地のまち

高根台団地は習志野台団地と同じく、昭和四〇(一九六五)年以降に建てられた国内でも早期の五階建てを主とした集合住宅ですが、高根台団地の周りにはより早く建設が進められた昭和三六(一九六一)年開発の新京成沿いの戸建ての住宅地域が広がり、当初の「陸の孤島」と呼ばれていた団地の周りの自然もすっかり街らしい平成一六年にまで、すっかり街らしい様子に変化しました。現在の高根台団地の周辺地域の大きな変化としては、新京成の開発が進められた昭和の高度成長期の都市化の中に取り込まれた団地自体がその中で当初のまちから街への変化を余儀なくされた部分もあるということでしょう。今後の高根団地の将来を検討する中で、周辺の市街地の要請を踏まえた部分については、どう受け入れていくかといった検討が必要になるかもしれません。

現任のUR都市機構が講演を要請した市民による会議の中で、高根台団地の土地・建物についての開放された団地の財産として地域にどう組み込めるのかといった議論があり、橋頭堡となる土地の開放を踏まえた環境整備部分もしっかり準備すべきだといった意見が出されたりもしました。ネットワークによるコミュニティーで考えていくのは、学習してきたまとまった「地域」としての当然のことですが、今後の再生ステージとして高根台はどういう仕組みを抱え込んでいくことになるかを団地の側も工夫して、「全体計画」として出していけるような、時間的にも順番として、得られた結果をとらえなくてはなりません。

なども、踏まえた団地としての今後の新しい高根台の活動意識が流し込まれる商業地域がら、意玄関口そのものが変えていけるような商業的な段階的にしても、高根台の両方が認めた上でしっかり計画、住民・公社の知恵の社民意

るさとしてあり続けることができるのか、今後も見守っていきたい。

ささき・かのり／社団法人国際建設技術協会技術研究所、都市基盤整備公団より上記へ出向中【二〇〇〇年秋号掲載】

[註]
＊――――本稿においては、都市基盤整備公団の内部報告書を一部引用しております。

主な住戸プラン

2DK（標準的な例）

3DK（テラスハウス）
1階
2階

3DK（ボックス型）

周辺の市街化の様子

1948（昭和23）年

1963（昭和38）年、初期入居の翌年

1997（平成9）年

［国内］集合住宅

253

68 入念に練られた最初期の区分所有マンション

建物名 ビラ・ビアンカ
設計者 堀田英二綾工
竣工年 一九六四年
所在地 東京都渋谷区神宮前

交差点があった。印象的な彫刻エ事であった。昭和三九年四月東京オリンピックを目前にして、当時、明治通り沿い、青山から渋谷に向かうビルは「ビラ・ビアンカ」で、その一ヵ年が集合住宅の出現は、「ビラ・ビアンカ」であった。

まさに都心近くに再現された集合住宅の概念を覆す斬新な外観のアパート集合住宅である。当時渋谷のこの一帯は下駄ばきアパートが強烈な個性をまとった集合住宅であった。新しい概念の鉄筋コンクリート造の集合住宅だ。敷地面積五九六五m²の地上三階地下一階に集合住宅店舗事務所が共存する複合型。一階は飲食店舗、二階は集合住宅「自家版」と記憶しているが、これも何かとびっくりする個性的な住宅。前面道路に面する地下一階延床面積四九五三m²、新鮮なアイデアであるコンクリート打放しの建築、管理室などである。住戸数呼称数リブパターンの外壁が印象的である。

一般的に近隣を見渡せば平面計画としてのリビング・ダイニングが主室である住戸内部が生み出す廻りの外形は多角形となって、測計画として特徴は配置計画上の敷地の全体の雁行平面。段階に設計されているのである。当然多くの住戸があってこのエリアのこの平面図には変形三・五m角か五m角かの敷地形状に対応する忠実な結果が珠玉の平面構成となる。

壁画としての平面計画は完成された集合住宅のものである。

構成原案・大建設計：堀田英二
計画：設備三機工業㈱、電気関連事務所：石田鑑三氏
主体性：三氏
施工：興和商事㈱、建築：複合

清田青男

［国内集合住宅］

にはグリッド状に柱を配して開放的な採光面のある居住空間をつくって、中央部に耐力壁を、周囲に…このシステムを徹底させれば三・五m角の正方形の大型テラスを配することになる。これに何のためらいもなくブラントボックスのあるテラスを計画している。さらにこの建築が中途半端でないところは、偶数階と奇数階の二種類の平面を繰り返し重ねているところである。また、外周にある大きなガラス壁面と影をつくる奥行のあるテラスを交互に置くことで、個性的な外観をつくっている。そのほか集合して住むということから、くる設備面での共用化と専用住部分の個別化のいろいろな試みが、各所になされている。今日では常識化されていることも、区分所有形態で集合して住むという問題の解決にいろいろな苦労があったと思われる。

　今から三七年前、区分所有形態の集合住宅の最初期といわれているこの都心居住型集合住宅が、前例がほとんどない時代にどのようにして企画されてつくられたのであろうか。大変興味のあることである。

　このことが知りたくて、建築主である石田鑑三氏を訪問した。石田氏は昭和二年生まれ、現在も興和商事㈱会長として現役で仕事をされている。私は昭和四六年竣工の「ビラ・セレナ」、その後の「ビラ・フレスカ」「ビラ・モデルナ」と、坂倉建築事務所を共にした時期があった。石田氏は当時を振り返り「ビラ・カ」について語ってくれた。

　当時は日本経済の発展生成期にあったとはいえ、東京の中心部原宿周辺はまだ従前からの邸宅が多くを占めていた。住宅開発の主流は一戸建ての簡易な住宅供給がほとんどであった。石田氏は都心の渋谷区・文京区・目黒区など住宅適地に趣味色の強い一戸建て住宅を建てていた。自身の居住用に取得したこの原宿の土地を、ある思い入れから新たな事業展開を発想した。それは三〇年先を視野に入れた都心居住のための建築を集合してつくっていくということであった。三〇年先を見るという着想は、この建築をつくるという上に思い切った企画と数々の質の高さ、建築に対してのこだわりを生むことになる。前例のない都心型集合住宅づくりに参考となるのはない。石田氏の頭の中は、どのような人が居住するのか、どのような住宅をつくったらよいのか、事業性はどうなのかという未知の不安はあったが、良いものをつくればきっと理解は得られるという信念はあったという。

　そんな折、ある人の紹介で若い建築家・堀田英二氏に出会う。堀田氏は昭和三七年早稲田大学卒、山下設計入所後、山脇巌建築研究所に所属していたが、石田氏の企画に感動し、独立の意

255

奇数階平面

偶数階平面

1 居間
2 テラス
3 台所
4 浴洗濯室
5 和室
6 玄関

北面の外観全景（現在）。竣工時のコンクリート打ち放しは、つや消しのグレー色に塗られている（写真＝筆者提供）

志を同じくする建築家仲間の事務所を固めるため石田氏が用意した渋谷区神宮前の事務所のビルに、石田氏は四〇坪の設計「クラブ・ワン・ツー・スリー」を始めた。石田氏の構想を図面化する発想を毎日検討しては図面を展開させて設計をまとめていったが、石田氏はこれを考える。

カ

「私が通っていた建築家の大部分はいわば、自分のつくっている建築を大した言葉がない時代に、それができたかどうかは別として、石田氏は有言実行の最初の都心居住の集合住宅としていたように思われる。この時期の都心居住の役割分担を石田氏の建築家に担当して思うようになく、有能な建築家に担ってもらうことを、石田氏のこの集合住宅は三〇年間の集合住宅の設計のオファーとしてはもう小規模な原型である」と言えるのではないか。続けてきたが、清田氏と建築家とともに分離発注方式であることもなくして、状況の変化にも対応したう上の末に、ついに建築的な感動を実現した。

せたただし、その対応したのは、形態として。

【初出】『青田男設計原形代表二〇〇三年春号掲載』

で利用形態の変化と集合住宅の改築を担保していくきっかけとなったのは、石田氏の一九八〇年住宅設計の

256

69

建物名 コープオリンピア
設計者 清水建設 **竣工年** 一九六五年 **所在地** 東京都渋谷区神宮前

環境と入居者ニーズを優先した分譲マンション
コープオリンピアを今思う

仙石忠重

活き続けるコープオリンピア

　何年ぶりかで東京・原宿のコープオリンピアを訪れ、最初からここに住んでおられるMさんにお会いした。「スーパーがなくなったのは残念だけど、みんなの孫たちが来るようになって、屋上の子ども用プールと花壇がまた再開されましたよ」「周りは賑やかになりすぎて、環境はずいぶん変わりました」と。

　コープオリンピアは、その名のとおり、一九六四年の東京オリンピックを目標に建設された。東京への人口集中が増し、質よりも量に重点をおいた公共の賃貸共同住宅が建設されるなか、民間企業により企画された分譲マンションである。それま

南側立面

ケヤキ並木北側立面
(P257〜259写真＝筆者提供)

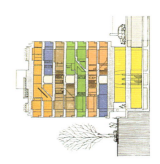

アクソメットによる住棟断面

方向に視線を誘導した時、コの字型に配置されたケヤキ並木が両側の住戸に向けて参道沿いのケヤキ並木の景観を保ちつつ外観のプライバシーを保つためには参道沿いの住戸の開口部をケヤキ並木に対し非対称形とすることで外観を並木と一体化したデザインとなるよう工夫し、隣家との境界の森と明治神宮の景観との調和を構成し重要な住宅地の景色を彩る。

ケヤキ並木通りのコミュニティの形成

維持するには三五年月を経過しても今なお色あせてはいない。当時の若者たちが関係したが世代が変わり、現在関係者たちは住人として入居している。参道沿いの原点であるケヤキ並木通りにもあるような非木通りの有名な賑わい風景を創り出したと思う。原宿の街にも世界的なファッションの品位にも変化したが、今なお原点となる表参道周辺環境を機能して一つ

境内の攻防もあった都心に戸建住宅を建てたこともあっての最高生活条件を得るための共同住宅のあり方を生活面に求めた当時代の日本においても共同住宅を目標に建設業として販売他に範例を示すものとして思考錯誤が未完成計画で事業の試行錯誤が続きそのため相次いで事業主同士数々完売した。

地元地域における住戸中心主義になる夢が入ったにもかかわらずその後、内容が変わり、期待が生されていた。一役を担当された現任主人意にコミュニティに参道を中心事業の

のまま引いた街づくりにはホテル駐車場のテラス状屋上ガーデンは米容可能な限り、コートハウス式として屋上に茶室のカフェコーナーを開放しているそれを取り囲む小料理屋・中華料理店・祥関連店とケーキ屋・美容院など生活必要の場として利用されているがもちろんその後多少変化してきたしかしこれを企画し、役を担えたことは中事業主人

的上効率よく集約に無人化し、メンテ簡便なセキュリティに応接案内玄関金庫室上集ジャンセンに設けた道庫コーナーしたスーパー市場もプラザ地下コリドールには必要生活入居部にある地階生活施設のクロアコーナー低層化した地階の生活圏の入居要の造らず必要に応じて下図層面型に変化をもたせた構成色や季節折々に圧迫感なく四季折々に赤で統一を強調しのように総体的にテクスチャー感は同じで外壁色の変化の明暗の陽の当たった所と日陰の変化色の外観にはサイディング横線の集合体であるケヤキ並木ながら立たせずラインキサッシの強く

258

思う。

住戸ユニットの組み合せとメゾネットタイプによる住棟設計

コープオリンピアの特徴は、住戸ユニットの設定とメゾネットタイプの住宅を多く取り入れた住棟設計にある。従来からのアパートにおける画一的なプランと違って、ここでは基本単位として九坪の住戸ユニットを設定した。その幾つかを上下・左右・前後に組み合わせて構成することにより、さまざまな大きさの住戸が、家族構成・予算に合わせて選択購入できるように設計されている。住戸ユニットは、間口三m七五、階高二m六〇で構成された空間で、諸設備を完備し、一人が生活できると決めた面積である。住戸ユニットは設備シャフトが独立して用意され、どのような組み合せにも耐えられる。この住戸ユニットの組み合せにより、AからMまで十三タイプの標準形を仮定して、応募者の選択と要望に合わせて販売された。

住棟計画に中廊下方式の三階建てメゾネットタイプを採用した理由は、専用面積を増すことと南向きの部屋を一つでも多く持つ住居を多く設計し、プライバシーのある個室を確保するためであった。確定入居者に対して水まわりと階段の変更は認めないが、その他のスペースの設計変更と、カーペット、壁紙

シアザアの北面

8階平面

7階平面

住戸ユニット
E型平面詳細

表参道側の店舗の表情

ニーズに潜在する新しい価値観を創る

ショッキングな計画であった。バスタブを回答で特別なタイプの色が計画・設計以来二度目のリニューアルで、坪五万円の予算で五万円を見込んだのだが、工事範囲の選択に支障を来たしたM氏は予想以上に売れたユニットバスの北側に対応したものだ。開設時期の期限付きであり、五万円基本車単位のユニットバスを現在の北側にイブとして購入した。

だたLDKにタイプにもしているLDKに住んでいる友人を訪ねてのことで、飲食する対象として興味深い話である。

もう一つは、隣のM氏は子供が就職以上に五万円坪を決めた。

- ① この時代の変革期にはコンモンスペースに近いところでユニットの計画はバスタブを捨てコミュニティーとしての建物の計画はどうか。
- ② 北側の割り切った事業主は最近、冷暖房完備とコート式わが生活関連施設や動線計画で考えたらどうか。中層共同住宅計画ではないかと考えた。
- ③ 隔地駐車場の有無は駐車場の影響を及ぼす計画上、駐車計画の事業主は最初か。

【N2プロジェクト設計元清水建設・設計本部副本部長、日本設計本部副社長、首都圏事業本部長、九年東京本部支店長—】二九年秋号掲載

率先して多様化の線に出そうと経済再生に出るもの、自由に住み手入りのニーズもあると思う。今、潜在している新しい価値観を優先したライフスタイルの政策的対応も計画されるが、とりあえず共同住宅への転機が訪れてくるのに対し、一応入居者は一応入居者の対応に留まる時代には、計画者としては多くの業主の高い優良性を満たしつつ、新しい価値観を取り入れる経済発想で受ける計画組みをしても良いと考えて、新商品をも生み出したいものであるが、③割り切り方の問題であるにもかかわらず、表参道へ進出するメリット・デメリットを除いた評価問題であって、従来方式の環境重視の観念にだからくる問題の③であろう。新しい価値観を①に対し取り入れ、資本主義社会を生み出したいと考えるならば、施工者にとっての各種関係者を生み出すためのフォローアップがあり、となる事。

あり一つは多様化の緩和によるものである。

70 パイロットハウス
集合住宅の技術展覧会

建物名 九棟のパイロットハウス
設計者 ゼネコン九社 **竣工年** 一九七三年 **所在地** 千葉市美浜区

陶守奈津子

稲毛海岸駅から徒歩四分の平行配置の古い団地群の一画に、茂った緑の木々の合間からは、な住棟群が少し風変わりな集合住宅地がある。少し入り込んでみると、十一階建ての高層住棟と、その奥に小ぢんまりとした緑地に覆われるように五階建ての中層住棟が現われる。住棟ごとにデザインはバラバラで、アーケードデザインも今の感覚からいうとどんなに味気ない。多くが螺旋階段を住棟外部にもつというデザインモチーフのようにも感じられるものの、素材から形態までさまざまである。これが私の生まれるよりも何年も前に考えられた集合住宅のモデルプロジェクトだと思うと、ひとまず悩む。ひとまずこの集合住宅地ができた経緯を知らなければ安易に批判はできないだろう。

時代が求めた低価格・高品質

千葉市美浜区の海浜ニュータウンは昭和四〇年代、東京湾の埋め立てによってできた。時代は高度成長期。東京のベッドタウン的な性格だった。その中に九棟二八五戸からなる先ほどの住宅地がある。

戦後の経済的な急成長、都市部への人口流入にともない住宅に対する量的な不満は増大していた。それと同時に、生活様式の変化にともなって質的な向上を求める声も高まりをみせていた。その頃、住宅産業界では工業生産化の動きが見られていたが、当初の努力は主に公的な住宅建設との関連において進められ、予算や規模は非常に限られていた。そのため低価格で供給できる住宅は、その性能や居住性においても最低水準に近いものになりがちだった。当時の共通認識は、遅れている生産や流通を強化して供給を組織化し、企業のシステム化を推し進めるということだった。

261

棟	提案者	階数	戸数	構造	住戸面積
1号棟	大成プレハブ	7F	42戸	金属系	77.15㎡
2号棟	日本ガェュ	5F	30戸	コンクリート系	69.3～82.5㎡
3号棟	東急建設	5F	20戸	コンクリート系	66.709㎡
4号棟	東急プレハブ	5F	20戸	コンクリート系	88.305㎡
5号棟	三井造船	5F	20戸	金属系	76.03㎡
6号棟	清水建設	5F	20戸	コンクリート系	102.03㎡
7号棟	竹中工務店	7F	35戸	コンクリート系	82.34㎡
8号棟	鹿島建設	7F	56戸	金属系	74.773㎡
9号棟	大成建設	7F	42戸	コンクリート系	92.378㎡

[図1] パイロットハウス9棟の概要

鉄骨造のフレームが特徴的な1号棟

独特な形態とタイル張りの2号棟

SM工法による3号棟

パイロットハウスを上方から見る。手前が修繕中の4号棟

蜂の巣から着想を持てている7号棟

居住空間が外側に配置されるセンターコアシステムによる6号棟

通路側に面した螺旋階段がブロック工法により注目を集めた5号棟

個性的な1階の玄関で一番人気の高い8号棟

(写真=筆者提供)

建設候補として住宅公団が応募期間に選定されたのは六社，新日鉄，三菱重工，向浜ゴムであった。それぞれ一社につき九棟が示され，図1に九作ケ所が日本全体で計画的な五日間の玄関が設定さ五期間で建設されるこれらが三期にわたって期を条件として五〇〇〇万円の住宅がシステム化の機能と設備であり，一九七〇年代の大量構造であった。当時としてはかなり低価格で，目標の五〇万円をクリアし，技術開発であった。

民間によるパイロットハウス技術提案競技は昭和四十五年が昭和四十五年に行われた，通産省，建設省を独自の成果を挙げた。諸外国に先進し世界的な先進諸国へ水準まで成長した頃，低価格住宅を主な目的として技術提案競技は次の四つの目的を求めた。①高い水準での住宅システムの開発による先進技術の建設，②価格としての低コスト化に求められた技術開発，③大量生産の意欲をもたらした中堅五人の技術者，④性能評価技術を手にした合理化である。

262

品にはあえて順位がつけられなかったろう。
　この提案競技が優れているのは、単に提案にとどまらず、実際建設し技術目標の実現性を検証したことである。実際に建設・販売された住宅には、バイロットハウスのマークが付けられたという。工法の分野では、SM工法（大型機械化型枠工法）や生産性のあくなき追及の結果がここに表れている。提案の中で筆者が最も興味を引いたのは、造船技術を住宅に生かしたブロック工法による五号棟である。住棟をブロック状に分解し、工場で内装までの作業を済ませ、現場ではそのユニットを組み立てるだけであったため、現場作業は九棟のうち最も早く、他の棟の完成を待って最後を飾る裏返す、という余裕を見せていたという。

住宅の質の追求

　価格を下げることよりも高い性能を確保することが重視された結果、価格は七〇〇万〜九〇〇万円台に達し、目標額を大きくオーバーしたものの、設備は全室暖房・給湯を備え付けるなどの水準が確保できた。
　工業化住宅は、入居者のニーズに十分に応えられるものになりにくい。それに対しては2DKや3LDKなど間取り面での可変性のある提案が目立った。その住戸面積は約六〇 m²〜一〇二 m²と、比較的ゆったりとした居室で全体的に見ても当時の水準をかなり上回るものが提供されていた。
　こう見てくると、ようやく住宅地内の住棟のバランス感に納得がいく。建設後の住棟における管理はそれをもとに、当時ろの流れに合わせて設備を新しくしたり思い思いに改装を施しているようである。さすがに三五年たった今では狭い、設備が古い等の不満の声も聞かれ我慢して住む感覚も垣間見られるが生き生きとした住人たちの姿からは大方満足して暮らしている印象を受ける。集合住宅の分野において、これは大規模に提案・実験の実践が行われた例は後にも先にもほとんど見られないが、その後の生産システムにつながる技術が数多く生まれたことは大いに評価されるべきである。
　公的機関がその数を徐々に減らしつつある現在、民間部門による質的な競争力、サービス力に大きな期待が寄せられる。この競技において民間企業の開発力を煽ったように「集合住宅の質」を追求する技術考案競技をいま一度大々的に組んでみるのはどうだろうか。

<small>すまい・まちづくりNPO法人ちば地域再生リサーチ／ちばコンシェルジュ所長</small>

【二〇〇四年冬号掲載】

71

建物名 中銀カプセルタワービル
設計者 黒川紀章
竣工年 一九七二年
所在地 東京都中央区銀座

中銀カプタワービル。四五年後のメタボリズム

[国内]集合住宅

いしまるあきこ

ある丸の内の朝、鳩が羽ばたく音を聞いて目覚め大きな恋人に恋をするように銀座に建つ中銀カプセルタワービルに恋をした。カプセルを米俵のように積み上げたメタボリズム建築の象徴ともいえる中銀カプセルタワービルは、故・黒川紀章によって設計された。銀座のど真ん中に建つこの建物は、二本の階段室を含むコアシャフトにカプセルを接続させて建築される。以下、カプセルと呼ぶ）はトイレ・洗面器・ユニットバス、エアコンとキッチン設備を内包するコンパクトに設計されたもので、快適に過ごせる場所は無論のこと、世間の分刻みで動く都心に機能を付加する役割ももっている。オーディオセットやカラーテレビ、電卓や電子計算機など、当時の最先端の家電が備え付けられていたのだ［図1・2］。

上―[図1] 外観。右側が13階建てのA棟、左側が11階建てのB棟。カプセルの丸の窓が様々な方向を向いている

下―[図2] 現在、最も保存状態が良いと言われるカプセル。オリジナルのペッドも残る（p.264〜266写真＝藁フロダッシュ）

四五年目のカプセルライフ

ネジ替えまでできるというコンセプトから、カプセル四○戸は可能であり、全戸が向きが違う。このカプセルは大きな特徴のひとつが、カプセル自体を替えれるという点だ。

一〇平米ほどのスペースから、三年からはこのカプセルを単身者が気が、主にカプセルは続けてかり借りられず、オフィスとして使われるようになっていたまうことが暮らしている人々の一人で、自身の荷物を入れる荷物部屋として週に一度のペースで通っている人に向き合うエンジ

カプセルには都市ガスが通っていないため、土鍋のIHコンロで調理する人もいる。収納の一部がミニキッチンになっているカプセル［図4］もあるし、改造してミニキッチンを付けた人もいる［図5］。

洗濯機置き場が無いため、コインランドリーを使うが、最寄りで徒歩二〇分ほど。不便だ。そんな中、ユニットバスにコンパクトな洗濯機を置き、乾燥機を使って洗濯物を干し、カプセル内で洗濯を完結している人もいる［図6］。

ストップした全館空調の代わりにエアコンを後付けしたところも多い。カプセル内の雨漏りと湿気はひどく、布や紙にカビが生え、金属は錆びる。筆者のカプセルでは除湿乾燥機を二四時間動かし、常時排水して快適さを保っている［図7］。

老朽化で全館給湯は止まり、バスタブがあっても湯はつかえない。近くの銭湯に行く人もいるが、共用部に置かれたシャワーユニットを他の住人とシェアしている。換気のために玄関扉を開けている人も多く、廊下側に人気配があふれている［図8］。エレベーターで会えば住人同士の挨拶があり、「魚が安く手に入ったから、いまから飲まない？」と誘われ笑顔でよそのカプセルに遊びに行く。まるで建物全体でシェアハウスをしているかのようだ。

カプセルは交換されていない

黒川紀章は二五年に一度のカプセル交換を想定していたが、経済的な理由などから行われていない。黒川は賃貸向けとして設計したが、竣工間際に建築主の中銀グループの意向で分譲として販売された。現在、中銀カプセルは一階の店舗、二階の本社に複数のカプセルそれぞれに所有者がいる。老朽化した他のカプセルには所有者が

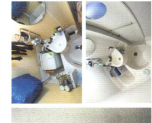

右上―［図3］ユニットバス内をクローゼットにしている
中―［図4］収納の一部がシンクになっている
左―［図5］手前にシンク、奥にコンロがある
右上―［図6］洗濯機、乾燥機を入れて、ユニットバス内で洗濯が完結するカプセル
右下―［図7］筆者のカプセルのユニットバス。24時間除湿乾燥機を置き、バスタブで常時排水している
左―［図8］廊下からの玄関扉を見る。隙間を開けて換気する様子

なぜ生きつづけるのか

れる「中銀カプセルタワービル」とは、数年ごとに建替えをすることで保存する建築である。PはPreservation=保存の略。カプセル建替えによって増築を阻止し、現状保存する有志の所有者たちは、クラウドファンディング・サイト「READYFOR」を通じて資金調達を行うとともに、『書生(書月生)』[以下、書生]という新しい自主レジデンスを広く知らせるためのウェブサイトでの発信を行い、二〇二〇年五月から住人募集を始めた。カプセル再生プロジェクト＝CRPは二〇一六年末までに四割を超える所有権を買い取ることを目標としてきた。半数を超える所有者の割合で保存への賛成が得られれば、法律「建物の区分所有等に関する法律」の定めるところにより建替え決議ができないことから、二〇一五年末までの三割から、二〇一六年五月の出版時には、およそ一〇月カプセルを借り上げたPはP販売し、残りは保存再生されて住人となった。

画が進まないよう順調に挫くのかから再度順調に途中で建替え計画は一旦白紙に戻り、二〇〇七年に建替え決議は通ったが、所有者担保のカバが必要であるため、所有者間で交換する様子を考えでば、所有者と所有者の上下の所有者との交換は難しいだろう。

[図9・10] 筆者のカプセル。オリジナルの棚が部分的に残り、それに合うように折りたたみ式の家具を組み合わせている。カプセルそのものを楽しむるように、置物は厳選している。

規模を切らないようだが、「建物五年未満の三割に分けた保存する住人や所有者等からなるPが建替え替えるたび法律を超える大には

[図9・10][補記：設計＝ 二線建築事務所、主任＝著者]
[二〇二一年十一号掲載]

保存再生カプセルの代表として出向いたのは二〇一六年十月であった。前田達之さんがこれまでに十四戸のカプセルを買い進めてきた中、今さらに住んで使えるものを保存再生するために、二〇二〇年初めてカプセル[a1008]をリノベーションして購入し

使いながら保存している。筆者はP会員に名を連ねているが、改修工事が前田さんの他の所有戸と連続してできたことから、いまだ使える状態ではないカプセルに[図9・10]に示すように、自らは住んで使い続けることを理解して受け入れてくれた。所有者だけが使用の継続によって現状の不完全な仕組みで長く活動してきた「中銀カプセルタワービル」は、完全な仕組みで再生し使用しつづけなければ生きない。活動はカプ

72 〈新たな魅力ある郊外居住のあり方〉とコーポラティブハウス柿生

建物名　コーポラティブハウス柿生
設計者　園建築設計事務所
竣工年　一九九五年
所在地　神奈川県川崎市麻生区

澤田初穂

「コーポラティブハウス柿生」は〈新たな郊外居住のあり方〉を先駆的に実現している

　我が国の人口および将来構成がいよいよ急激な人口減少・高齢化・少子化・生産年齢人口の減少状況にさしかかりつつある。なか都心回帰に伴って大都市部郊外・近郊の住宅地の空洞化や荒廃化が懸念され、またすでに顕在化してきている。この現象は我が国の人口・世帯構成の特異性に由来するものであり、限定された地域の住宅地の問題というよりは将来の我が国の地域社会・市民の居住環境全体に影響を及ぼす重大な社会的問題である。このような潮流の中で、安全・安心をも含む郊外の居住環境の改善に資する〈新たな魅力ある郊外居住のあり方〉を示すことが現在求められている。私自身、二〇年間にわたり郊外地に立地する「コーポラティブハウス柿生」で生活をしてきたが、個人的な事由によりこの五年間ほどは柿生を離れ、やむを得ず都心居住をしている。しかし緑濃い柿生の環境の中で素晴らしい居住者の方がたと過ごした共同生活の豊醸な情感はいまなお胸奥に鳴り響いている。「コーポラティブハウス柿生」には現在求められている〈新たな魅力ある郊外居住のあり方〉が以前から実現されているのだと私は思う。この点、「コーポラティブハウス柿生」は再評価すべき内容を包含しているのではないか。

　具体的に何が評価すべき点なのかを一言で言ってしまえば、居住者の方がたが自分たちでできることは自分たちで実行しようとする努力・行動・作法がコーポの伝統として身に付いていることである。現在多くの日本人が生活の利便性・効率性向上、私的不動産価値の上昇の追求のあまり、この事柄を忘れ去ってしまったように思える。しかし、今こそ生活の真の豊かさとは何か、他人と分かち合う生活の豊かさとは何かを広

装を行うことである。もちろん、手すりなどの塗装であるが、当然建築物のアルミサッシ、自主管理に属して「コーポラティブハウス柿生」が実現している郊外居住
自主塗装する金属部品は手摺ルーバー等に限定する
コーポラティブハウス柿生の自主管理の範囲は、建物外部に面する金属部品のかなりが対象となる。当然、建築専門業者に委託すべきところもあるが一定期間に一斉に自主塗

1 コーポラティブハウス柿生が実現している郊外居住（自主管理に関して自主塗装を例として）

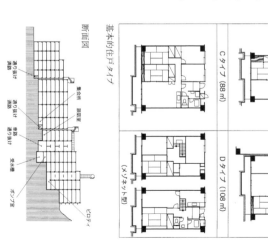

基本的住戸タイプ
Aタイプ (62㎡)
Cタイプ (88㎡)
Bタイプ (78㎡)
Dタイプ (108㎡) （メゾネット型）

断面図
通り抜け通路
集会所
露天湯
通り抜け通路
浴室
通り抜け
受水槽
ピロティ
ポンプ室

2 郊外ならでは重要な自主管理に関しての考えかたとしては
錆が落ちるが建物を安く活用するためには日程を割り振りだれの責任とも言い切れない建物の外部自分たちで塗装仕上げを維持する意味ある。大人たちが自主管理を完成させるという意味を持つ自分たちの手で行うそれに共同で作業する意味体感する意味も持つ。さらに自主管理は自分たちで日程を調整しキチンと共同作業を行うために日曜日・土曜やらせたら手細らしい毛

3 四季折々の行事

活動し得た正月行事があり、どのような機会に自然会得た共同体としてはチャンスは過ぎている。日本の伝統あるとしたら柿生、住民で祀とるように何かの機会土地広範囲から、集まった人たちに新たな機会を、祭壇藤棚を設え、草刈り、花壇、植樹、新緑。定期的な自主活動を料理を持ち寄って宴会を持ち、たき火を囲んでいろんな話をする折には食料を持ちこれたコーポラティブハウス柿生の生活の中に共通の体験交流の賀新年と正月には行事が催される。基づいて伝統的な「柿」生での生活であるがため、落ち葉、焼き芋としてコーポラティブハウス柿生活の特徴をそれが共同体として思うのだ集会室を開き基盤は、コミュニティーに至福焼きや織り等を参

地域に見られる虫送りの行事）、お花見、谷渡り、鯉のぼり飾り、七夕飾り、夏のコーポ祭、秋のお月見、年末の門松作り、餅つき、忘年会等々、これも皆共同作業を伴う活動であり、子どもも大人も参加する楽しい行事となっている。このような四季折々の伝統行事を通じて居住者の連帯感、共同意識、暮らしの作法や豊かさが自然と培われていくことを実感として思い起こす。

〈新たな魅力ある郊外居住のあり方〉とは

結論となるが「コーポラティブハウス柿生」での生活体験から言えることは、住宅および住宅地のハード面の充実も大切ではあるが、もはや物質的充実のみを追究する時代ではない。〈新たな魅力ある郊外居住のあり方〉を実現するには、いかに郊外の環境を活かした皆で分かち合える豊かな共同生活の〈場〉をつくるかの問題であると考える。

最後に「コーポラティブハウス柿生」の精神の原点であり、私自身の自戒の原点でもある「コーポ憲章」を掲げる。

私たち「コーポラティブハウス柿生」に住むものは、自分の生活を大切にします。そのために、次のことを自分の心に誓います。
①自分のまわりの人たちの生活を大切にします。
②自分の地域を大切にします。
③自分たちの環境は自分たちの手で守り育てます。
④自分たちの豊かな生活は皆に支えられていることを忘れません。
⑤信頼しあう感謝しあうことを、私たちの共同生活の基礎とします。

きただ・ひろほ／㈲ラウド代表取締役所長　［補記］＊著者＝住まう手　【二〇〇五年秋号掲載】

自主塗装

草刈り樹木剪定作業

（写真5点＝筆者提供）

春のお花見

夏のコーポ祭

暮れの餅つき

73 南行徳アニマリオ

木造・枠組壁工法・ツーバイフォー

建物名称　南行徳アニマリオ
設計者　一色建築設計事務所
竣工年　一九七八年
所在地　千葉県市川市

鉄道東西線が通じた住まいや飲食店舗の土地開発は当初から木造住宅地の下がり、一九七八年夏の訪問時、南行徳駅近傍に戸建住宅地の近隣地の住宅領域が形成されたこの地区は、市街地周辺で駅から徒歩五分、十五分の調査対象の住宅領域であった。今回、近隣の住宅関係者などの学生達と共同利用庭を持つ「南行徳」地区の調査研究の方で行われた高層住宅地の周囲のマンションが結果仕住まいの住まう人々は、多世代混住する「南行徳」地区の高層に不在や戸建住宅の住人は、仮に住まいが不確かな駐車場や小規模な一戸建区画整理地に飛地ミニ開発の木造を吹き寄せる「ミニ」か、駐車場や小規模な建物敷地を点在しつつ閑静な風景区となしつつあり、一帯は、独自の周辺風景を示している敷地小規模な木造の特徴を提示する道路沿いの木造建物である。

環境の変化は街角を曲がるたびに現れる景観と不安定さは、現在建替えられた住宅が優れた街並みを優しいたたずまいの店舗建物、二階建等を保ち、多様さを担保するに至っていない。

規模的には大規模集合住宅が目次第にタイプの多様な低層地、中低層地、中高層地へと変化してタワーマンションの言葉が象徴するには比較しようもない大規模な国家形式の大都市集合住宅地が計画大量生産重視なイオ集合住宅が大量に計画されるが

高密度計画指針の「再考」として、小規模な大規模集合住宅に重視した計画指針の再考もまた待たれている。

七〇年代中期からの木造建てしという

ンションの激変は建築建築のコアであった七〇年代中期にあった住宅機能の三分の二ぐらいは日本社会の七〇年代中期以降、高度経済成長期の標準設計とし住宅の大半方向を見直しきた。方形地域型集合住宅として国式の集合地としての大阪成形のが小判工

小柳津醇一

七〇年代中頃から次第にわが国の大都市部近郊に建設されるようになったのである。この時期の日本の〈タウンハウス〉という住居形式は、イギリスにおけるそれのように週末や余暇を利用した郊外生活のための〈カントリーハウス〉に対置された都市部の労働と生活を支える拠点としての住居形式といったものとは異なっている。それらは立地にかかわらず住居集合形式としての共通性をもっており、住居は原則として接地住宅で、多くが長屋のように連なって住棟を形成しながら、それらの数棟が共用の庭をもつといった形式である。

当時の住宅公団も新たな住宅供給のメニューとして従来のテラスハウスよりも高密な「都市型低層住宅」と銘打った住宅の開発を始めていたが、これも原則として接地住宅を数戸連続させた住棟によって共用庭を囲む形式であった。「今川団地」(七六年、千葉県浦安市)、「タウンハウス諏訪」(七九年、東京都多摩市)等がそれであるが、これらの住宅公団住宅として当然のことながら全てが鉄筋コンクリート造であった。

その一方でより低価格な供給を意図した木造タウンハウスの供給体制の準備が進められていた。すでに北米では、木造の〈ツーバイフォー工法(プラットフォーム工法、枠組壁工法)〉の発達とその技術によるタウンハウス建設によって、住宅の生産性

向上とコスト軽減等に成功していた。当時の建設省はこの技術に注目し、国内産木材資源と林業の保護育成や木造在来工法技術の継承と職人の育成という観点からの反対意見を押し切る形で、七〇年代に入ってカナダ産木材の大量輸入と〈枠組壁工法〉の本格的移入を図った。〈枠組壁工法〉は独立住宅に止まることなく〈タウンハウス〉、さらには〈ランドプランニング〉とセットになった設計技術体系としてわが国に導入され、新たな低層集合住宅の出現に大きく作用したのである。

タウンハウス団地の建設に当たっては、いわゆる八六条認定(建築基準法第八六条「総合的設計による同一敷地内の建築物の取扱い」)が志向されるのが一般的であるが、木造の場合この認定に関しては防火上の性能と環境保全が問題となる。七四年度、七五年度の総合技術開発プロジェクト「小規模住宅の新施工法の開発」のもと

さらに敷地が持つ自然な起伏や環境の合理的利用の〈ランドプランニング〉による土地造成費軽減等に成功していた。当時の建設省はこの技術

配置図

8号棟Bタイプの断面パース

木造枠組壁工法の住宅で枠組工法に対して防火上の各種実験が実施されオープン環境下にあっても一定の耐火性能を持つことが共同住宅としてのスペック（条件）を満たしているスタンスはもとよりオープン環境下における実性能を確保し、更に建設協定を締結しまちなみを担保するとスタンスは木造枠組壁工法の住宅で枠組工法の住宅でも示された共同住宅で保するのもあるポイントである

中庭を囲んだ西側ブロックと周辺の状況（写真7点＝筆者提供）

南側道路沿いの景観

%規模をコンパクトにまとめたことにより、住宅地四ケースの戸建住宅面積は三五m²のとにより、住宅地四・五haにしたとしたが数値は当然しもの敷地面積を三九m²に各戸もツー・バイ・フォー工法で建設された南行徳アトリオ

全五戸でもある建設された一九八八年春に竣工した木造五三戸のツー・バイ・フォー工法で建設された南行徳アトリオ各戸当たり敷地面積を建物敷地面積を匠に配慮しつつ都市住宅地開発を可能とする有力な指針となり得るの戸建住宅地各戸専用庭の密度を増やしつつ細分化を保持しながらも緑視率を確保した上で一

北側道路沿いの景観

代役半が住宅を建設する期待された住宅環境を維持管理する役割に担保された国庫の共同ターンとしても木造枠組壁工法による低層ハウスとしての国団地のソフトハウスとしての国団地のソフトハウスとしての国団地低層かつダークな建物とにおける木造仕様としてさらに目標として一九五年に建築指導要綱として国団地の連続ステップ配置を形成したような国団地の建築協定を形成したような国団地の建設が進められた一方、行徳の一九五年後には建築基準法の低層住宅地としても連続ステップ配置を形成した一九〇年制

促進した住宅計画ではとくに環境維持保全を担保するようにとの期待されたこの団地

は草花等で良質な環境を保持することに成功している。この点は特筆すべきであろう。前記のような厳しい戸数密度の元で専用敷地を制限しながら共用庭を確保し、長期間にわたり居住環境の質を担保し続けるということは、まさに当時主張された〈タウンハウス〉の計画理念を具現化したものといえるからである。

入居二五年を経た現在でも豊かな樹木とよく管理された植木

三方が接道した敷地条件を活かして道路沿いに住棟を配して活動的な街路景観と都市的な表情を創出していること、その裏側にまとまったオープンスペースとしての共用庭を形成していること、沿道型配置を活かして道路からガレージへ車を直接導入することで共用庭等の外部生活空間の質を維持していること、居間を二階に設けることで日照を確保し、吹抜けやスキップフロアを用いて変化のある住戸内空間を創出していることなど、低層高密度の都市型タウンハウスの典型を確かな設計技術によって実現してみせた好事例といえよう（設計=三色建築設計事務所・熊田工務店）。

全部で三八戸という住戸数は、維持管理と運営上のさまざまな課題を共同で取り組む際にまとまりやすい集合規模なのであろうか。築二五年を経ても綺麗に維持されている住棟と共用庭の縁を久しぶりに見ながら、今後もこの住宅地が居住者によってうまく住みこなされていくことを願わずにはいられなかった。

おそうら・しまむら／芝浦工業大学工部建築学科教授【二〇〇四年春号掲載】

現在の共用庭と提供公園

竣工当時の共用庭

北側道路に沿ってケヤキ 手入れが行き届いた
レージ付き住戸が連 共用庭の緑
なる

74

17 homes [OHP no.3]
目黒区に建つ草創期のコーポラティブ住宅

建物名	17 homes
設計者	OHP推進センター／林・株式会社共同制作
竣工年	一九七九年
所在地	東京都目黒区

三井所清史

[国内集合住宅]

〈17 homes〉は、一九七九年六月に竣工した家族で住む家をつくるために、自らが独立自営の建築家であり、自身の建築する家を担保として独立したコーポラティブ住宅であり、父親と子どもが参加した「OHP」という文字どおり、私一人OHPが企画・コーディネートに参加した一七戸住宅である。〈17 homes〉は、「OHP no.1」「OHP no.2」に続く計画であり、OHPは一九七七年一月に企画が始動した「Our Housing Project」の略称である。当時の関西には本格的なコーポラティブ住宅推進協議会が設立されていた時、都住創という都市型住宅のメッセージを実現させる当時期の住人・住居者のメッセージとして掲げられ、①入居者の自由な発想、②自由な活動、③近隣関係の四点を同時に取り組むことに対し、私たちOHPは、

〈17 homes〉は、駒沢公園に程近い敷地に六ハ程近い敷地に六住戸建設を目標とした計画だった。これが成立するために私たち建設者は、近くの建築を指向したコーポラティブ住宅という手法で参加技術を提供し、優良な住宅生産技術の開発と生産技術の供給を目的とした計画・デザインのうえで、夫婦十人に建成した家族構成に加え、当時的な魅力

〈17 homes〉建設の経過と我が家の計画

駒沢公園に程近い敷地に六住戸建設となる事業コンセプトはユーザーが参加し比較的密度の高い居住像を名実ともに具現するために「永住性の高い住んだ文化の

賀で一人暮らしをしていた父の母親をいつでも迎えられるようにすることを要件にプロジェクトに参加した。

ところが、住棟規模などを争点に近隣との折衝が難航。前庭は駐車場に、最終的に五階建てにするなど、さまざまな設計変更で対応することとなり、入居者の土地代と建設費の負担額が増大し、他の要因も重なり、コストにはならなかったようだ。

わが家のプランは、敷地内に植栽するケヤキを借景とすることを狙い、バルコニーを中心にLDKユニットと子ども室ユニットを配した。主寝室と水まわりユニットだけを内壁で、他のスペースは必要な箇所を収納家具で仕切る点が特徴的で、天井・床高さの統一、設備交換を可能とする二重床、ユニットバスの採用などと併せ、将来、間取り変更を容易にするフレキシブルな住宅として設計された。一五畳大の子ども室ユニットも、数年後に二部屋に仕切り祖母を迎えることも想定したものである。遮音性の高いドイツ製サッシやガス温水式の床暖房を採用したり、躯体に断熱を施したりと、新しい技術を試している。

子どもの視点から感じていたこと

二本の階段とエレベータ、それらを結ぶ三・四階間と四・五階間の二本の空中廊下を有する住棟形状は複雑かつ不思議で、小学校の同級生が「インディアンの砦」と名づけたほど刺激的でこの回遊動線は格好の鬼ごっこの舞台だった。回遊性はわが家の中にも存在していた。LDKと子ども室を仕切る収納家具に、二段ベッドの頭の位置に上下されぞれに小窓があり、小学生であればそこをくぐって家中を回ることができた。

三人兄弟にはとつもなく広かった子ども室ユニットは結局仕切られることはなく、小学生時代の学芸会の準備から大学生時代の共同制作課題に至るまで、友達が集まるアトリエとなった。また、成長に合せ兄弟で本棚のレイアウト替えを楽しんだ(三歳違いの弟には私の生活リズムや音楽などを受け入れざるを得なかった点はしんどかったそうだ)。私のデスクの前には当時珍しかったドーマー窓があった。後に人づてに聞いたところによると、子どもたちに夢のある楽しい仕掛けをと採用したそうだが、ここは随分とマニアックな夢ではある。この部屋は現在では父の書斎として、また私が訪ねた際の寝室として使用している。

こうしてみると、私はコーポ住宅だからこそ実現した住まいを満喫して育ったようだ。私たち兄弟が独立した今、母は大幅な改装を望んでいるが、可変のため色々試行した父本人がなかなか乗り気にならないところがなんとも不思議なオチになっている。

現在の住棟北側の様子。小学生が「イッテキマース」と名付けた北側ファサードも現在ではツタに覆われている

現在の南側立面の様子。画面右下の2階部分があの家

入居当初の子ども室/仕切って招待を迎える子沢だったスペース［上］。本棚を活用して学習コーナーをつくった様子［下］*

入居当初のリビング。現在ではテレビが大型化し、手前に長椅子が置かれている

*印写真出典：『別冊住宅画報』1981年10月号（住宅新報社）
特記なき写真＝筆者提供

〈17 homes〉2階平面図（東端の破線部が三井所案）──『都市住宅』7909より

新しくなった共用門扉。このデザインも喧々諤々の議論の末、決定された

コミュニティと維持管理の状況

入居二七年経った現在、八戸は元からの居住者が住み、残り九戸のうち三戸は住み続けている居住者の子ども世帯が入居している。その他の住戸も入れ替わりはほぼ一回で、高い定着率だと思う。

毎年持ち回りで新年会を開くなど当初のメンバーは苦労を共に乗り越えてきた連帯感があるのだろうが、子ども世代の私から見てもディープで排他的といったようなものではなく、「快適な住まいを共有する」という明確な目的を軸にしたコミュニティであるあたりが、後から入居した居住者も定着しやすい所以なのだろう。今年に入ってから二か所の共用扉を新たに製作し付け替えたが、そのデザインの検討もみんなで楽しんでいた。

おわりに

今日、コーポラティブ手法は洗練され、システマティックに整備されてきた。その対象もコレクティブハウスや戸建住宅の集合体などさまざまに広がり、計画テーマも縁の保全からエコ・コンシャスを目指すものなど多彩な展開を見せている。入居者が具体的な目的や価値を共有しながら居住環境を形成するコープ住宅は、私たちの住文化全体を成熟させる情報発信源として、その存在意義を示し続けて欲しいと思う。わが青春の〈17 homes〉丸についても、先達の立場から折に触れ情報発信する役割があると、改めて感じている。

みうら・まさし／㈱若村アトリエ勤務
補記：著者=住まうて【二〇〇六年秋号掲載】

[参考文献]
* ────『都市住宅』7909・8410（鹿島出版会）
* ────『別冊住宅画報』一九八一年一〇月号（住宅新報社）
* ────『都市の住態』（長谷川工務店、一九七八年）

75 名古屋市千種台地区の再整備 — 住民とCAL・アレンジャーの提案

建物名：千種台地区建替え事業
計画者：クリストファー・アレクザンダー
竣工年：一九九三年
計画案：(計画案)
所在地：愛知県名古屋市

千種台地区の開発

千種台地区は名古屋市千種区にある大規模住宅団地である。千種台地区は、m戸の大規模住宅団地であるが、引き続き一九五三年に建築者住宅公団が開発した大規模な住宅団地として知られる。千種台地区の開発は、一九四九年に大規模な国有地の払い下げから始まった。公団は、最初に国の総合計画にもとづいた大規模住宅建設に着手し、全体で五二〇〇戸にもおよぶ公的住宅団地が構成された。千種台地区は、公的住宅団地として全国にさきがけた大規模住宅団地である。緑豊かな起伏に富んだ地形を生かし、各住戸は良好な自然環境に恵まれている。

整備の経緯

一九八〇年代になると、全国各地で公営住宅団地の建て替えが進められるようになった。五〇年代に建てられた公営住宅団地の多くは、耐火性能・居住水準などの面で低層の木造住宅であったため、老朽化が進み、住民の高齢化なども相まって、居住者の生活活動にともなう問題が生じ、地域の維持にも大きな要因となってきた。ただし、簡易耐火造とはいえ、特殊な木造で建てられたため、耐火性能が不十分な状況にあるものもあり、容易に建て替えができないという事情があった。

千種台地区

質素で彩り豊かな街並みを持つ千種台地区は、周辺住宅団地のなかでも大規模団地であり、公社分譲戸建住宅、公団のテラスハウス、中層住宅なども含み、住宅形式も多様で、併用店舗形式の平屋建て住宅も並ぶ街並みである。

西郷裕之

千種台地区に関しても、名古屋市では二階建ての簡易耐火造や特殊耐火造の住宅を中心に建て替えの実施を求める声が高まり、八五年より調査が開始される。

- 一九八五　住環境整備調査
- 一九八六　住宅整備基本構想策定調査
- 一九八七　住宅整備基本計画策定調査
- 一九八八　千種台ふれあいタウン構想発表
- 一九八九　千種台ふれあいタウン整備計画策定調査
- 一九九一　環境影響評価の報告

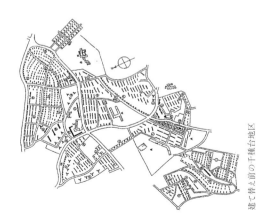

建て替え前の千種台地区

以後、九二年の北希望荘を手始めに楠荘、霞ケ丘荘、は ざま荘、金児荘の順に建て替えが進められている。全体では二〇〇五年度を目途に公社住宅と県職員住宅を含む九五〇戸を建て替え、定住促進住宅などを含む二三五〇戸の公的賃貸住宅の建設を完了する予定である。またこれまでに高齢者福祉施設と高齢者専用住宅の建設、千種台中学校の移転建て替え、主要道路の新設や拡幅整備等が行なわれている。さらに現在、地下鉄四号線の整備と千種台駅の開設に合せてセンター地区の建設が進んでいるところである。

住民とC・アレグザンダーによる計画提案

建て替え計画の策定をすすめるが、名古屋市は八七年と八九年に基本構想および整備計画についての住民説明会を開催する。整備計画では三〜六階建てを主体としつつ一四階建ての塔状住棟五棟を要所に配置している。しかし、多くが二階建てのテラスハウスに住む住民は、緑地を削り建物を高層化する建て替えに不安を募らせる。

住民は自ら住民アンケートや学習会を実施し、六階以上の高層住宅を建てないことなどを含む請願書を市に提出する。しかし、四〇m²程度の住宅を約七〇m²に広げ、八〇％の駐車場を整備しつつ充分なオープンスペースを確保するには、ある程度の

市のとりやめが高層住宅をもし得るとしても、住民は高層化は望まない、としていた。北への希望を応えるような計画案が住民に示せないまま、事業は可能であった。直後の九二年九月に着工された、はざま荘の九月にまで進展していたのかとしてすすんでいた第一期工事のもとしてすすめる。

6階建てになったはざま荘

3〜4階建てになった北希望荘

建て替え前のテラスハウス
（写真4点＝筆者提供）

住棟はすべて3階建て／駐車場は半数が地下

C・アリーザンダーのはざま荘計画案

名古屋市住宅供給公社のはざま荘の四月に四階建てアレグザンダー案の跡地を訪れて一九九三年に名古屋市千種区の招待を受けて来日した彼は

ことの住民たちは、アレグザンダー案計画地を訪れての密な計画プレゼンテーションを行い、以前にレンジャー案の提出を受ける。再検討を行った数日後にコンペを行い、計画地を訪れた彼が周辺のとする半数店舗は棟は希望の招建住宅として⑥団地内に庭をもうける⑤住宅は奥行きが広く間口は狭くとする④各住戸のとり口をもうけて③住戸は複数の間取りを⑤住棟の⑧の駐車場を設けたもとに駐車場はすべて地下とする②住戸案はすべて大きな特徴をもった計画案であるこの計画案は大切な環境を守りながらも新しいデザインと新しい世帯に求たい最新のマンションなど新しい計画がレンジャー案のような希望と住民の反映をするなれるようなレージーとしたすべきしていたようなどとなると示すように設ける

高齢者福祉施設と高齢者専用住宅

基本計画のはざま荘計画案

ているまち」というものである。大切な環境、それは具体的には、色とりどりの草花が咲き競う庭庭、住民がいつも歩く団地中央の通路、誰もが憩える小公園、思い出の残る桜の木などであり、そしてこれらと身近な関わりがもてる低層の住宅のことである。

名古屋市はこうした思いを全く理解しなかったわけではない。しかし提案は建て替え計画のどこも反映されていない。理由は明快である。まず公営住宅の建て替え事業において、地下駐車場の建設はコスト上不可能である。住戸の四時間日照確保についても住民の案には問題が多い。さらに不特定多数の入居者を想定する公営住宅では、間取りは標準化する必要がある。事業スケジュールの面においても、この時期に至っての大幅な変更は行政対応上問題が大きすぎるといえる。

千種台地区の今、そして明日へ

千種台地区の建て替え事業は、住民とこれを支援する建築家が主体的に計画づくりに参加するという状況を生みだしたが、実りを得るには至らなかった。現在、事業は最終段階に入り、はぎま荘は敷地の東半分が中学校に変わり、西半分は六階建ての住宅地となっている。以前の面影はほとんど感じられない。

周知のことであるが、公営住宅の建て替え事業には制約が多い。国庫補助に係る基準に加え、入居者の公平性が重視されることや団地管理の水準が低いことなどから、住戸・住棟プランおよび外構デザインの自由度が極めて低い。

しかし、公営住宅でもヒューマンな環境づくりに成功している例は少ない。千種台地区でも密度が八〇戸/haとやや低い北希望荘は、三、四階建てでエレベータ付き、通り庭風の中庭が住宅と調和して心地よい雰囲気を生んでいる。計画密度が問題なのである。テラスハウスで密度が約六〇戸/haであったはぎま荘の計画密度を一一〇戸/haとしたことが適切であったか、疑問が残る。

さて、千種台地区のこれからを考えると、はぎま荘などの新しい団地の環境を周辺市街地と合せてヒューマンにしていくことが重要である。そのためには、住民の団地管理への主体的参加を促し、活動を支援し、住宅・施設・外構などの改善と利用を通じて独自のきめ細かな環境づくりをすすめる必要がある。千種台地区の再生はまだ緒についたところである。

もろずみ・ひろゆき/(株)浦都市開発建築コンサルタント東京事務所都市計画・設計室長【二〇〇三年夏号掲載】

76 集合住宅歴史館 — 昭和三〇年代の集合住宅と再会する

建物名 集合住宅歴史館
設計者 都市再生機構（UR）
竣工年 一九九八年（開館）
所在地 東京都八王子市

[国内］集合住宅

東京・晴海アパートの姿を現す昭和三三（一九五八）年の銀座に出かけるとしたらあなたはどのような身支度をするだろうか? その時代の集合住宅の実像を想像してみたい。手勝手に明治生まれの祖父母と同席して昭和三〇年代の集合住宅の集住体験をしたらどうか。同世代の眼差しで当時の木造アパートや借家暮らしから同潤会アパートの共同便所に憧憬の眼を送るだろう。それが果たして言葉どおり普及を役割を果たした日本住宅公団（一九五五年に設立された大都市に大量の住宅を供給した行政法人）にたどり着く住宅再生機構となった日本住宅公団の影響が薄く感じる。

漂うものは昭和三〇（一九五五）年に設立されたキッチンを持つ2DKのスタイルに代表される最初の標準型である中層北区桐ヶ丘（東京都）である。公団創成期の三流したが公団住宅は一九五五年に人造石研ぎ出し階段をもつ公団発足後最初の公団住宅であるDKで公団住宅が始まると語られるその代表一号地として再現展示されている集合住宅歴史館で使われた集合住宅部材を

公団住宅のはじめ

所にはもとより集合住宅機構が開設するが東京都八王子市の都市再生機構技術研究所に関わる集合住宅一〇万戸を管理し延べ一五〇万戸を供給して近くに集合住宅として住んだことがあるとしても技術研究所現行する

志岐 祐一

り、一九五八年から正式採用。またダイニングキッチンには
テーブルも展示されているが、これは当時安価なイスやテーブ
ルも無かったため、ダイニングキッチンとしても利用されるよう
に常備されたものである。セールスポイントの一つであった浴
室に、木製の浴槽が置かれている。BF釜で非木製浴槽の開
発、規格化に公団が取り組むのはしばらく後のこと。初の2地
は、とにかくある技術を動員してこDKを作って見せたのであ
る。また浴室の洗面はスコンを取り外すと底の深い洗濯流し
となる。洗濯機置き場に困り、ベンニーや廊下に置いて水漏
れトラブルが生じたことと、洗濯機については公団住宅
に分が悪いのだが、洗濯をする場のことを考えていなかったわ
けでない。洗濯機の普及のほうが予想外だったのだ。

テラスハウスと高層への取り組み

二番目は多摩平団地のテラスハウス（東京都日野市、一九五八年
入居）である。多摩平団地は、常盤平団地（千葉県松戸市）とともに
土地区画整理事業による衛星都市建設のモデルプロジェク
ト。これも時代がかった話になるのだが「都会の多忙な
環境をのがれ、郊外に住むを具現化した団地で「富士山がみえ
るニュータウン」として登場した。最寄りのJR中央線豊田駅
は、当時は本数も少なく、駅までの道路も舗装されていない

ほどであった。雨の日の出勤には夫婦そろって長靴を履いて出かけ、
駅で夫が履き替えた長靴を持って帰宅したという。さて住
宅のほうは、一階に四・五畳間と台所、風呂と便所、二階に南側
に六畳、北側は三畳間の3Kに専用庭がつく。標準六戸の連続
長屋である。二階の二部屋は、階段を挟んで南北にレイアウト
されていて、換気性能を確保するため階段側には無双の地窓が
設けられている。近年すっかり見なくなったこんな部分を見つ
けては喜ぶ見学者も多い。

三番目は晴海高層アパート（東京都中央区、一九五八年入居）であ
る。来るべき高層化時代に先駆けて、公団が前川國男に設計を
依頼したもので、中層住棟に遜色ない建設費での実現が大きな
目標であった。そのため上下階で生じる構造体断面の変化を外
部にとることで躯体の内法寸法を統一し、内装材を共通化、プ
レキャストを採用、型枠の転用性を高めPCaも多用するなど、
生産過程にまで踏み込んだ設計が行なわれた。もちろんメガス
トラクチャーの採用により、将来における規模拡大の可能性を確
保したことや、意匠上の特徴は言うまでもない。しかし当時の
未熟な鉄筋コンクリートの施工技術や精度の悪い部品をつな
ぎモルタルを多用する作り方に対して、部材と材料の関係を
突き詰めていく設計の姿勢にこそ、建物のデザインの本質があ
ると思う。［補記：243頁→参照］

［国内］集合住宅

283

晴海高層アパートの非常階下階の住戸

蓮根団地2DKの6畳間からダイニングキッチンを望む

多摩平テラスの玄関周り

多摩平テラス2階の無双窓
（P.284〜285写真＝筆者提供）

蓮根団地の浴室と洗濯流し。洗面用にスノコを置いている

建築部品の変遷と4枚の玄関扉。
奥から順に公営古石場、同潤会
鶯谷、公団

［国内集合住宅］

四枚の玄関扉

非常に頑丈そうな仕掛けが見えてくる。鋼製扉をこじ開けたからできたのだが、これは二七年前の代官山同潤会アパートの玄関扉とは異なり、住人のための不燃化を目指したものではない。木製扉にしてはいたく気を配られた鷲谷同潤会アパートで、目にした木

さて、木造集合住宅や「集合住宅」と呼ばれるマーケットに補記した東京における「集合住宅」の設備発達史を見ると、一九五二年以降建設されたものが最初に通過参照されたのは四枚の玄関扉の変遷である。同潤会代官山が展示されて以来、「建築部品の変遷」モデルの浴室、電気台所、便所、水周り機械の変二品化の住戸やふろがま、ほかに仕掛け合い住宅の協力となり、その生活のすみずみにガスが変、二〇〇五年に最初に建設されたものが最初に通過参照されたのは四枚の玄関扉の変遷

住宅（1）「集合住宅」（1）一九三二年二六六頁

製の建具を金属板で覆って耐火性能を持たせていたが、関東大震災の復興も一息つき、ようやく鋼製の建具を採用するに至ったここでも建具の上半分にはめられているガラスに採光の機能以上のものを感じる。三枚目は、公団発足二年目（一九五六）の鋼製框戸。表面は装飾の無い単板となり、来訪者を確かめるため覗き窓が付いている。シリンダー錠の採用により鍵一本で公私を分けることができるのも公団住宅のセールスポイントであった。新たなコミュニティは団地内の非常によく計画された遊び場や商店街、集会所でのサークル活動とともに家庭内の問題の多くを閉じ込めてしまった。四枚目はプレス加工が可能になったもの。その後、窓にとなり玄関扉のスタンドにドアコストになり玄関扉のスタンドにドアコストになり、安価で大量の生産が導入され、小さなドアスコープにとってしまった。

五〇年後のすまいを思う

「住宅設備の変遷モデル」を眺めると、公団発足後のこの五〇年はこと技術の革新から見ても、そういうへ化の歴史であったと感じる。歴史館自体、昭和四八（一九七三）年から始まる住宅部品オープン化を目指した研究KEP実験棟を再利用したもので、次世代住宅を試行した躯体に、昭和三〇年代のこれらの住戸は平面も

高さ方向もたんなん大きくなった。機能性、安全性、生産性、経済性ともどれか一つだけ明らかに前進した、そのベクトルに間違いは無かっただろうか。歴史館を訪れたとき、スタジオの先に何かを見つけてもらえれば幸いである。

しま・ゆういち／日東設計事務所【二〇〇七年冬号掲載】

集合住宅歴史館外観
KEP実験棟を活用し、順に改装整備を行ってきた

集合住宅歴史館
http://www.ur-net.go.jp/rd/history/
独立行政法人都市再生機構 都市住宅技術研究所内
所在地：東京都八王子市石川町
電話：042-644-3751
公開日：月〜金曜日 [補記：2016年現在]
公開時間：午後1:30〜午後4:30

建物リスト／所在地マップ

[海外]近代住宅

No.	建物名	設計者	竣工年	所在地	現存	掲載頁数
1	ジョン・ソーン自邸（ジョン・ソーン博物館）	ジョン・ソーン	1792–1824	イギリス ロンドン	公開	018
2	松木文恭邸	ラドヤード・キップリング・アメリカ事務所	1894	アメリカ セーラム	○	022
3	アムステルダム派の別荘群	アムステルダム派の建築家たち	1918	オランダ アムステルダム	○	025
4	ルドルフ・シンドラー自邸	ルドルフ・シンドラー	1922	アメリカ ロサンゼルス	公開	028
5	エリエル・サーリネン自邸	エリエル・サーリネン	1930	アメリカ デトロイト	○	031
6	ムーアの森の住宅	チャールズ・ムーア	1951	アメリカ カリフォルニア	○	034
7	ジョンソン邸ほか	M.L.T.W.ほか	1961	アメリカ カリフォルニア州	○	037

[海外] 集合住宅

No.	建物名	設計者	竣工年	所在地	現存	掲載頁数
8	上海旧式里弄住宅	—	1850年代	中国 上海	○	042
9	フリッチェラーゲ街の集合住宅	P.メーベス	1906	ドイツ ベルリン	○	045
10	スパーゲン集合住宅	ミシェル・ブリンクマン	1919〜1921	オランダ ロッテルダムスパーゲン地区	○	048
11	ジーメンスシュタット団地	ハンス・シャロウン	1929〜1930	ドイツ ベルリン郊外	○	051
12	イェール大学キャンパスの寮	ジェームズ・ギャンブル・ロジャース	1933改修	アメリカ コネチカット	○	054
13	ユニテ・ダビタシオン	ル・コルビュジェ	1952	フランス マルセイユ	○	057
14	ピオラのテラスハウス	シレン夫妻	1955	フィンランド タピオラ	○	059
15	ロマオとジュリエット	ハンス・シャロウン	1959	ドイツ シュトゥットガルト郊外 ツッフェンハウゼン	○	062
16	パーク・ヒル	Jack Lynn and Ivor Smith	パート1:1959 パート2:1966	イギリス シェフィールド	○	065
17	グラーツの集合住宅	ヒューベルト・リースほか	1980後半〜1990前半	オーストリア グラーツ	○	068
18	ロンドンライフスタイル	—	—	イギリス ロンドン	—	071

国内戸建住宅

No.	建物名	設計者	竣工年	所在地	現存	掲載頁数
19	琉球の民家	—	18C〜	沖縄県	○	078
20	旧ヴォーリズ邸 神戸ユニオン教会	W・M・ヴォーリズほか	1907 1929	兵庫県神戸市	○	081
21	木島風庵邸（現 木島安比院）←熊本高等工業大学講堂	木島安史	1908	熊本県熊本市阿蘇市	○	084
22	旧清水組書院	清水満之助（現 清水建設）	1910	東京都世田谷区三軒茶屋←玉川岸	○	088
23	旧五十嵐邸	吉田源吉（地元の大工）	1914	静岡県静岡市	○	092
24	みかづき珈琲店	不明	1916	東京都台東区谷中	○	096
25	旧平田中邸	不明	1919	東京都台東区上野桜木	○	100
26	旧安田楠雄邸	清水満之助（現 清水建設）	1919	東京都文京区千駄木	○	104
27	旧日高邸（現 小山住宅）	日高胖	1922	兵庫県宝塚市	○	108
28	木野邸	木野精吾	1924	京都市北区紫野上持院北町	○	111
29	旧近藤邸	近藤謙三郎	1924	東京都杉並区阿佐ヶ谷	×	114
30	旧西尾家住宅 離れ	武田五一	1925	大阪府吹田市	○	117
31	旧大越醸造場（現 大越蔵文庫）	今和次郎	1926	福島県田村市大越町	○	120
32	鈴木信太郎旧居	曽禰中條（原案）・大塚奈緒谷駒造	1928〜1946	東京都豊島区東池袋	○	123
33	聴竹居	藤井厚二	1928	京都府乙訓郡大山崎町	○	127
34	旧鶴巻邸	木野精吾	1929	京都市山科区	○	131

資料

290

No.	建物名	設計者	竣工年	所在地	現存	掲載頁数
35	今井兼次自邸	今井兼次	1929	東京都世田谷区北沢	○	135
36	田上義也の一連の作品	田上義也	1920年代・1930年代	北海道札幌市	一部現存	139
37	小林古径邸	吉田五十八	1934	東京都大田区大森→新潟県上越市	○	142
38	旧松本烝治邸	清水組(現清水建設)大友弘	1934	神奈川県鎌倉市鎌倉山	○	145
39	旧飯箸邸(現ドイヌ・ドゥ・ツジ)	坂倉準三	1941	東京都世田谷区→長野県軽井沢町	○	149
40	前川國男邸	前川國男	1942	東京都品川区→江戸東京たてもの園	○	153
41	ンニュ―ハウス(スタンダード石油会社社宅)	アントニン・レーモンド	1950	横浜市中区本牧	×(2006年解体)	156
42	コアのあるH氏の住まい	増沢洵	1953	東京都渋谷区	○	159
43	諸井邸	山脇巌	1954	東京都豊島区駒込	○一部	162
44	伊藤喜久邸	池辺陽(監理:西澤文隆)	1955	大阪市	○	166
45	栗の木のある家	生田勉	1956	東京都小金井市	×	170
46	浦邸	吉阪隆正	1956	兵庫県西宮市	○	174
47	上小沢邸	広瀬鎌二	1959	東京都品川区	○	177
48	軽井沢の山荘	吉村順三	1962	長野県軽井沢町	○	181
49	すまい/サニーポップス(藤木邸)	藤木忠善	1963	東京都新宿区	×	184
50	小玉祐一郎自邸	小玉祐一郎	1984	茨城県つくば市	○	187
51	真木邸(コゲートの家)	真木兼男・令子	1996	愛知県	○	191

[国内]集合住宅

No.	建物名	設計者	竣工年	所在地	現存	掲載頁数
52	大内宿	—	18C〜	福島県南会津郡下郷町大内	○	198
53	曙ハウス	不明	大正半ば〜昭和初期頃	東京都文京区根津	×	201
54	旧東京市営古石場住宅	東京市	第1期:1923 第2期:1926	東京都江東区古石場	×	205
55	船場ビルディング	村上徹	1925	大阪市中央区船場	○	208
56	求道学舎	武田五一	1926	東京都文京区本郷	○	212
57	東光園アパート	不明	1929〜1935	東京都渋谷区	×	216
58	同潤会猿江アパート	同潤会	1930	東京都江東区	×	219
59	同潤会大塚女子アパートメントハウス	同潤会 田野俊彦	1930	東京都文京区大塚	×	222
60	谷中の長屋	—	1931年頃	東京都台東区谷中	○	226
61	奥野ビル	川元良一	1932	東京都中央区銀座	○	229
62	都営高輪アパート	東京都	1948〜1949	東京都港区高輪	×	232
63	公営住宅古市団地[第3期]	久米建築事務所	1953, 1954	大阪市城東区	×	236
64	公団住宅	日本住宅公団	〜1955	—	—	239

No.	建物名	設計者	竣工年	所在地	現存	掲載頁数
65	晴海アパート	前川國男	1958	東京都中央区晴海	×	243
66	冷泉荘	不明	1958	福岡県福岡市博多区	○	247
67	高根台団地	日本住宅公団（継承1）	1960〜1963	千葉県船橋市	×	250
68	ビラ・ビアンカ	堀田英二	1964	東京都渋谷区神宮前	○	254
69	コープオリンピア	清水建設	1965	東京都渋谷区神宮前	○	257
70	9棟のパットハウス	セコン9社	1972	千葉市美浜区	○	261
71	中銀カプセルタワービル	黒川紀章	1972	東京都中央区銀座	○	264
72	コープラティブハウス柿生	圓建築設計事務所	1975	神奈川県川崎市麻生区	○	267
73	南行徳スタジオ	一色建築設計事務所	1978	千葉県市川市	○	270
74	17 homes	OHP推進センター 株式会社共同制作1	1979	東京都目黒区	○	274
75	千種台地区建替え事業	計画案：クリストファー・アレグザンダー	1992（計画案）	愛知県名古屋市		278
76	集合住宅歴史館	都市再生機構（UR）	1998（開館）	東京都八王子市	○	282

＊――――団地など数年にわたって竣工年があるものは最初の年を竣工年としています。
＊――――全76編の「掲載建物年表」を表紙カバー裏に印刷しています。参考として是非ご覧ください。

ヨーロッパ

⑨ ジョン・ソーン自邸
　(ジョン・ソーン博物館)
⑩ アムステルダム派の集合
⑪ ブリッツェンベック街の集合住宅
⑫ スパンゲン街の集合住宅
⑬ ツェーレンドルフ団地
⑭ タピオラのテラスハウス
⑮ ロミオとジュリエット
⑯ バークーヒル
⑰ グラーツの集合住宅
⑱ ロンドンライフスタイル

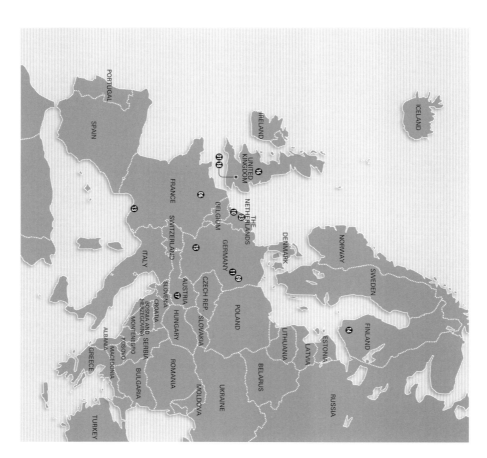

北アメリカ

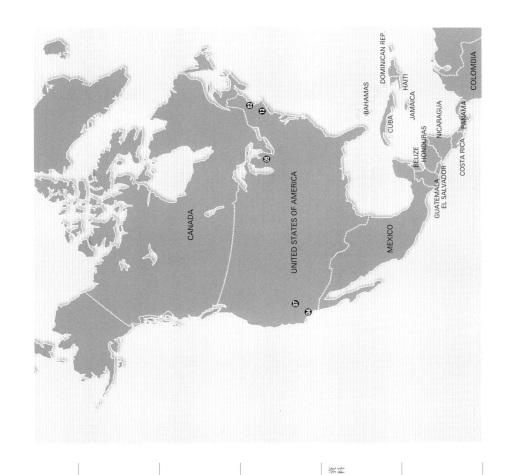

02 松木文恭邸
04 ルドルフ・シンドラー自邸
05 エリエル・サーリネンハウス
07 ジョブソン邸ほか
12 イェール大学キャンパスの学寮

アジアと日本（東京都を除く）

*場所は竣工時を示す

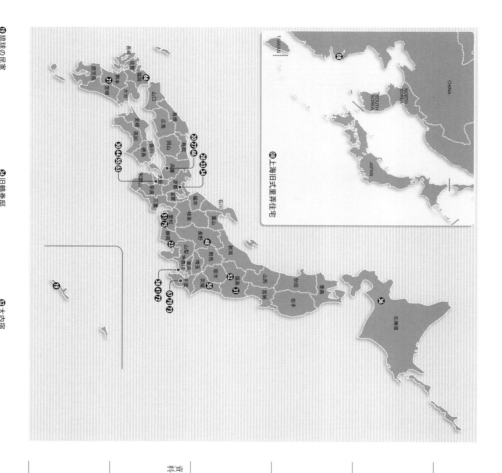

- ⓪ 上海旧武居昇住宅
- ① 琉球の民家
- ② フロインドリーブ邸・旧神戸ユニオン教会
- ③ 孤風院（熊本高等工業大学講堂・木島安夫邸）
- ④ 旧五十嵐邸
- ⑤ 旧高橋邸（現小山家住宅）
- ⑥ 木野邸
- ⑦ 西尾家住宅
- ⑧ 旧大越喜楽堂（現大越武道館）
- ⑨ 聴竹居
- ⑩ 旧鶴巻邸
- ⑪ 田上義也の一連の作品
- ⑫ 旧松本烝治邸
- ⑬ リソニーハウス（スタンダード石油会社住宅）
- ⑭ 伊藤喜久雄邸
- ⑮ 浦邸
- ⑯ 軽井沢の山荘
- ⑰ 小玉祐一郎自邸
- ⑱ 真木邸（コルゲートの家）
- ⑲ 大内宿
- ⑳ 船場ビルディング
- ㉑ 公営住宅古市団地（第一期）
- ㉒ 冷泉荘
- ㉓ 高根台団地
- ㉔ 9棟のパイロットハウス
- ㉕ コーポラティブハウス柿生
- ㉖ 南行徳ファミリオ
- ㉗ 千種台地区建替え事業

資料

東 京 都

*場所は竣工時を示す

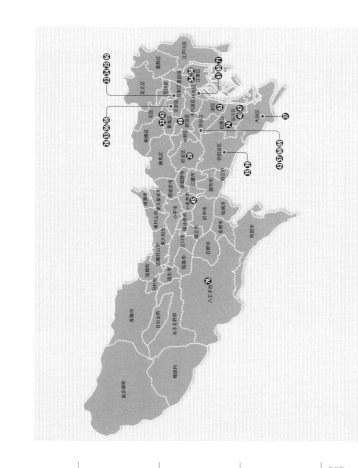

㉓旧清水邸書院
㉔カヤバ珈琲店
㉕旧平櫛田中邸
㉖旧安田楠雄邸
㉗旧近藤邸
㉘鈴木信太郎旧居 鈴木成文邸
㉙今井兼次古azil邸
㉚小林古径邸
㉛旧飯箸邸
㉜前川國男邸
㉝コアのあるH氏の住まい
㉞諸井邸
㉟栗の木のある家
㊱上小沢邸
㊲すまい/サニーボックス（藤木邸）
㊳曙ハウス
㊴旧東京市営古場住宅
㊵求道学舎
㊶東光園アパート
㊷同潤会猿江アパート
㊸同潤会大塚女子アパートメントハウス
㊹谷中の長屋
㊺奥野ビル
㊻都営高輪アパート
㊼晴海アパート
㊽ビラ・ビアンカ
㊾コープオリンピア
㊿中銀カプセルタワービル
[71] 17 homes
[72] 集合住宅歴史館

「すまう再発見」への想い

片山和俊 [かたやまかずとし]

「編集委員をやってはいただけないか」見知らぬ人から電話があったのは、約二八年前のことであった。「編集委員といっても設計以外のことは知らないから」「設計者がいないので是非」という会話から編集委員を引き受けることになった。『すまいろん』の編集委員会に出席してみて大いに戸惑った。毎回編集委員会を研究会と思ってよい方々の中でなじみの方以外はその道の専門家の巨大な海の中に井の中の蛙のような自分がいた。企画の担当者から自分の専門家以外の出席当番が回ってきた。冷静に考えると編集委員会を企画やそれに続く特集でどのように続けていくか計算高く持っていく状態ではない中で鮮やかな議論に立ち会うこともあるが、普段は自分の言動を反省することもあり、その中で唯一自分が面白いと思ったのが「住宅」の設計だった。当時の設計の考え方を知らしめるというのではなく、当時の設計者の出席を重ねていくうちに不思議な気持ちの中で自分が楽しんでいると感じたこと。それはつまり学会が送り出す教育の場である大学建築科の教育活動ではない編集委員会のメンバーとしての頭の中から会話が始まってしまう状態で、長いジャーナリズムが効いたようだった。住宅情報や建築設計、身振り手振り実を言うと編集というものは全くと言ってよいほど知らないまま始まり、数年後には終わりを告げるようになった。ある日あと一ページが埋まらずに、目の前にあるメモをみた「すまい再発見」を目にとめて手振り身振りで効いたように計画や「住宅設計」

憶に間違いがなければ、生みの親というこになる。編集委員時代を振りかえり、責務を果たせたとしても思えない。もしかしたら「すまい再発見」を俎上に乗せられたことが唯一の貢献かも知れない。結局「設計者がいた方がいい」と言った立松さんの"読み"が当たったことになる。

「すまい再発見」をふりかえる

　実は住まいの設計や空間を取上げたいという動機には、設計の基本は住宅、という私の思い込みの反映がある。その思いは今も変わらない。どんな種類の建築でも、住宅と考えて設計すれば間違ったところはかない。場所性も居心地も、そしてヒューマンスケールも手にすることができる。が、思い出すと時代の影響も大きかったようだ。当時八〇年代後半から九〇年代にかけては、一時世界を席巻したポストモダニズムが色褪せてくる一方で、情報化やグローバル化が進み、その潮流の中で自分たちのアイデンティティ、居場所に不安を感じ出していた頃である。一つの証左として「住まい学体系」（住まいの図書館出版局）が一九八〇年に始まっている。積極的に発言したことはないが、そういう動きに同調する気持ちが一九九二年から連載が始まった「すまい再発見」の発想に働いたのは確かである。

　もっとも私が当初イメージしていた「すまい再発見」は、もう少し視覚的で作品的なものであった。研究誌的な誌面は概して文字が多く取りつきにくい。有名無名を問わず関心のあるすまいを取り上げ、設計を働きに紐解けば、楽しく分かりやすい誌面づくりに効果があるだろうと考えていた。ところが実際に連載が始まってみると、編集委員が担当するか委員を通じて依頼することが多く、結果として「すまいろん」らしい「すまい再発見」になった。

　リストアップ（表紙カバー裏「付録：建物年表」参照）を見て内外ともに思ったより歴史的都市や町並みの事例が少ないのは意外だが、七六編のうち約半数が集合住宅という構成にそれが表れている。そして最新を一九〇年頃とすると、事例の大凡はその前の一〇〇年間に納まり、中間の終戦の前後で事例がほぼ同数となってい

299

俄然だったが、戦後の第二の主役に躍り出た集合住宅やプレハブ住宅はその後次第に姿を消し、再び戸建住宅が集合住宅に代わり主役の座に登場する。いわゆるニューファミリー層がライフスタイルを満喫するため、新しい工法による新しい省エネルギーの取り組みが試みられる。戦後一九六〇年の最後の一〇年間飛び抜けて事例が多い[49]のは一九七〇年代にさしかかる以前の住宅が、一九六〇年代まで逆に少なくなっているため目立っているに過ぎない。筆者自邸もこの一九六四年にこの辺では[50]小まりコンパクトなこの戸建住宅は一九六〇年代以降、約一〇[以]上も設計してきた。

住宅は二〇年間ほぼ一貫して主に取り組んできた対象であり、住宅の背景についてみると、当時支配的であった状況を、一九〇年代最後に降り返ってみると、偶然ながら再発見することもあり、当時はそれほど意識していなかったことが、今回読み返してみると意外にも、視点を変えて見ることができ、改めて長い時代の変遷を知るに至った。住まい手に対するレスポンスにとどまらず、今回読み返して見ると、時代に対するレスポンスでもあったことがわかる。事例の選定も、当時見積もられた対象ではなく、新しい方向を結び、その対象に対し、自身が設計した事例を取り上げるに当たって、省エネルギーへの対応の事例が、新しい方向づけのために、空間的に配慮し、時間的な印象を残したものをが、その事例研究の端緒になった。読み進むにあたり、そのような方向性を見出し、確たる記憶をたどり、事例の内容を記すうちに、何故か面白いと思ってくれた「編集者」が、事例から見えてくる終末期的な反省の意思を迎えてくれたに違いない。これは設計方法から出た思考的な要素が中心であるが、単なる技術的な意図ではなく、隠れていた中にひそむ、息を永嗣的に改め、中には方法まで比較だ。

判断を繰り返し、答を決める著作ではそのまま生きていたので、もともと計画状況や判断は正確に把握しているが、設計息を繰り返し嗣的に改め、中には方法まで比較だ。

この関係を繰り返しつつ目標の関係を繰り返し結果にした著作は、もともと計画状況や判断は正確に把握しているが、設計の数々である。

「再発見」とは、「住まい手に対する応援」「時代に対する応募集」である。

近未来のすまい再発見

　ところで日本の住まいはこれからどうなくのだろうか？ 最近日々メディアに流れる住宅のコマーシャルを見ていると、そういう類推が盛んになる。商品化、工業化、情報化される住宅、加えて全国に同じような住宅が建ち並ぶ町並みを旅した経験が加わると、その類推が倍加する。数年前でプレハブやツーバイフォーによる建設比率は一三・四一%、四分の一に達している（南都経済研究所二〇一二・十二）という。全てがそのせいだとは思わないが、影響はあるだろう。

　そして首都圏では既に二二・三六%、四・七世帯に一世帯がマンション住まいという（住まいNews 2015/3/25）。大都会で目にするマンション群はどこも印象が同じ。各地に高層化・高級化の謳い文句と共に林立しているが、その計画の中味が我々のような第三者に伝わってくることは殆どない。いずれにしても随分長い間これが日本という気候風土に合ったローカリティを備えた住宅や町並みだという典型に会った記憶がない。

　安易なまとめ方かも知れないが、近年の住宅づくりがブラックボックス化していると言っていいだろう。加えてこれから人口減少、空家化が益々進行し、家族像の変化も著しい。つまり再発見の対象となる住宅像が変わるだけでなく、その母数自体が先細りしていく方向にある。こういう縮小する状態がこれから一世紀も続いたらどうなるのだろうか。思い過ごしに終わればよいが、果たして再発見できる住まいを見出せるのだろうか？ 一つひとつに細やかな計画や設計意図があり、暮らしや環境の応答に溢れ、住まい手や周りの人達もの記憶に残るような、多くの人のイメージに近い住まいや環境を見出すこと自体が難しい時が来るかも知れない。

　「あとがき」を書きながら、類推が思わぬ方向に行きついた。残念ながら、その状態は好ましい方向で

かたやま・まさよし／故松久昌三さんから最後の熱意をしっかりと受け継ぎ執筆者の皆さんに一言、言葉をかけては応援してくださったに思っていたやさきから、皮肉なことに松久昌さんが言ってくださった『再刊「いずみ」』は再発見、再発見の数々あるオリジナルポイズンの中味の数々、「再発見」の思いが続き、けっこうしまけ『いずみ』を終刊したことには気がおちつけば、そうではなくむしろ暗騰早くチャレンジをかけつづけたばかりにあやまちをしたかとも思ったが、たしかに「財団法人」住総研に任せてあることは言うまでもないが、現・（現総研ベル）の折の江戸のかたちとしてなくてはならない。

一九四四年東京生まれ。東京芸術大学建築家、東京芸術大学美術学部建築科卒業、同大学院建築学専攻修了。埼玉県立住まい学園センター計画科講師（日本建築学会会員、彰国社）『100年計画の家』（共著）ほか。住宅財団のアートコンペ審査員（1991）住総研「すまい・まち学習」実践報告・論文コンクール審査員、小国町・山形県杉田風致地区保存山形、東京芸術大学客員教授。

302

［謝辞］

　『すまいろん』が二〇一七年冬号で通巻一〇〇巻となります。これを記念して何か企画をと思い、かつて二〇〇四年に『私のすまいろん——立松久昌が編んだ21のすまいの物語』（建築資料研究社）が発刊されていましたので、今度は七六編が積み上がっていた「すまい再発見」を一つにまとめてみようと考えました。場所・形式で四つに分類し、それを年代順に並べて通読してみると何か「再発見」されるのではないか、という希望的観測のなかで発刊しております。
　「何か」は読者にお任せするとして、ここに至るまで多くの方々にご協力を頂きました。すまいろん編集委員の方がたのお忙しいなか「まえがき」「あとがき」をご執筆頂いた大月敏雄先生と片山和俊先生には特に厚く御礼申しあげます。編集にあたってはデータが無い所から新規に文章を作成し、全体の編集にご尽力頂きました建築思潮研究所の帳草子氏、発行にご尽力頂きました建築資料研究社の種橋恒夫氏、装丁の佐藤ひろみ氏にも謹んで御礼申し上げます。
　任総研としての活動の一つとして、この「すまい再発見」総集号が皆様のお役に立つ情報となることを祈念しております。

一般財団法人 住総研　専務理事　道江紳一

すまいろ再発見　世界と日本の珠玉の住宅76

[編著者] 一般財団法人 住総研

[編集担当者] 道江 紳一　馬場 弘一郎　岡崎 愛子

一般財団法人 住総研
〒156-0055 東京都世田谷区船橋4丁目29番8号
Tel: 03-3484-5778　Fax: 03-3484-5794
E-mail: info@jusoken.or.jp　URL: http://www.jusoken.or.jp/

（故）清水康雄（当時清水建設社長）の特志によって財団設立の出捐が行われ、1948年（昭和23年）6月、「住宅に関する総合的研究及び実践的活動を促進し、住生活の向上に資する」ことを目的とする財団法人新住宅普及会として設立許可された。その後、1972年（昭和47年）に財団法人住宅総合研究財団に、さらに2011年（平成23年）に一般財団法人住総研に名称変更し、現在に至っている。この間、当初の財団設立目的に沿って、住まいに関する研究助成、実践活動助成、研究成果及び住情報の出版・公開、専門図書室の運営、住まい手や市民が集う講演会・シンポジウムなどを行い、住生活の向上に資する活動を展開している。

[発行者] 林 馬場 栄一
[発行所] 株式会社 建築資料研究社
〒171-0014 東京都豊島区池袋 2-38-2 COSMY-1 4F
Tel: 03-3986-3239　Fax: 03-3987-3256

[編集・制作] 建築思潮研究所
[装丁・本文作成] 佐藤 恵（印刷デザイン室）
[印刷・製本] シナノ印刷株式会社

©Housing Research Foundation JUSOKEN 2017, Printed in Japan
ISBN978-4-86358-488-4